Vincents Sternennacht

© 2017
Midas Collection

2. Auflage 2017
ISBN 978-3-03876-100-6

Übersetzung: Claudia Koch
Lektoratsleitung: Dr. Marietheres Wagner
Fachlektorat: Ramona Steckermeier
Korrektorat: Kathrin Lichtenberg
Layout: Ulrich Borstelmann
Projektleitung: Gregory C. Zäch

www.midas.ch

Midas Collection c/o Midas Verlag AG
Dunantstrasse 3, CH-8044 Zürich
E-Mail: kontakt@midas.ch

Englische Originalausgabe:
Laurence King Publishing Ltd, London
Text © 2016 Michael Bird
Illustrations © 2016 Kate Evans of Folio Art

Die deutsche Nationalbibliothek verzeichnet diese Publikation in der
Deutschen Nationalbibliografie; Detaillierte bibliografische Daten sind im
Internet über http://dnb.d-nb.de abrufbar.

Vincents Sternennacht
und andere Geschichten

EINE KUNSTGESCHICHTE FÜR KINDER

Michael Bird

Illustrationen: Kate Evans

Midas Collection

Inhalt

Wohin die Reise geht (1950–2014)

Teil des Zaubers

Diese Kunstgeschichte beginnt vor 40.000 Jahren in einer Höhle in Deutschland und endet auf einem Fußweg in Peking im Jahr 2014. In der Zwischenzeit treffen wir Künstler an allen möglichen Orten: an einem Berg, in einem Steinbruch und mitten in der Wüste, in Hütten und Dampfbooten, Palästen und Gräbern – und natürlich in Ateliers und Werkstätten. Wir beobachten sie beim Malen und Zeichnen auf Felsen und Wände, Holz, Leinwand und Papier. Sie stellen Skulpturen aus Stein, Metall, Lehm, Draht und sogar Haferbrei her. Geduldig setzen sie winzig kleine Mosaiksteine in Gips, fügen Fragmente bunter Glasscherben oder Flaschenverschlüsse zusammen, zerreißen Zeitungen und fotografieren. Warum verbringen Künstler ihre Zeit mit so etwas? Jeder Künstler in diesem Buch könnte dir darauf eine andere Antwort geben.

Die Antwort hängt davon ab, wo und wie er gelebt hat. Was würden die Schnitzer und Maler der Eiszeit in Europa sagen? Vielleicht gab es bei ihnen nicht einmal das Wort »Kunst«, um ihre Tätigkeit zu beschreiben, aber das spielt keine Rolle. Diese frühen Menschen beherrschten Dinge, die für sie wie ein Zauber gewirkt haben müssen. Es ist immer zauberhaft, wenn sich Ideen und Träume in Objekte und Bilder verwandeln, die jeder berühren, anschauen und mit denen jeder leben kann. Heute jagen wir keine Mammuts mehr, dennoch besteht noch immer eine starke Bindung zwischen dem unsichtbaren Leben in unseren Gedanken und Gefühlen und der Welt da draußen. Für vieles, was wir mit Worten nicht (oder nicht gut) ausdrücken können, ist Kunst unsere Sprache.

Kunstwerke bringen uns mit ihren Schöpfern in Verbindung, selbst wenn diese in fernen Zeiten und an fernen Orten gelebt haben. Da sich aber das Leben der Künstler und die Ansichten der Menschen über Kunst im Laufe der Zeit geändert haben, bleibt immer etwas Mystisches zurück. Wie war es wirklich als römischer Freskenmaler, als islamischer Schreiber im Mittelalter oder als viktorianischer Fotograf? In die Geschichten in diesem Buch sind viele Fakten über Kunst eingeflochten – Namen, Daten und historische Ereignisse –, aber die sagen ja

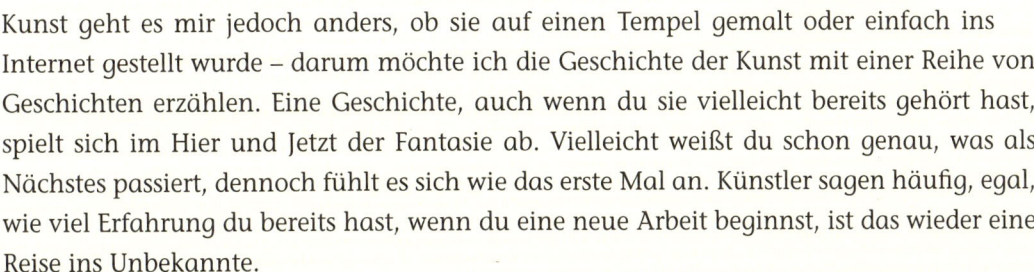

nicht alles. Die Geschichte ist voller unerforschter Lücken, die wir mit unserer Fantasie füllen.

Das Wort Historie klingt immer so, als wäre die Geschichte abgeschlossen – wir haben uns eine Meinung über das Geschehen und dessen Bedeutung gebildet. Bei Kunst geht es mir jedoch anders, ob sie auf einen Tempel gemalt oder einfach ins Internet gestellt wurde – darum möchte ich die Geschichte der Kunst mit einer Reihe von Geschichten erzählen. Eine Geschichte, auch wenn du sie vielleicht bereits gehört hast, spielt sich im Hier und Jetzt der Fantasie ab. Vielleicht weißt du schon genau, was als Nächstes passiert, dennoch fühlt es sich wie das erste Mal an. Künstler sagen häufig, egal, wie viel Erfahrung du bereits hast, wenn du eine neue Arbeit beginnst, ist das wieder eine Reise ins Unbekannte.

Manche Künstler in diesem Buch schufen Bilder oder Skulpturen wie niemand je zuvor. Andere lassen uns alltägliche Dinge mit völlig neuen Augen sehen. Alle jedoch haben Kunstwerke geschaffen, die eine ganz eigene Präsenz haben. Wenn ich sie sehe oder über sie nachdenke, ist es, als ginge ich aus der Tür und atmete eine völlig neue Luft.

Für Künstler und für uns alle, die wir Kunst anschauen und verstehen wollen, kann sich Kunst ganz nah und gleichzeitig weit entfernt anfühlen – bekannt und gleichzeitig fremd. »Wenn ich dieses Kunstwerk nur richtig verstehen würde, käme es mir normaler vor«, ist ein verlockender Gedanke. Aber ich möchte das Fremde an der Kunst niemals missen. Es ist ein Teil des Zaubers.

– Michael Bird

Aus Höhlen in die Zivilisation

40.000–20 v. Chr.

Seit ungefähr 200.000 Jahren leben auf der Erde Menschen wie du und ich. Aber bis vor 50.000 Jahren gab es keine Kunst. Kunst zu schaffen – also aus Rohmaterial ein Bild zu schnitzen, zu modellieren oder zu malen – schien ein großer Schritt in der Entwicklung des Menschen zu sein. Dazu mussten wir Menschen lernen, uns etwas vorzustellen, zu erfinden und diese Ideen in die Tat umzusetzen – ein Objekt oder ein Bild schaffen, das es zuvor nicht gegeben hat. Die erste Kunst, die wir etwas genauer kennen, stammt von Menschen aus Nordeuropa aus der letzten Eiszeit.

Einige der weitreichendsten Veränderungen der Lebensweise der Menschen ereigneten sich zwischen der Eiszeit und dem Aufstieg des Römischen Reiches. Zwar führte die Entdeckung, wie man Getreide anpflanzt und Tiere züchtet, nicht direkt zu großen Kunstwerken, aber immerhin entwickelten sich Orte und schließlich Städte, in denen es für Maler und Bildhauer viel zu tun gab. Das Wort »Zivilisation« stammt vom lateinischen *civitas* und bedeutet »Stadt«.

Kunstwerke – vom geschnitzten Rentierknochen über Höhlenmalereien von Tieren bis hin zu Statuen aus Stein und geschmückten Grabmalen – sind einzigartige Zeugen ihrer Zeit und erzählen uns, wie die Menschen vor Tausenden von Jahren lebten. Wir verdanken es also den Künstlern, dass wir uns die frühen Zivilisationen in Ägypten, Griechenland, dem Römischen Reich und China so lebhaft vorstellen können, obgleich diese alten Kulturen längst nicht mehr da sind.

Löwenmensch
vom Hohlenstein-Stadel, Deutschland
ca. 40.000–35.000 v. Chr.

1

Löwenmensch

Das erste Kunstwerk

Gestatten, der Löwenmensch. Das flackernde Feuer spiegelt sich auf seinem glänzenden Löwenkopf. Er scheint die Augen aufzureißen, ein Lächeln auf den Lippen. Wird er sich mit einem lauten Knurren auf dich stürzen, mit gefletschten, riesigen Zähnen? Oder öffnet sich sein Mund zu einem breiten Grinsen und er lacht mit zuckenden Schultern ganz laut mit dir, seinem Freund?

Das lässt sich unmöglich sagen. Wir wissen nicht, ob da draußen ein echter Löwe lauert, im tiefen Dunkel, in den Schatten hinter dem Feuer. Die Dunkelheit scheint kein Ende zu nehmen, als segele man nachts auf einem endlosen Ozean. Darüber funkelt ein Schneesturm am kalten Himmel.

Einiges wissen wir jedoch genau. Alles, was du zum Leben brauchst, musst du selbst herstellen. Was du essen willst, musst du suchen oder fangen.

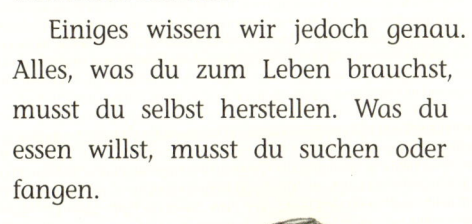

In diesem kalten Land überlebt niemand ohne wärmende Kleidung aus Tierfellen, zusammengenäht mit Nadeln aus Knochen, die stundenlang geschnitzt und geschärft werden müssen. Rentier- und Fuchshäute mit dem Fell nach innen halten dich warm und am Leben. Hasenfelle sind noch weicher und gut als Kleidung für Kinder geeignet. Jeder packt mit an – jagen, nähen, kochen. Feuersteine werden beschlagen, um daraus Pfeilspitzen, Äxte, Klingen und Werkzeuge für alle Alltagsarbeiten herzustellen. Außerdem muss jemand darauf achten, dass das Feuer niemals erlischt. Denn wie sollte man es wieder anzünden – an einem kalten Winterabend wie diesem?

Das ist Europa vor 40.000 Jahren. Skandinavien, selbst der Norden Deutschlands liegen unter einer meterdicken Eisschicht. Weiter südlich herrschen sibirische Temperaturen. Im Frühling taut der Boden auf und Pflanzen wachsen schnell. Wenn du weißt wo, findest du Früchte und kannst essbare Wurzeln ausgraben.

Es leben nicht viele Menschen auf der Erde. Kleine Gruppen errichten Lagerstätten und Schutzhütten. Sie bleiben so lange am selben Ort, wie sie dort Essbares finden. Dann ziehen sie weiter. Es gibt grimmige Höhlenlöwen, die Bärenkinder und Rentiere jagen. Mammutherden durchziehen die kahlen Ebenen und Täler wie haarige Hügel auf Beinen. Ihren starken, gebogenen Stoßzähnen solltest du besser nicht zu nahe kommen. Eine Gruppe von Jägern kann jedoch gemeinsam eines dieser riesigen Tiere stellen und erlegen. Aber Löwen und Mammuts brauchen den Menschen kaum zu fürchten – denn das ist ihr Reich.

So schnell der Sommer gekommen ist, so schnell wird es auch wieder kalt. In der tiefen Dunkelheit der Winternächte müssen sich die Menschen gegen Wölfe, Bären und Löwen zur Wehr setzen. Das Leben hier ist kurz und lodert hell wie das Feuer. Mit etwas Glück erlebst du gerade so deinen 30. Geburtstag, aber ohne Uhren und Kalender weißt du nicht sicher, wann dein Geburtstag ist! Es gibt keine Länder, keine Grenzen. Niemand kann schreiben, es gibt also auch keine Aufzeichnungen, wie das Leben damals war.

Manchmal pausiert der Kampf ums Überleben. Es gibt genug zu essen. Die Menschen können sich anderen Dingen widmen. Sie musizieren auf winzigen Flöten, geschnitzt aus den Röhrenknochen der Raubvögel. Sie tanzen und unterhalten sich – und erzählen sich bestimmt auch Geschichten. Heute kennt diese Geschichten keiner mehr. Aber vielleicht drehten sie sich um unsichtbare Geister, die die Sonne aufgehen ließen und für die Jahreszeiten sorgten. Oder sie berichteten, was die Jäger gesehen und auf ihren gefährlichen Expeditionen erfahren hatten.

In dem Moment, wenn der Jäger einem Löwen von Angesicht zu Angesicht gegenübersteht, weiß er, dass er ihn töten muss … sonst tötet der Löwe ihn. Er schaut in seine Augen und erkennt dieselben Gefühle wie bei sich selbst – Mut, Angst, Entschlossenheit – alles auf einmal. Für den Bruchteil einer Sekunde fliegt der Speer, der Löwe springt – der Mensch und der Löwe sind gleich. Sie verstehen einander.

Ein sehr merkwürdiges Gefühl. Wer kann das in Worte fassen? Vielleicht hat deshalb in der Stadel-Höhle in Deutschland jemand vor 40.000 Jahren den Löwenmenschen aus einem Mammutzahn geschnitzt. Dieser Mann oder diese Frau hat 400 Stunden lang mit scharfen Steinen viele Feinheiten ins Elfenbein geschnitten. Sie haben ihrer Familie zwar nicht bei der Arbeit geholfen, aber auch sie haben etwas Wichtiges getan. Sie haben ein unsichtbares Gefühl in etwas verwandelt, was du mit eigenen Augen sehen und vielleicht in die Hand nehmen kannst. Du kannst von einer Kreatur träumen, halb Mensch, halb Löwe, aber wo findest du sie?

»Hier«, sagt der Schnitzer. »Berühre ihn. Sprich mit ihm. Gestatten, der Löwenmensch.«

Pferde, Wisente und Wollnashörner
Chauvet-Höhle, Frankreich, ca. 30.000–28.000 v. Chr.

2

Tierträume

Die Maler der Chauvet-Höhle

Jahrtausende gehen ins Land. Hunderte und Aberhunderte von Generationen. Dennoch ändert sich das Leben in Europa kaum. Manchmal wird es etwas wärmer und die Eisdecke schrumpft. Ganz langsam jedoch, so langsam, dass man es kaum merkt, kehren Eis und Kälte wieder zurück.

Vor 30.000 Jahren in einem Tal, heute mitten in Frankreich. Noch immer ist das Land dünn besiedelt, nur hier und da leben kleine Gruppen von Menschen in kleinen Siedlungen oder im Schutz überhängender Felsen. Häufig ziehen sie umher, durch Wälder und Wiesen, mit den Tieren der Wildnis.

Vielleicht sagen sich die Menschen: »Wir sind ganz anders als die Tiere. Schau mal, was wir mit unseren Händen herstellen können.« Aber auch die Tiere können bauen, Vogelnester oder Fuchsbaue zum Beispiel. Sie verständigen sich untereinander, umsorgen ihre Jungen und leben in Gruppen zusammen. Und doch wissen sie nicht, wie man mit Knochennadeln Kleidung näht, steinerne Speerspitzen schärft oder auf selbstgeschnitzten Flöten musiziert. Tiere träumen auch, aber sie verwandeln die Figuren aus ihren Träumen nicht in Schnitzereien wie den Löwenmenschen. Und sie tauchen ihre Pfoten auch nicht in rote Erde oder Holzkohle und malen Bilder damit.

In den steilen Kalkwänden im Tal graben sich Höhlensysteme tief in die Felsen. Um in einige der inneren Höhlen zu gelangen, musst du dich auf allen Vieren durch enge Höhlengänge quetschen. Außer den Höhlenbären lebt hier niemand, aber ein paar Menschen wagen sich hierher und malen. Sie dekorieren die Höhlenwände mit Tierbildern. Pferde, Löwen, Rentiere, Wisente, Mammuts – die Tiere, die draußen frei leben.

Auch Abdrücke von Händen sind zu finden, wie Farbstempel auf die Wände gedrückt oder farbig umrissen. Geht man nach der Größe, wurden viele Bilder von Frauen gemalt. Zum Anschauen kommen aber alle – Erwachsene und Kinder. Sie hinterlassen ihre Fußabdrücke in der weichen Erde am Höhlenboden. Auch Tausende von Jahren später sind sie noch immer zu sehen. Die Spuren sehen aus, als hätten die Menschen getanzt.

Wie aber stellen die Maler ihre Farben her – ihr Orange-Rot, ihr Gelb und die Brauntöne? Sie wissen genau, wo es farbige Steine gibt, die sich zu Pulver zerreiben lassen. Manche dieser Steine sind so weich, dass sie direkt damit malen können wie mit Buntstiften. Du kannst das auch ausprobieren, mit der samtig-schwarzen Holzkohle aus einem Lagerfeuer. Manchmal vermischen die Maler das Pulver mit Wasser und malen mit den Fingern. Oder sie kauen die Farbe im Mund und sprühen sie so an die Wände. Sie beherrschen ihre Kunst ganz ausgezeichnet, denn sie haben gelernt, die Formen der Tiere an die unebenen Felswände anzupassen. So verwandeln sie eine Wölbung im Felsen in den Kopf eines Wisents oder den Rücken eines Nashorns.

Dunkel ist es, das Tageslicht kommt nicht bis hier herunter. Die Künstler malen im Schein einfacher, rußender Lampen aus brennendem Tierfett. Im flackernden Schein der Lampen zucken Licht und Schatten unstet über die Wände. Die gemalten Tiere scheinen sich zu bewegen. Dann wird getanzt, und die Schatten der Tänzer springen inmitten der Tiere umher.

Die Maler kennen die Tiere sehr genau. Jäger hatten ihre Beute ins Lager geschleppt, wo sie zerteilt und gekocht wurde. Die Maler hatten auch lebendige Tiere beobachtet. Sie wissen, wie ein Löwe den Kopf hebt, um zu brüllen, wie sich der Hals des Pferdes beim Galoppieren wölbt und wie die umstehenden Pferde gleichermaßen zu laufen beginnen.

Sieh nur, wie die Herde die Köpfe zusammensteckt, die Ohren aufmerksam gespitzt, die Nüstern samtig und weich. Da, das Pferd mit dem geöffneten Maul – hör genau hin! Kannst du verstehen, was es sagt? An den anderen Wänden brüllen gemalte Löwen. Du kannst ihnen ganz ohne Furcht direkt ins Gesicht schauen, denn du bist vor ihnen sicher.

Mit ihrer Kunst können die Maler zaubern. Sie können die Stärke des Löwen und des Bären in die Höhle holen, dennoch musst du nicht vor ihnen davonlaufen. In den Gemälden tanzen die Tiere mit dir, sind Teil der Geschichten und wärmen sich mit dir am Feuer. Später kannst du die Bilder in deinem Kopf behalten, und sie sind dir näher, als wenn sie neben dir säßen: Sie wiehern, brüllen und knurren. All das geschieht in deinem Kopf, wo die Bilder umhertanzen wie flackernde Zeichnungen an den Höhlenwänden.

Feldarbeit
Grab des Menna, Theben, Ägypten, ca. 1390 v. Chr.

3

Bildgeschichten
Antike Maler, Bildschnitzer und Schreiber

Früher Morgen. Es ist bereits hell, doch der Sonnengott hat seinen feurigen Kopf noch nicht über den Horizont gehoben. Die Luft ist frisch vom Morgentau, der meerblaue Himmel ganz still. Später am Tag wird er in der Hitze flimmern. Die reifen Weizenstängel knistern, während sich die Männer in Reihen über das Feld bewegen und sie mit Bronzesicheln ernten. Erschreckt flattern Vögel auf und fliegen unter großem Spektakel nach allen Seiten davon. Hinter den Feldern, außer Sichtweite, fließt der Nil – breit und stark. Wenn die Männer innehalten und sich umschauen, entdecken sie Segel – so als würden die Schiffe durch das Weizenfeld gleiten.

Unter der Erde malt ein Künstler bei Lampenlicht Umrisse aus, die er an die Wände des Grabes des Menna gezeichnet hat, eines hohen Beamten, Gebieter über das Ackerland. Er malt die Männer bei der Arbeit auf den Feldern. Und da steht Menna, er fischt und jagt die Vögel am Fluss, mit seiner Familie – und sogar seiner Katze!

Das ist 4.000 Jahre her, Zehntausende Jahre nach der Zeit der Höhlenmaler. Niemand hat beobachtet, was in all den Jahren geschehen ist, aber die Menschen wissen: Sie sind nur die jüngste Generation in einer langen Linie von Vorfahren. Sie tun das, was Menschen am besten können – sie finden heraus, wie ihnen die Natur gibt, was sie zum Leben brauchen.

10.000 Jahre zuvor hatten die Menschen östlich des Mittelmeers die Landwirtschaft entdeckt. Statt wilde Tiere zu jagen, zähmten sie sie – Ziegen, Rinder, Schafe – und sperrten sie in Gehege. Statt Pflanzen und Beeren zu sammeln, legten sie Samen in die Erde. Wenn eine Familie ein ausreichend

großes Kornfeld bestellte, erntete sie genug, um zu essen und neue Samen aufzubewahren. Vielleicht reichen sie sogar, um gegen andere nützliche Dinge zu tauschen, wie einen Wasserkrug oder einen irdenen Kochtopf vom Töpfer, der sein Handwerk so gut beherrschte, wie es ein schwer arbeitender Bauer nie lernen könnte.

Über den Kornfeldern Ägyptens glüht bereits die Sonne. Wie unglaublich diese Szene auf die Höhlenmaler wirken würde! Die Gebilde in der Ferne, wie eckige, eng beieinander stehende braune Felsen – das sind Häuser. Um Landwirtschaft zu betreiben, müssen die Menschen sesshaft sein. Es gibt Dörfer, kleine und große Städte mit Gebäuden, die um einiges größer sind als die einfachen Bauernhäuser. In den größten Städten leben mehrere Tausend Menschen.

Große Ströme wie der Nil und – weiter im Osten – Euphrat und Tigris sorgen für fruchtbare, ertragreiche Böden, um die Stadtbewohner zu versorgen. Die Menschen arbeiten nicht nur auf den Feldern. Es gibt reiche Händler, Priester und Staatsbeamte wie Menna. Außerdem auch Maler und Schnitzer, die Tempel, Grabstätten und Paläste verzieren.

Das Leben in der Stadt ist abwechslungsreicher als auf dem Land, aber auch komplizierter. Wie kann ein König oder Händler da den Überblick behalten? Über die Höhe der Steuern, die eingetrieben werden müssen. Über die Anzahl der Getreidesäcke im Lagerhaus. Oder den Namen des Königs, der den Tempel erbaute und an den sich jeder nach seinem Tod erinnern sollte. Da ist es nicht genug, einfach zu sagen: »Keine Sorge, das vergessen wir schon nicht.« Die Lösung für all diese Probleme – und viele andere – liegt in der genialen Erfindung der Schrift.

Anfangs schrieb man in diesem Teil der Welt mithilfe von Bildern, ein Kreis bedeutete zum Beispiel »Sonne«, ein geschwungenes Dreieck wie das

Gesicht einer Kuh war das Zeichen für »Kuh«. So weit, so gut. Wolltest du aber »gestern« oder »das Schiff segelt nach Norden« schreiben, mussten die Zeichen anders funktionieren. Ein Bild oder Symbol konnte für ein Wort stehen oder für die Laute, aus denen sich das Wort zusammensetzt, oder für beides. Wie sollte man das unterscheiden? Zwar konnten die meisten Leute nicht schreiben, zum Glück gab es jedoch Schreiber, die ganz genau wussten, wie das ging.

Maler, Schnitzer, Bildhauer und Schreiber erlernten dieses Handwerk, das anderen wie Zauberei erschien. So konnten sie dafür sorgen, dass man Dinge sehen oder verstehen konnte, ohne sie vor sich zu haben. Ein König konnte nicht gleichzeitig überall sein, aber sein Bild, seine Statue oder seine königlichen Botschaften konnten an Gebäuden im ganzen Reich zu sehen sein. Je eindrucksvoller die Bilder und Wörter waren, desto deutlicher war die Botschaft.

Im Zweistromland zwischen Euphrat und Tigris wandelte sich die Bildschrift langsam in eine Schrift aus Zeilen und Zeichen.

Dabei sahen die Zeichen nicht mehr wie die Dinge aus, für die sie standen. Die Ägypter blieben jedoch bei ihrer Bildschrift, den sogenannten Hieroglyphen. Sie waren so stolz auf ihre ägyptische Schreibweise, warum sollten sie die also ändern? Ägypten wurde von Göttern regiert, darauf folgte der König bzw. Pharao (der Mensch, der den Göttern am ähnlichsten war), dann kamen die Priester und Adelsleute, am unteren Ende der Gesellschaft die ärmsten Arbeiter und Sklaven. So war es damals, und so sollte es bleiben, solange der Sonnengott jeden Morgen nach seiner nächtlichen Reise durch das Land der Toten wiedergeboren wurde.

König Echnaton und seine Familie
aus Achet-Aton (heute Tell el-Amarna), Ägypten,
ca. 1.353–1.336 v. Chr.

4

So sehe ich das

Echnatons Künstler

Als sie ihre Befehle bekamen, waren die königlichen Bildhauer und Maler überrascht. Sie sollten König Echnaton mit einem langen, gummiartigen Gesicht und einem Kartoffelkinn, einer großen Nase und abstehenden Ohren darstellen, dazu mit dickem Bauch und krummen Beinen. Noch nie war ein ägyptischer Pharao so porträtiert worden.

Echnaton bestieg vor ca. 3.370 Jahren den Thron Ägyptens, inzwischen waren mehr als einhundert Pharaonen gekommen und gegangen. Es schien, als könne das Leben in Ägypten für immer so weitergehen. Die Namen der Pharaonen und ihre übermenschlichen Großtaten wurden in Gemälden, Skulpturen und Schriften in Palästen, Gräbern und Tempeln sowie auf Alltagsgegenständen festgehalten. Da gab es das Bildnis König Narmers in einen Schleifstein gemeißelt, auf dem er einem Feind mit seinem Knüppel auf den Kopf schlägt. Oder eine gigantische Schnitzerei von Seti I., der eine ganze Armee besiegt. Seine Feinde wurden wie Weizen vom Streitwagen des Pharaos zu Boden gemäht.

Ägyptische Bildhauer mussten unglaublich geduldig sein. Ihre härtesten Metallwerkzeuge bestanden aus Bronze, was für ein Schwert oder einen Speer in Ordnung war, zur Bearbeitung harten Gesteins wie Basalt jedoch nicht taugte. Monatelang mussten Bildhauer einen Stein mit einem härteren Stein behauen. Sie wurden Experten in einer Technik, die wir heute als versenktes Relief bezeichnen. Dazu wurden Figuren und Hieroglyphen in die Oberfläche eines weichen Steinblocks geschnitzt. Im grellen Sonnenlicht wirkten die Reliefs durch die scharfen Schattenwürfe wie Zeichnungen.

Nach dem, was wir heute wissen, hatten einige Pharaonen sicher auch Warzen auf der Nase oder Haare in den Ohren. Die Künstler stellten das Gesicht des Pharaos jedoch immer glatt, ebenmäßig und, um die Wahrheit zu sagen, eher ausdruckslos dar, als würde er eine Maske tragen oder hätte nicht das kleinste bisschen Grips in seinem königlichen Kopf.

»Wenn sie mich so darstellen sollen«, dachte Echnaton, »wird das für sie ein echter Schock.« Er bestand darauf, dass ihn Statuen und Bilder als echten Menschen zeigten. Echnaton bat die Künstler sogar, seine Nase und sein Kinn größer zu machen, so dass sein Gesicht völlig unkenntlich war. Echnaton und seine Frau Nofretete hatten sechs Töchter. Die königlichen Künstler bildeten sie mit ihren Eltern ab, spielend und lachend wie normale Kinder, ganz anders als die steifen, unpersönlichen Figuren des alten Stils.

Wie alle Ägypter war Echnaton umgeben von vielen Götterbildnissen aufgewachsen. Für ihn war es jedoch an der Zeit für Veränderungen. Er verbot all diese Gottheiten und erklärte nur einen zum rechtmäßigen Gott: Aton, den Sonnengott. Um dem Volk diese Botschaft vom »einen, wahren Gott« zu verkünden, änderte Echnaton völlig die traditionellen Figuren und Szenen, die Bildhauer und Maler zeigen durften. Verschwunden waren die alten Götter mit ihren Köpfen in Form von Katzen, Krokodilen, Adlern und Schakalen. Jetzt zeigte man nur noch Aton, der als Kreis, als Sonnenscheibe darzustellen war. Der Kreis besaß Strahlen mit kleinen Händen an den Enden, die sich ausstreckten und den Pharao und seine Familie berührten. Die königliche Familie mit Aton, der sie überstrahlte. Das war das Bild, das sich die Menschen von Echnatons neuer Religion machen sollten.

»Das darf nicht sein!«, grummel-
ten die Priester der alten Religion.
»Das verärgert die Götter!« Echnaton war das egal. Er war der Chef
und wollte vieles anders machen.
Seine Untertanen sollten die alther-
gebrachten Sitten völlig vergessen.
Alles sollte neu sein.

Echnaton hatte seine Regentschaft
als Amenophis IV. begonnen, später
nannte er sich Echnaton, was bedeutet »der dem Aton dient«. Am
Ufer des Nil gründete er eine neue
Stadt, Achet-Aton oder »Horizont des
Aton«, dort ließ er neue Tempel, Paläste
und Häuser errichten.

Ein Bildhauer namens Thutmosis
hatte seine Werkstatt in Achet-Aton,
wo er den Kopf und die Schultern der
Königin Nofretete aus einem Kalkstein-
block schuf. Thutmosis ließ sie zauberhaft wirken, mit einem feinen Lächeln auf
den Lippen. Vielleicht hat sie ja wirklich so ausgesehen.
Auf ihrem wohlgeformten Kopf trägt Nofretete die ägyptische Krone. Den Ehefrauen früherer Pharaonen war es nicht
gestattet, als ihren Männern ebenbürtig porträtiert zu werden.
Echnaton und Nofretete müssen dem Künstler Thutmosis wohl vertraut
haben. Er besaß ein großes Haus, hielt Pferde und einen Wagen – wie ein
Adliger.

Echnaton, die wunderschöne Nofretete und sechs wohlerzogene
Töchter – eine perfekte Familie. Sollte es Streitereien oder Wutausbrüche
gegeben haben, würde man das anhand der Bilder und Statuen niemals
vermuten. Ein Relief zeigt die Kinder beim Spiel mit Vater und Mutter,
während Aton seine Hand nach ihnen ausstreckt, als wolle er sie kitzeln.
Die hellen Sonnenstrahlen machen jedes Detail der Figuren im Stein
sichtbar, ganz so, als hätte Aton selbst Hand angelegt.

Grabkammer, Grab des Tutanchamun
Tal der Könige, Ägypten, ca. 1.320 v. Chr.

5

Das Leben geht weiter

Tutanchamuns Grab

Falls Echnaton glaubte, zukünftige Pharaonen würden seinem Beispiel folgen, hatte er sich geirrt. »Dieses Ein-Gott-Geschäft – das ist nichts für Ägypten«, protestierten die Priester der alten Religion. Sie mussten jedoch noch 17 Jahre warten, bis Echnaton starb. Erst dann konnten sie Kunst und Religion Ägyptens wieder zu den alten Traditionen zurückführen. Kurz darauf bestieg Tutanchamun den Thron. Er war ein Kindkönig, vermutlich erst ganze neun Jahre alt. Und weniger als zehn Jahre darauf war auch er bereits verstorben – an Krankheit oder Verletzung oder vielleicht an beidem.

Für Ägypter war der Tod nicht das Ende. Er war die Tür zum Leben danach. Reiche Menschen freuten sich darauf, all das weiterhin genießen zu können, was ihnen im Leben lieb war – gutes Essen, Musik, luxuriöse Kleidung und Inneneinrichtung, Feiern mit Freunden und viele Diener. Selbst weniger betuchte Ägypter konnten auf ein angenehmes Leben nach dem Tod hoffen, vorausgesetzt, sie waren gut vorbereitet.

Zuerst musste der Leichnam von Balsamierern, die unter der Aufsicht des schakalköpfigen Gottes Anubis standen, korrekt mumifiziert werden. Die Balsamierer schnitten dazu die Leiche sorgfältig seitlich auf und entfernten Leber, Lunge, Magen und andere Organe. Mit einem Haken holten sie das Hirn durch die Nasenlöcher aus dem Kopf. Die Haut bedeckten sie mit einer salzigen Substanz und ließen sie für 40 Tage trocknen. Danach wuschen sie den Leichnam und rieben ihn mit duftenden Ölen ein. Schließlich wickelten sie ihn Lage um Lage in leinene Tücher. Am Ende wurde die Mumie in einen hölzernen Sarg gelegt, der wiederum in einem zweiten platziert wurde.

In der Zwischenzeit bereitete eine Gruppe aus Arbeitern und Künstlern das Grab vor. Pharaonen hatten Grabstätten mit mehreren Kammern unter der Erde. In einer solchen Kammer stand ein steinerner Sarkophag, wie eine tiefe Badewanne mit Deckel, um die Särge mit dem mumifizierten Körper aufzunehmen. Im trockenen Klima Ägyptens blieben die Mumien jahrhundertelang erhalten.

Durch die Praxis der Mumifizierung gab es für Künstler viel Arbeit. Nur die besten waren gut genug für die Gräber im Tal der Könige nahe Luxor. Die Wände waren mit farbenprächtigen Szenen geschmückt, in denen Gottheiten und Könige gleichermaßen zu sehen waren. Der Umrisszeichner gab die Umrisse der Figuren vor, die dann von anderen Künstlern ausgemalt wurden. Wenn alle Wandgemälde abgeschlossen waren, wurde eine Grabstätte mit Schmuck, Skulpturen, Möbeln und Speisen gefüllt. Das war wie ein gut ausgestatteter Supermarkt, in dem der Pharao alles finden konnte, was er im Leben nach dem Tod brauchen würde, selbst kleine Tonfiguren von Dienern, die sich um ihn kümmern würden.

Eine königliche Grabstätte fertigzustellen, dauerte sehr lange. Tutanchamun wurde nach einem unerwartet frühen Tod in einem kleinen Grab bestattet, das eigentlich für eine andere Person gedacht war. Die Grabkammer war gerade groß genug. Ein leuchtender Schrein, wie eine vergoldete, hölzerne Kammer, füllte sie fast vollständig aus. Darin befanden sich drei weitere Schreine ineinander, in diesen ein steinerner Sarkophag, in dem drei Särge standen.

Der innerste Sarg mit der Mumie des Pharaos bestand aus purem Gold. Er war geformt wie eine Statue Tutanchamuns in seiner königlichen Robe. Drinnen, auf dem Kopf der Mumie, lag eine goldene Maske des Königs mit seiner Krone. Sie war mit blauen Lapislazuli, Halbedelsteinen und buntem Glas geschmückt. Tutanchamun war der Sohn von Echnaton und einer seiner vielen Frauen, an der Maske konnte man das jedoch nicht erkennen. Im Unterschied zu Echnatons unverwechselbar gestreckten Gesichtszügen wirkte Tutanchamuns junges Gesicht königlich und unpersönlich.

Nachdem Tutanchamuns Grabstätte versiegelt war, erwartete niemand, all das Gold und die Juwelen jemals wiederzusehen. Die Stühle, geschmückt mit Elfenbein und Bronze, die Ebenholzstatuen des schakalköpfigen Gottes Anubis, die goldenen Masken – all das sollte unter der Erde im Dunkel bleiben. Falls Tutanchamun sie in seinem Leben nach dem Tod brauchen würde, wären sie ihm zur Hand.

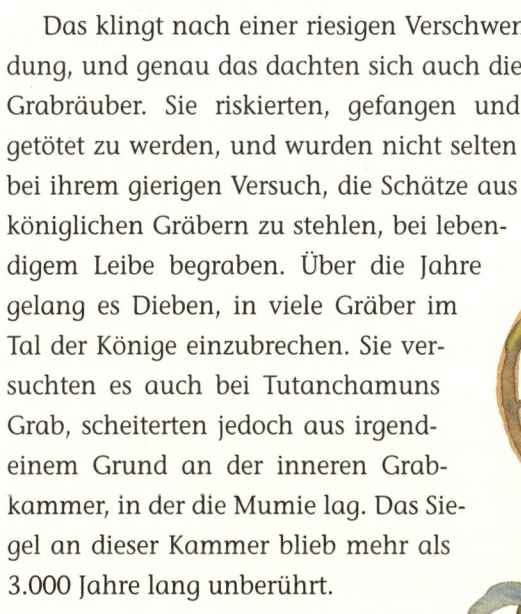

Das klingt nach einer riesigen Verschwendung, und genau das dachten sich auch die Grabräuber. Sie riskierten, gefangen und getötet zu werden, und wurden nicht selten bei ihrem gierigen Versuch, die Schätze aus königlichen Gräbern zu stehlen, bei lebendigem Leibe begraben. Über die Jahre gelang es Dieben, in viele Gräber im Tal der Könige einzubrechen. Sie versuchten es auch bei Tutanchamuns Grab, scheiterten jedoch aus irgendeinem Grund an der inneren Grabkammer, in der die Mumie lag. Das Siegel an dieser Kammer blieb mehr als 3.000 Jahre lang unberührt.

Vase
Griechenland, 570–560 v. Chr.

6
Reisegeschichten
griechische Vasenmaler

Nordwestlich von Ägypten, im Segelboot über das Mittelmeer in zehn oder zwölf Tagen zu erreichen, ragen Inseln aus den Wellen. Felsen groß wie Riesen scheinen im Wasser zu hocken. Täler erstrecken sich landeinwärts, gesäumt von schattigen Pinienwäldern und silbergrünen Olivenhainen. Hinter den Inseln liegt das griechische Festland. Zur Zeit Tutanchamuns wurde dieses Land von kriegerischen Königen geführt, die in Burgen auf den Bergen lebten. Freund oder Feind, die Menschen hier sprachen dieselbe Sprache, ein fremder Klang für ägyptische Ohren.

Mit der Zeit überquerten mehr und mehr Schiffe das Mittelmeer, von Ägypten nach Kreta und von Griechenland nach Italien. Sie beförderten Krüge mit Wein und Zedernöl, Klumpen von Kupfer und Gold, Waffen, Schmuck und wunderschön bemalte Töpfe. Die nützlichen und schönen Dinge, die über das Meer kamen, schienen kein Ende zu nehmen. Händler und Reisende erzählten sich unglaubliche Geschichten. Manche waren hinter die Sonne gesegelt. Andere waren von einem sechsköpfigen Monster angegriffen worden – das behaupteten sie zumindest!

Vor ungefähr 2.600 Jahren gibt es die Kriegerkönige längst nicht mehr. Griechenland ist das Land kleiner Städte. Die wichtigsten Gebäude sind nicht mehr die Paläste – zumindest nicht die der menschlichen Könige. Es sind die Tempel, die besonderen Gebäude, die die Griechen ihren Göttern erbauten.

Die Griechen stellen sich ihre Götter wie menschliche Gestalten vor, nur größer, stärker und schöner. In den Tempeln stellen sie Statuen auf, als würde der Gott dort tatsächlich leben. Wenn Städte größer werden,

ersetzen die Menschen die alten Tempel. Statt hölzerner Pfeiler und Planken verwenden sie hohe Säulen aus gehauenem Marmor, die in der Sonne strahlen. Diese Tempelbauten bringen viel Arbeit für Architekten und Bildhauer.

Die griechischen Götter verhalten sich auch wie Menschen. Sie streiten, betrügen, verlieben sich – manchmal sogar in Menschen. Vor langer Zeit gab es einmal Menschen, so erzählen die Geschichten, die einen Gott zum Vater hatten, wie der Held Herakles. Er war der Sohn des Zeus, des blitzewerfenden Königs der Götter. Welch ein Unterschied zu den Ägyptern! Der ägyptische Aton war mysteriöser und stärker als jeder griechische Gott, aber man konnte sich nicht vorstellen, dass er spricht oder gar eine Familie hat.

Noch spannender als die Mythen der Götter sind die Heldensagen aus der Zeit der Kriegerkönige. Da gab es König Agamemnon von Mykene, der einen zehnjährigen Krieg gegen Troja führte. Oder Theseus, den Prinzen von Athen, der mit dem Minotaurus kämpfte. Dieses stierköpfige Monster lauerte im dunklen Labyrinth unter dem Palast des König Minos von Kreta und fraß junge Männer und Frauen, bis Theseus kam und es tötete.

Wie viele griechische Künstler kennt der Vasenmaler Kleitias viele dieser Geschichten auswendig. In seiner Werkstatt in Athen malt er Bilder auf Weinkrüge, Tassen und Schüsseln. Zuerst nimmt der Töpfer Ergotimos einen Klumpen Ton und formt ihn auf seiner Töpferscheibe zu einer eleganten Schale. Wenn der Ton getrocknet ist, zeichnet Kleitias mit einem Holzkohlenstift Bilder auf die Seiten. Mit einem Pinsel malt er die Bilder mit sehr feinem Tonschlamm aus. Im Brennofen werden Kleitias' Bilder schwarz, der Topf selbst färbt sich in der Hitze leuchtend rot.

Kleitias und die anderen Vasenmaler von Athen sind Konkurrenten. Sie geben einer an sich bekannten Geschichte eine unerwartete Wendung und fügen Details hinzu, die sich vorher noch niemand ausgedacht hatte. Im Unterschied zu den meisten ägyptischen Künstlern und Handwerkern signieren die Griechen ihre Arbeiten. Denn wer ist schon gern ein begabter Künstler und überlässt den Ruhm dafür anderen?

Kleitias hat dieses riesige Gefäß mit nicht weniger als 200 Figuren bemalt. Da gibt es Szenen aus dem Trojanischen Krieg und die Geschichte von Theseus und dem Minotaurus. Schau, direkt unter dem Rand legt ein Ruderboot am Ufer an. Die Ruderer springen auf und strecken die Arme in die Höhe, so freuen sie sich über Theseus' Sieg. Einer von ihnen ist ins Wasser gesprungen. Er schwimmt wie wild, um den Strand zu erreichen, wo die Siegesfeier bereits begonnen hat. Als hätte Kleitias das mit eigenen Augen gesehen.

Die Gäste einer Gesellschaft unterhalten sich gern über die gezeichneten Geschichten und brüsten sich mit ihren eigenen Gefäßen. »Schaut hier«, der Gastgeber zeigt auf die schwimmende Gestalt. »Das ist brillant. Mein Weingefäß ist das beste, das Kleitias jemals geschaffen hat.«

»Tatsächlich, mein Freund?«, beugt sich ein Gast zu ihm herüber, die Wangen vom Wein gerötet. »Ist nicht meines schöner, mit dem bezaubernden Bild der Athene, die aus Zeus' Kopf geboren wird?«

Mit seinen Silberminen und dem gut florierenden Hafen ist Athen eine reiche Stadt. Vielleicht hat sie das der Göttin Athene zu verdanken, die sich gut um ihr Volk kümmert. Ihr Tempel steht auf der Akropolis, einem Felsen im Zentrum der Stadt. Zeit für die Athener, ihre Göttin zu ehren, die ihre Stadt zur größten Metropole in Griechenland gemacht hat.

Kopf eines Pferdes
Parthenon, Athen, Griechenland,
438–432 v. Chr.

1

große Ideen
Der Parthenon

Im Töpferbezirk von Athen beginnt die Arbeit sehr früh am Morgen. Holzrauch aus den Brennöfen zieht in der Dämmerung durch die Straßen. Im Osten färbt sich der Himmel bereits rosa. Das rosafarbene Licht streift auch die höchsten Spitzen der Akropolis, wo der Parthenon, der neue Marmortempel der Athene, in einem Holzkäfig aus Baugerüsten erstrahlt.

Neun Jahre konnten die Athener beobachten, wie das kolossale Gebäude auf dem Plateau des riesigen Akropolis-Felsens größer und größer wurde. Vor fünf Jahren schließlich erhielt es ein Dach. Nun folgt der letzte Abschnitt: die Skulpturen der Götter. Sie sind vom Boden aus nicht besonders gut zu erkennen, aber wenn du näher herangehst, stehst du den Göttern von Angesicht zu Angesicht gegenüber.

Leiter um Leiter klettern die Arbeiter nach oben, um auf die höchste Plattform zu gelangen. Von dort aus können sie die ganze Stadt überblicken. Weit unten ist der Hafen voller Segelschiffe, die klein wie Kinderspielzeug aussehen. Doch heute Morgen lassen sie ihre Werkzeuge vorerst liegen. Es sollen Reden gehalten werden.

Phidias ist gekommen, um sie alle zu grüßen. Alle kennen ihn, diesen berühmten Bildhauer der Statuen am Tempel, auch wenn man ihn nicht häufig aus der Nähe zu sehen bekommt. Seine breiten Schultern sind in eine Tunika aus feinstem Leinen gehüllt, aber seine Hände sind rau von der Arbeit mit Ton, Stein und den Bildhauerwerkzeugen.

»Sind alle bereit?«, fragt Phidias.

Der Vorarbeiter nickt.

»Meinen Freund hier«, sagt Phidias mit Blick auf den Mann neben ihm, »muss ich nicht vorstellen. Ein herzliches Willkommen dem großen Perikles!«

Nach tosendem Jubel wird es still. Steht da wirklich Perikles auf dem Gerüst? Er ist »der Größte« in der Stadt. Auf dem Schlachtfeld, im Stadtrat, Perikles ist ein Mann der Tat. Auf seinen Befehl hin wurde der alte Tempel der Athene zur Baustelle. Er dankt allen und gibt Phidias ein höfliches Signal, das sagt: »Du sollst zuerst sprechen.«

Phidias zeigt auf die Statuen hinter ihm. Er erklärt, wie seine Arbeiter und er vorgegangen sind, um diese Familie der Marmorgötter für Athen zu schaffen, wo sie für immer über die Stadt wachen sollen. Beim Sprechen streichelt er das Maul eines Marmorpferdes, als würde es leben.

»Seht hier! Dies sind die Pferde am Streitwagen des Helios, der die Sonne aus den Wellen in den Himmel empor zieht. In der Mitte wird Athene aus Zeus' Kopf geboren, in voller Rüstung. Und in der Ecke gegenüber – schaut!« Zwanzig Köpfe drehen sich um. »Die Pferde der Mondgöttin. Sie haben Selenes Wagen die ganze Nacht über den Himmel gezogen. Sie sind müde. Seht Ihr?«

Wie haben das die Bildhauer geschafft? Die Muskeln der Mondpferde sind gespannt vor Müdigkeit. Ihre Nüstern beben. Du kannst ihren Atem fast hören und die schaumigen Schweißflecken sehen. Und doch sind sie aus Stein gemeißelt wie auch der Rest des Bauwerks. Aus Stein, der deinen Rücken schmerzen und deine Hände rau und trocken werden lässt.

Die Arbeiter sind es gewohnt, von Phidias Anweisungen zu erhalten. Was sie jedoch nicht wussten, war, dass er die ganze Zeit diese Zauberei vorbereitete. Sie bewundern die feinen Falten in den Kleidern der Gottheiten – so filigran, dass der kleinste Windhauch sie bewegen könnte. Und doch sind auch sie aus Stein geschlagen.

Nun ist Perikles an der Reihe. Vom Aussehen halten ihn viele für abgehoben. Aber wenn er spricht, hören alle unweigerlich zu. Er gibt dir das Gefühl, Teil von etwas Wichtigem zu sein. Dies ist mehr als ein neuer Tempel. Dies ist der größte Tempel, den die Welt je gesehen hat. Und ihr habt ihn gebaut – Stein auf Stein.

»Nie bin ich stolzer gewesen auf meine Athener, nie war ich demütiger als gewöhnlicher Sterblicher an diesem Morgen«, sagt er. »Dank eurer schweren Arbeit und dem unglaublichen Geschick meines Freundes Phidias können wir alle diesen Moment im Beisein der Götter genießen.«

Mehr Jubel brandet auf. Dann wird es Zeit für die Arbeit. Einige Skulpturen müssen an ihre Positionen gebracht werden. Später werden die Maler kommen und ihre Gesichter und Kleider prächtig bemalen.

Phidias und Perikles beginnen, die Leitern hinabzusteigen. Eine Weile hört man sie scherzen und erzählen.

»Wie ging dieses Gedicht noch einmal?«, ruft Phidias. »'Helios reitet in seinem Wagen …'«

»'… und seine Augen blicken unter dem goldenen Helm hervor'«, ruft Perikles zurück.

Bald gehen ihre Stimmen im Schlagen der Hämmer und Klingen der Meißel unter, während der Vorarbeiter seine Anweisungen vom höchsten Gerüst ruft.

Athen

Griechenland (2.500 v. Chr.)

Der Parthenon ist ein Tempel auf einem Felsen oberhalb der modernen Innenstadt Athens. Er gehört zu einer Gruppe antiker Gebäude in Athen, namens Akropolis.

In der Ferne

Im Westen schaut man vom Parthenon bis auf das Ägäische Meer.

Zu Ehren Athenes

Die Skulpturen am Tympanon, der dreieckigen Fläche am Dachgiebel, erzählen die Geschichte von Athenes Geburt und ihrem Streit mit Poseidon, dem Gott des Meeres, wer von beiden Schutzpatron Athens werden soll.

Erfolgsgeschichte

Perikles wollte den Parthenon gleichermaßen als stolzes Symbol für den Erfolg Athens und als geweihtes Bauwerk haben. Er wurde anstelle eines Tempels errichtet, der von den Persern zerstört worden war.

Eine wertvolle Statue

Phidias plante nicht nur die Skulpturen außerhalb des Parthenon, er schuf auch selbst die gigantische Figur der Athene am Eingang. Sie bestand aus Tonnen von Gold und Elfenbein.

Das Haus der Athene

Das griechische Wort Parthenon bedeutet »Haus der Jungfrau«.
Dies war einer der Namen der Göttin Athene. Die Stadt Athen
wurde nach ihr benannt.

Zeugen der Vergangenheit

Der Parthenon war ein Gebäude aus Stein, er sollte
jedoch so wie die einfachen Holzhäuser aussehen,
die früher als Tempel gedient hatten. Statt hölzerner
Pfeiler hatte er Marmorsäulen.

Steine formen

Bildhauer am
Parthenon
arbeiteten
mit vielen
verschiede-
nen Werk-
zeugen, um
Statuen und
Dekoratio-
nen aus dem
Marmor zu
hauen. Auch
heute benut-
zen Bildhauer
noch immer
ähnliche
Werkzeuge.

Terrakotta-Armee
Xi'an, China, 246–209 v. Chr.

8

Die Soldatenfabrik
Das Grab des Qin Shihuangdi

Der Vorarbeiter Jiang konnte sich die Traurigkeit in seinem Herzen nicht erklären. Eigentlich sollte es ein Tag zum Feiern sein. Am Morgen hatte der Aufseher Jiang bei den abschließenden Feinarbeiten am letzten Terrakotta-Soldaten überwacht. Zehn Jahre zuvor hatte der erste Krieger in Lebensgröße seine Werkstatt verlassen, um im Brennofen gebrannt zu werden. Seit damals haben Jiang und seine Arbeiter mehr als einhundert davon hergestellt. Jedes winzige Detail musste perfekt sein – die kleinen, einander überlappenden Platten der Rüstung, die Kinnriemen, die Stiefelbänder. Jede Statue musste so perfekt sein, als wäre sie die Arbeit seines Lebens. Dann musste er dasselbe noch einmal tun. Und nochmal.

Jiangs Trupp war einer von 70, um die gesamte Armee von Terrakotta-Soldaten herzustellen. Die Feuer in den Brennöfen erloschen nie. Die Krieger marschierten los, in Terrakotta gebrannt. Bemalt und mit echten Waffen ausgerüstet, sollten 7.000 von ihnen das Grab des Kaisers Qin Shihuangdi bewachen.

Des Kaisers mächtige Heere hatten alle benachbarten Königreiche unterworfen, um das Kaiserreich Qin – China – zu schaffen. Darum hatte der Kaiser viele Feinde. Die Terrakotta-Armee sollte seinen Leichnam beschützen und die Rachsüchtigen in die Flucht schlagen. Selbst nach seinem Tod würde der Kaiser ein Reich unter der Erde führen. Er würde in einem riesigen Palast voller Höflinge und Unterhalter leben, mit Gärten und Kanälen, in denen Quecksilber fließt statt Wasser. Manche behaupteten, der Kaiser hätte die Idee lebensgroßer Statuen von Reisenden übernommen, die aus dem fernen Westen zurückkehrten, wo sie die Bronzestatuen des berühmten griechischen Königs Alexanders des Großen gesehen hatten.

Jiang war bescheiden, doch sehr stolz auf seine Arbeiter. Ihnen waren kaum Fehler unterlaufen. Nur eine Statue war im Ofen zerbrochen. Niemand war wegen schlechter Arbeit zum Tode verurteilt worden. »Der Kaiser wird dich belohnen«, sagte der Aufseher lächelnd. Jiang glaubte ihm nicht. Es war das Lächeln eines Mannes, der keine Verwendung mehr für ihn hatte.

Jahrelang hatte der Aufseher andere Vorarbeiter zu Jiang geschickt, damit sie von ihm lernten, wie er die Gesichter der Soldaten modellierte. Ein Assistent brachte ihm einen hohlen Kopf, der in einer Mulde aus gelbem Ton hergestellt worden war. Darauf brachte Jiang weitere Lagen feineren Tons auf, seidig und glatt. Mit schnellen Strichen mit einem Holzschaber oder seinem Daumen formte er die geschwungenen Augenbrauen, die eleganten Lippen oder Kinnbärte und all die Züge, die ein Gesicht vom anderen unterscheiden. Unter seinen Händen erwachte der Ton zum Leben.

Meist musste sich Jiang die Gesichter der Soldaten ausdenken. Manchmal jedoch kam ein Offizier in seine Werkstatt, um ein Porträt in Lebensgröße modellieren zu lassen. Jiang störte sich nicht daran, dass die Offiziere hochmütig durch ihn hindurchschauten, als wäre er nicht da. Während sie posierten, studierte er ihre Züge sehr genau. Und nicht alle Offiziere waren hochnäsig. Erst vor Kurzem hatte sich einer sehr freundlich mit ihm über sein Heimatdorf in Yunmeng unterhalten und von seiner Frau und seinem kleinen Sohn erzählt.

Am Nachmittag hörte Jiang unbekannte Geräusche im Hof vor seiner Werkstatt. Soldaten erteilten Befehle. »Eure Arbeit ist beendet! Packt zusammen! Fertig machen zum Abreisen!« Vermutlich führten auch die Soldaten einfach nur Befehle aus. Wie eine Belohung hörte sich das allerdings nicht an.

»Aha! Ich habe dich gefunden, Vorarbeiter Jiang.«

Jiang erschrak. Aber es war nur die Stimme des freundlichen Offiziers aus Yunmeng.

»Ich habe dich überall gesucht. Hier.« Der Offizier griff in seine Tunika und zog ein kleines, in Seide gehülltes Päckchen heraus.

»Ich habe meiner Frau von dem wunderbaren Porträt erzählt, das du von mir gemacht hast. Sie schickt dir das. Wie gefällt es dir?«

Jiang packte das Geschenk aus. Es enthielt eine kleine Tonfigur eines Soldaten – offenbar die Arbeit des kleinen Sohnes. Das Gesicht war ein flacher Kuchen mit eingeritzter Nase, Mund und Augen. Die Rüstung war in Strichen aufgekritzelt.

Draußen rief ein Soldat: »Ihr müsst euch morgen früh alle vor dem Kontor des Aufsehers einfinden.«

»Was bedeutet das?«, fragte Jiang verängstigt.

Der Offizier schaute kurz über seine Schulter und begann zu flüstern. »Der Kaiser hat verfügt, dass ihr Handwerker den Soldaten in seinem Grab Gesellschaft leisten sollt. Nimm meinen Rat an und lauf, so weit du kannst. Schnell, noch vor Sonnenaufgang.«

Als es dunkel war, packte der Vorarbeiter Jiang seine Modellierhölzer und ein paar Habseligkeiten ein und schlich sich aus der Werkstatt. Er lief, bis er weit vom Grab des Kaisers entfernt war. Hinter sich konnte er noch die Lichter in den Brennöfen sehen und die Hütten der Arbeiter erkennen. Er dachte an die tiefen, langen Schächte mit Tausenden Terrakotta-Soldaten, die grimmig in die Nacht starrten. Er zog seinen Umhang fester und eilte weiter.

Kaiser Augustus
aus Rom, 20 v. Chr.

9

Eine große Bestellung

Das Standbild des Augustus

Kaiser Qin Shihuangdi wollte ganz sicher gehen, dass kein anderer Herrscher auf der Welt eine Untergrundarmee wie die seine erschaffen würde. Darum befahl er, alle Vorarbeiter und ihre Helfer mit den von ihnen geschaffenen Terrakotta-Kriegern zu begraben. Aber er war bei Weitem nicht der letzte Kaiser, der an die mysteriöse Macht der Statuen glaubte.

Vor ungefähr 2.200 Jahren, als Qin Shihuangdis echte Armee auf ihrem blutigen Feldzug durch die benachbarten Königreiche war, wurde die Stadt Rom in Italien zum Zentrum eines anderen Kaiserreichs. Innerhalb der nächsten 200 Jahre besetzte das unbesiegbare römische Heer den größten Teil Europas und Nordafrikas sowie die Länder östlich des Mittelmeers. Rom wurde reicher, größer und mächtiger als Athen oder jede andere griechische Stadt.

Die Römer glaubten sich in vielem der ganzen Welt überlegen: im Kämpfen, Regieren, Handeln, Bauen und generell im Umgang mit der Welt. In der Kunst mussten sie jedoch anerkennen, dass sie nicht mit den griechischen Künstlern der Vergangenheit konkurrieren konnten. Also sammelten sie griechische Kunstobjekte. Ganze Schiffe voller Bronzestatuen wurden von Griechenland nach Rom geschickt, wo sie hohe Preise erzielten.

Reiche Römer verstanden es, ihre Gäste zu beeindrucken. Statt in Tempeln zu stehen, wachten griechische Götter jetzt über römische Dinnerpartys und Gärten. Die Nachfrage nach diesen Bildnissen war so immens, dass viele Kopien geschaffen wurden. Manchmal fertigte man eine Form der Statue an und goss sie in Bronze. Oder ein Bildhauer maß die Statuen aus und kopierte die Maße auf einen Marmorblock, um die Kopie herauszumeißeln.

Römische Herrscher ihrerseits waren Experten, wenn es darum ging, ihre Untertanen zu beeindrucken. »Was wir von den alten Griechen gelernt haben«, reflektierte Kaiser Augustus, »ist, uns Menschen ebenso mächtig aussehen zu lassen wie Götter. Ich lasse mein Porträt im griechischen Stil anfertigen.«

Wenig überraschend waren viele Bildhauer, die die besten Kopien der griechischen Statuen herstellten, selbst auch Griechen. »Holt mir diesen Bildhauer – wie war nochmal sein Name – den Burschen aus Athen«, befahl Augustus.

Der Kaiser dachte lange darüber nach, wie er aussehen wollte. Wie der ägyptische Pharao Echnaton wollte er, dass sein Ebenbild von seinen Untertanen im ganzen Reich sofort erkannt würde. Ganz anders als Echnaton wollte er jedoch nicht zu gewöhnlich oder gar sonderbar aussehen. »Der Kaiser sollte ein Vorbild sein«, dachte er. »Gebieterisch, würdevoll, attraktiv. Und natürlich stark. Und ähnlich wie ein Gott, jedoch wie ein menschlicher.«

Der Bildhauer war es zu jener Zeit gewohnt, von den Römern wie ein Diener behandelt zu werden. Die hielten sich für überaus zivilisiert, hatten jedoch von der großen Kunst keine Ahnung, dachte er. Er brachte ein Modell zu Augustus, um es ihm zu zeigen. Er hatte es aus Ton mit Bienenwachs-Überzug hergestellt, in den er die feinsten Details in Hände und Gesicht geschnitzt hatte, während die nackte Haut glatt und fast lebensecht wirkte.

»Meine Idee basiert auf einem Meisterstück des griechischen Künstlers Polyklet, dem sogenannten Speerträger«, erläuterte der Bildhauer. »Es vereint die jugendliche Stärke mit einem Gefühl außerordentlicher Vitalität, meint Ihr nicht, Herr?«

»Hm«, sagte der Kaiser. »Du willst mich aber nicht im Ernst nackt darstellen, oder?«

Also schuf der Bildhauer ein zweites Modell. Dieses Mal zeigte es Augustus als Oberbefehlshaber des römischen Heeres, der mit ausgestrecktem Arm eine inspirierende Rede an seine Truppen hält. Sein breiter Brustschild war mit kleinen Figuren dekoriert. Sie zeigten die Völker, die Augustus besiegt hatte, und die Götter, die ihn dabei beschützten.

Würde das Porträt Augustus gefallen? Sein Gesicht war sicherlich lebensecht, aber der Bildhauer hatte die Stirn etwas erhabener gestaltet, das Haar welliger und jugendlicher, und die Ohren standen nicht ganz so weit ab wie in der Realität.

»Gute Arbeit«, sagte Augustus nach einer Denkpause. »Genau so hatte ich mir das vorgestellt. Wir beginnen mit einer in Bronze, ungefähr so groß«, und er hob den Arm hoch über den Kopf. »Dann hätte ich gern noch fünf in Marmor. Das kannst du doch schaffen? Ich möchte eine im Forum. Meine Frau möchte vermutlich eine in ihrer Villa und …«

»Ähem … Herr«, flüsterte ein Offizier ins Ohr des Kaisers. »Ihr werdet von Euren Generälen erwartet.«

»Ja, ja«, wandte sich Augustus erneut an den Bildhauer. »So hoch, merkst du dir das?«

Der Bildhauer verneigte sich. Mit großen Schritten begab sich der Kaiser zum Kriegsrat, seine Sandalen schlappten auf dem Marmorboden.

Der Bildhauer stand neben seinem Modell. Es schien dem Kaiser zum Abschied zu winken, als entließe es ihn – irgendwie froh, die große, schallende Empfangshalle jetzt für sich allein zu haben.

Gartenfresko
aus der Villa di Livia, Prima Porta, Italien, 30–20 v. Chr.

10
Schöner Ausblick
Ein Tag im Leben eines römischen Malers

Egal wen du in Rom fragst, alle werden bestätigen, ich bin der beste Freskenmaler. Aber hochnäsige Senatoren und ihre Gattinnen wissen nicht immer zu schätzen, wie aufwändig es ist, eine Szene zu malen. Eine Szene, die dich vergessen lässt, dass du eine steinerne Wand vor dir hast. Wie das Esszimmer, das ich für Gaius Maximus verziert habe. Man behauptet, Gaius' Neffe sei nach dem Essen aufgestanden und geradewegs vor die Wand gelaufen. Er hielt den Korridor, den er durch den gemalten Bogen sehen konnte, für echt. Und das nicht nur, weil er zu viel getrunken hatte!

Andererseits … Livia Drusilla – für jemanden wie sie habe ich noch nie gearbeitet. Sie ist die Gattin des Augustus und damit die mächtigste Frau Roms, und vermutlich auch die reichste. Allüren hat sie jedoch keine. Sie würde sich nie in glitzernden Kleidern oder überhäuft mit Juwelen zeigen. Sie hat Interesse und kann zuhören. Dabei ist es unwichtig, ob sie sich mit einem General oder einem Diener unterhält, sie behandelt alle gleich. Ich freue mich auf die Arbeit in ihrer Villa. Sie liegt wunderschön über dem Tal des Tiber außerhalb der Stadt Rom.

Heute Morgen ist der Stukkateur in der Villa und bringt eine letzte Lage Gips an einem Teil der Wand im Esszimmer auf. Wir haben Frühsommer und es ist zu heiß, um draußen zu arbeiten. Ich mag den Geruch von feuchtem Gips, erdig und frisch. Zum Glück liegt das Sommer-Esszimmer im Keller. Dort ist es immer kühl, selbst an den heißesten Tagen. So trocknet der Gips nicht zu schnell aus. Oben kann ich die Mosaikleger auf dem Boden hören. Mit ihnen möchte ich nicht die Arbeit tauschen, sie basteln Millionen winziger Marmor- und Keramikteilchen zu Bildern zusammen. Sie können ihre Bilder auch nicht fließen lassen, wie ein gemaltes Bild fließt – wenn du weißt, was ich meine.

Der feuchte Gips bedeckt nur so viel von der Wand, wie ich heute bemalen werde. Die Farbe muss vom Gips aufgesaugt werden, bevor er trocknet. So wird die Farbe Teil der Wand, statt nur obenauf zu liegen. Die Farben leuchten länger und können nicht so leicht abgestoßen oder abgerieben werden. Bevor du anfängst, musst du jedoch genau wissen, was du malen willst. Fehler lassen sich nur schwer korrigieren.

Die Idee für diese Szene hatte ich selbst – Bäume, Büsche, Blumen, Vögel –, als wärst du an der Luft und nicht in einem Raum unter der Erde. Wo die Wände an die Decke stoßen, werde ich eine Felskante malen, als schaue man aus einer Höhle nach draußen. Mein Sklave Rufus – dieser rothaarige Gallier – mischt die Farben für mich an.

Gestern habe ich die Blätter eines Myrtenbaums gemalt. Ich hatte nicht bemerkt, dass Livia hereingekommen war und direkt hinter mir stand. Ich ließ vor Schreck fast den Pinsel fallen, als sie sprach.

»Wie machst du diese Blätter so grün und glänzend? Ich könnte schwören, ich höre sie im Wind rascheln.«

»Ich nehme das hier, Herrin.« Ich befahl Rufus, ihr die Schüssel mit der grünen Farbe zu zeigen. Wunderschön sah sie aus, wie ein Waldteich. »Wir nehmen grünen Ton«, sagte ich. »Dann ein paar Krümel von diesem ägyptischen Blau und etwas Wasser.«

»Ah ja. Und hier …« Sie berührte die Wand. »Oh, sie ist feucht. Ich dachte, du hättest einen Vogel mit hereingebracht, um dir Gesellschaft zu leisten!« Gelbe Farbe glitzerte an ihren Fingerspitzen, wo sie das Bild eines goldenen Pirols berührt hatte, der mit weit geöffnetem Schnabel mitten im Blattwerk sang.

»Hier, Herrin!« Ich reichte ihr einen sauberen Leinenlappen, um sich die Hände abzuwischen.

Sie musste lachen – und ich auch.

Ich hatte den Witz also verstanden. Sie spielte auf den berühmten Wettstreit zwischen Zeuxis und Parrhasius an, den beiden größten Malern im antiken Griechenland. Zeuxis malte Weintrauben so real, dass Vögel sie für echt hielten und sie anpickten. Dann zeigte Parrhasius Zeuxis sein Bild. Aber es war von einem Vorhang verdeckt. »Warum hast du es verdeckt?«, fragte Zeuxis. »Darf ich den Vorhang beiseite ziehen und es anschauen?« Parrhasius lächelte. Wie dumm kam sich Zeuxis vor, als er feststellte, dass der Vorhang selbst gemalt war! »Du hast gewonnen!«, sagte er zu Parrhasius. Livia behandelt mich wie einen gebildeten Mann.

Nicht nur wie den Hausmaler.

Bis ich die Wischspuren repariert hatte, war es spät geworden. Die Schatten draußen wurden länger. Man konnte die Bäume riechen – Pinien, Myrte und Lorbeer, die alle um das Haus herum wuchsen – wie die Bäume auf meinem Gemälde. Dann hörte ich ihn. Sein Gesang war unverwechselbar, irgendwie flüssig, endete und begann von Neuem – wie ein Kind, das mit einer Elfenbeinflöte spielt. Irgendwo in der Nähe, als wäre er gerade aus Livias Esszimmer geflogen, sang ein Pirol.

Heilige Orte

800–1450

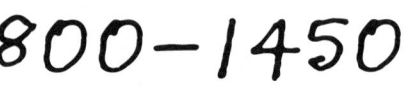

Als Mittelalter bezeichnet man die Zeit zwischen dem Zerfall des Römischen Reichs im 5. Jahrhundert und der Wiederentdeckung antiker griechischer und römischer Zivilisationen in Italien etwa 900 Jahre später.

In Europa war die Kunst des Mittelalters eng mit der christlichen Kirche verbunden. Künstler verzierten Kirchen und erweckten Bibelgeschichten für Menschen zum Leben, die nicht lesen oder sich Bücher und Bilder nicht leisten konnten. Die meisten Bücher wurden in Klöstern hergestellt und auch dort aufbewahrt. Schreiber und Buchmaler arbeiteten lange und sehr schwer, um heilige Schriften zu kopieren und literarische, wissenschaftliche und philosophische Texte mit Illustrationen zu dekorieren. Künstler wurden gemeinhin wie normale Arbeiter behandelt, auf Tagesbasis bezahlt und nach getaner Arbeit entlassen.

Außerhalb Europas war das ganz anders. Da gab es kein »Mittel«-alter, eher eine Weiterentwicklung von Lebens- und Kunststilen. Zu jener Zeit standen viele Teile der Welt nur in begrenztem Kontakt zueinander. Die Kathedralenbauer in Europa hatten keine Ahnung, dass der riesige Tempel von Angkor Wat etwa zur selben Zeit in Kambodscha errichtet wurde. Die europäischen Maler hatten die Bergmalereien der Chinesen nie gesehen, ebenso wenig die naturgetreuen Skulpturen afrikanischer Künstler. Christliche Schreiber und muslimische Kalligrafen kopierten inzwischen heilige Texte in ihrer jeweils eigenen, abgegrenzten Tradition.

Obwohl sich die künstlerischen Techniken in den verschiedenen Teilen der Welt häufig ähnelten, waren die Künstler durch große Entfernungen voneinander getrennt. Sie waren neugierig und erfinderisch, aber Reisen dauerte lange und war gefährlich. So war es schwer, Ideen auszutauschen.

Jungfrau Maria und Jesus Christus
Hagia Sophia,
Konstantinopel (heute Istanbul), Türkei, 944

11
Auge in Auge
Die Mosaiken der Hagia Sophia

Kooooooommt-ommt-ommt-ommt-ommt!« Die Worte schallen, als kämen sie von hoch oben im Dachstuhl. Tatsächlich kam die Stimme jedoch von weit unten. Ein kurzer Zug am Seil lässt den Flaschenzug rasseln – das Zeichen, dass ein weiterer Eimer mit Mosaiksteinen auf dem Weg nach oben ist.

Corax nennen ihn seine Freunde – den Raben –, denn der Mosaikleger war immer auf der obersten Plattform zu finden, seine Stimme krächzend vom Staub und dem ganzen Geschrei. Er blinzelte über den Rand des Gerüsts. Da unten erkannte er lediglich merkwürdige, düstere Formen. Geblendet! Er war vom Gold geblendet. Die untergehende Sonne strahlte durch ein Westfenster der Kirche. Das grelle Licht schien vom goldenen Deckenmosaik direkt in seine Augen! Er hielt sich am Gerüst fest und lehnte sich nach vorn.

»Stopp!« rief er. »Op-op-op«, hörte man das Echo seiner Stimme. Das Seil wurde schlaff.

Seit sechs Monaten arbeitete Corax jetzt an den Deckenmosaiken der großen Kirche Hagia Sophia in Konstantinopel. Gott sei Dank brauchte er sich nicht um das Gold zu kümmern – riesige Flächen aus Millionen kleiner Glassteine, auf deren Rückseite im Ofen Goldfolie aufgebrannt wurde. Das war eine sehr anspruchsvolle Arbeit, denn jedes Teilchen musste in einem bestimmten Winkel eingesetzt werden, damit es glänzte, wenn die Besucher nach oben schauten. Corax' Aufgabe war jedoch die schwierigste von allen, denn er setzte die Gesichter der heiligen Figuren zusammen.

Heute würde er keine weiteren Mosaiksteine brauchen. Er musste nur noch ein Detail fertigstellen – das rechte Auge von Theotokos, der Mutter Gottes. Vom Saum ihrer langen Robe bis zum Rand ihres goldenen Heiligenscheins war diese Figur sehr viel größer als ein Mensch. Selbst der kleine Jesus auf ihrem Schoß war größer als der größte Mann in Konstantinopel.

Corax kannte die Geschichte aus der Bibel sehr genau – die junge Maria bringt Jesus in einem Stall zur Welt. Wenn man es sich genau überlegt … wenn das Kind Gott war, dann war Maria die Mutter Gottes. Darum wurde diese junge Frau im Mosaik an der Kirchendecke als gigantische, atemberaubende Figur dargestellt. Während das Mosaik um ihn herum schimmerte, fühlte sich Corax direkt an den Nachthimmel versetzt, mitten hinein in die Sterne. So könnte es auch im Himmel sein.

»Ui«, seufzte Corax. »Etwas himmlische Ruhe würde mir jetzt gut tun. Aber ich muss noch etwas schaffen, bevor es dunkel wird.«

Mosaiksteine zu Gesichtern zu legen, verlangt sehr viel Feinarbeit. Corax legt verschiedenfarbige Teile zusammen, so dass die Farben aus der Ferne miteinander verschmelzen wie in einem Gemälde. Die Wangen im lieblichen, jungen Gesicht der Theotokos hatte er so leicht rosig und frisch aussehen lassen. Und all das mit winzigen Würfeln aus Glas, Marmor und Ton.

Er wollte an ihrem rechten Auge etwas verbessern – einen Schatten unter dem Augenlid hinzufügen, der den weißen Augapfel stärker leuchten ließ. Der Gips war noch feucht genug, um die Mosaiksteine

aufzunehmen. Dabei konnte er sich nach den Linien richten, die er am Morgen mit geübtem Strich in den Gips gezeichnet hatte.

Währenddessen starrte ihn das linke Auge die ganze Zeit an. Die Pupille glänzte wie ein Mitternachtsjuwel, groß wie eine Faust. Er wurde unsicher. Was, wenn die Gerüste nach der langen Arbeit entfernt würden und die Kirchenoberen nach oben schauten, um seine Arbeit zu begutachten – und die Augen nicht passten?

»Bitte«, flüsterte er dem lieblichen Gesicht zu, das ihn um Längen überragte. »Hilf mir, dass ich keine Fehler mache.«

Ein Auge schaute ihn direkt an. Das andere schaute von ihm weg. Was würde passieren, wenn ihm ein Fehler unterlief? Er gähnte. Sein Magen knurrte. Plötzlich verspürte er riesigen Hunger.

Zum Arbeiten wurde es zu dunkel. »Darum kümmere ich mich morgen«, dachte er.

Der Koran

Bagdad, Irak, 1001

12

Der Traum des Kalligrafen

Ibn al-Bawwab

Vor eintausend Jahren war die Stadt Bagdad für ihre Kalligrafen berühmt. Kalligrafie bedeutet »Schönschreiben«. Die Kalligrafen von Bagdad perfektionierten die arabische Schrift. Sie schufen wunderbare Kopien des Koran, des heiligen Buches des Islam, der vom Propheten Mohammed gegründeten Religion.

Ibn al-Bawwab war der oberste Kalligraf der Stadt. Zwar war er inzwischen ein alter Mann, dennoch unterrichtete er seine Schüler in der Kunst der Kalligrafie. Man sagte, er habe den gesamten Koran – der über 77.000 Wörter umfasst – mehr als 60 Mal abgeschrieben.

»Ist das wahr, Meister?«, fragten ihn seine Schüler. »Sie kennen wirklich jeden Vers des Koran auswendig?«

»Schon möglich«, antwortete Ibn al-Bawwab. Ein Angeber war er wahrlich nicht. Jedes Mal, wenn er den Koran abschrieb, hatte er das Gefühl,

die heiligen Worte formten sich von Neuem aus seiner Feder. Er atmete tief ein, dann aus, den Stift ruhig in der Hand. Ein langer, gerader Strich nach unten, eine Kurve, ein Punkt, noch ein Strich nach unten. Er wünschte, jeder könnte dieses friedliche Gefühl erleben, das ihn bei den ruhigen, fließenden Bewegungen seines Stiftes überkam.

Ibn al-Bawwab klatschte in die Hände. »Wir haben zu tun. Achtet zuerst darauf, dass Eure Stifte korrekt gespitzt sind.«

Jeder Schüler besaß einen Stift aus Schilfrohr, genau wie Ibn al-Bawwab. Das Ende musste mit einem scharfen Messer sorgfältig gespitzt werden, damit der Strich die richtige Breite bekam. Als Tinte wurde eine Mischung aus Ruß und Wasser verwendet. Blau, Weiß und Gold waren der Dekoration der Blattränder mit komplizierten Mustern vorbehalten.

Die Kunst der Kalligrafie erforderte absolute Hingabe. Das hatte Ibn al-Bawwab viele Jahre zuvor von seiner Lehrerin erfahren. Sie war die Tochter von Ibn Muqla, dem ersten großen Kalligrafen Bagdads. Er war es auch, der eine besondere Schreibkunst des Arabischen erfand. Mit der Spitze seines Stifts erzeugte er einen diamantförmigen Punkt. Jeder Buchstabe musste eine bestimmte Anzahl von Punkten groß sein – sechs, sieben oder acht. Ibn al-Bawwab arbeitete intensiv daran, diese Kunst zu perfek-

tionieren. Sein eigener Vater war ein bescheidener *Bawwab* – ein Torwächter –, kein gebildeter Mann. Bei seiner ersten Anstellung als Maler konnte Ibn al-Bawwab weder lesen noch schreiben.

Es geschah eines schönen Tages, als er auf einer Leiter stand und die Fassade eines Hauses anstrich. An einem Fenster waren die Blenden nicht ganz geschlossen und er konnte ins Zimmer schauen. Ein Mann saß mit dem Rücken zu ihm, hatte eine Tafel auf dem linken Knie und schrieb. Im Raum standen Regale voller Rollen und Bücher. Auf dem Boden lag ein persischer Teppich mit einem Muster aus silbrigen Blumen – wie eine Wiese im Frühling. »Dieser Mann möchte ich sein«, dachte sich Ibn al-Bawwab.

Er hatte großes Glück, dass sich Ibn Muqlas Tochter bereiterklärte, ihn zu unterrichten. Sie ließ ihn alle Buchstaben des arabischen Alphabets zur Übung mehr als hundert Mal schreiben. Sie zeigte ihm, wie man das Papier vorbereitete, indem man es mit einem Stock glättete. Schließlich war es ihm gestattet, seine erste Kopie des Korans anzufertigen. »Sehr gut«, sagte sie. »Nun bist du ein Meister der Kalligrafie. Hier, schreib deinen Namen ans Ende.«

Ibn al-Bawwab gründete seine eigene Kalligrafie-Schule, wo er Jungen und Mädchen in dem speziellen Punktesystem unterrichtete, um jeden Buchstaben exakt richtig zu schreiben.

»Nein, nein, nein!« Ibn al-Bawwab kontrollierte die Arbeit eines Schülers. »Das ist nachlässig! Ich zeige dir, wie man es richtig macht.« Ibn al-Bawwab seufzte. Mit zunehmendem Alter hatte er nicht mehr so viel Geduld wie früher.

Auch seine Energie ließ nach. Nach dem Unterricht konnte er früher noch stundenlang schreiben. Jetzt, am Abend, fand ihn sein Diener Ibrahim häufig schnarchend vor, wenn er die Lampe brachte. Ibn al-Bawwab hatte oft denselben Traum. Er schrieb, und als sein Stift das Wort »Baum« formte, sprossen Zweige und Blätter aus den Buchstaben. Wenn er »Fluss« schrieb, verwandelten sich die Buchstaben in die Strudel des Tigris, der an Bagdads Mauern vorüberfloss. Das Wort »Pfau« spreizte sich zu einem wunderschönen Rad aus bunten Federn. Dann schrieb er »Leben«, und … nun, er fand nie heraus, was dann passierte, denn an dieser Stelle wachte er immer auf.

»Habe ich geschnarcht, Ibrahim?«

Ibrahim stellte die Lampe ab und schüttelte mit einem verlegenen Lächeln den Kopf.

Reisende unter Bergen und Strömen
ca. 990–1020

13
Der Mann der Berge

Fan Kuan

Kurz nachdem Ibn al-Bawwab den Koran zum letzten Mal geschrieben hatte, wanderte ein chinesischer Maler namens Fan Kuan den Berg Cuihua hinab. Er hatte im Schutz eines überhängenden Felsens auf einem Teppich trockener Kiefernnadeln geschlafen. Nicht zum ersten Mal hatte Fan die Nacht auf dem Berg verbracht. Wenn Du die Natur verstehen willst, glaubte er, musst du sie berühren, riechen und hören, und nicht nur aus der Ferne anschauen.

Im Morgengrauen fiel leichter Regen, der sich zu schwerem Nebel verdichtete. Fan konnte nur wenige Schritte weit sehen. In der Nähe rauschte ein Wasserfall beim Sturz in die tiefe Schlucht. Fan war unbesorgt. Er würde einfach dorthin gehen, wohin ihn der Pfad führte.

»Stopp, bleib stehen, wo du bist!«

Ein alter Mann tauchte aus dem Nebel auf, in der Hand eine Harke, die er wie einen Speer in Fans Richtung stieß. An seiner Seite bellte und knurrte ein Hund. »Komm nicht näher!«

»Bitte, fürchte dich nicht, mein Freund«, beruhigte ihn Fan. »Ich habe mich anscheinend verlaufen.«

Der alte Bauer wusste, dass in den Bergen ein Dämon mit funkensprühenden Augen lebte. Als der Fremde jedoch näher kam, sah er gar nicht mehr aus wie ein Dämon. Er sprach auch eher wie ein Lehrer oder ein hoher Beamter. Und doch trug er zerlumpte Kleider, in denen überall Kiefernnadeln steckten. Sein Bart war voller Wassertropfen.

»Was machst du in dieser Gegend?« Der Bauer hatte seine Harke noch immer in der Hand, hielt sie jedoch inzwischen ruhig.

»Oh«, Fan lächelte den misstrauischen Mann an. »Hinschauen. Nachdenken.« *Hinschauen? Nachdenken?* Was war das denn für eine Antwort?

Fan hatte schon oft erlebt, dass die Menschen verblüfft waren, wie viel Zeit er in den Bergen verbrachte. In der Stadt Luoyang bettelten junge Künstler immer: »Lehre uns, die Berge zu malen, Meister, genau wie du sie malst.«

»Du musst bei einem größeren Meister als bei mir lernen«, antwortete Fan. »Wer ist das? Wo wohnt er?«, fragten sie begierig weiter. »Man nennt ihn Natur«, entgegnete Fan. »Sie ist überall.«

An jenem Morgen, als Fan aus seinem Unterschlupf lugte, war der Gipfel des Berges in Wolken gehüllt. Er hörte den kreischenden Ruf des Adlers und das Donnern des Wasserfalls. Er roch die feuchte Erde und den duftenden Saft der Kiefern. Sollten ihn die Menschen auslachen, wenn sie wollten, aber Fan Kuan hatte das Gefühl, der Berg sei sein Freund. Sie kannten einander so gut.

»Kein Künstler malt Berge so gut wie Fan Kuan«, prahlten die hohen Beamten, die seine Gemälde kauften. Sie hängten die langen bemalten Rollen an die Wände in ihren Häusern voller geschnitzter Möbel, teurer Bronzeskulpturen und Seidenstickereien. »Ihr träumt davon, wie ein freier Geist in den Bergen zu wandern«, dachte Fan. »Und doch verschwendet ihr euer Leben in eleganten Schreibstuben, gebt Befehle und unterschreibt wichtige Dokumente.«

Fan hatte herausgefunden, wie man eine Felswand malen musste, so dass man hinfassen und sie berühren möchte. Er tauchte seine Pinsel in Farbe und verspritzte damit Hunderte Farbregentropfen. Es war erstaunlich, wie der weiche Pinsel und die wässrige Farbe groben, harten Fels nachbilden konnten.

»Übt die drei Distanzen«, wies Fan seine Schüler an. »Nah, mittel und fern. Seht ihr, in meinem Gemälde von den Reisenden in den Bergen platzierte ich die Menschen in der Nähe und malte sie sehr klein. So erscheinen die Berge in der weiten Ferne riesig.«

Nachdem sie sich eine Weile unterhalten hatten, lud der alte Bauer Fan auf eine Mahlzeit in seine Hütte ein. Fan griff in seine Tasche und nahm seinen Reibstein, Pinsel und Wassertopf und eine Rolle Papier heraus. Er mischte etwas Farbe und malte schnell, während der Bauer zusah.

»Hier«, sagte Fan, »ein Geschenk vom Berg.«

Der Bauer traute seinen Augen nicht. Das war er, unten im Bild, eine winzige Figur mit einer Harke in der Hand und dem Hund daneben. Und die Kiefern – genau die da drüben. Und die Felswand, hoch wie der Himmel. Er spürte, wie sich die Verwunderung in seinem Kopf ausbreitete – wie sich eine Knospe in der Sonne öffnet.

Inzwischen begann sich der Nebel aufzulösen. Es würde ein sonniger Tag werden.

»Ich muss mich beeilen«, sagte Fan.

Der Bauer runzelte die Stirn. »Du weißt, es ist ein weiter Weg in die Stadt?«

»Das ist in Ordnung«, sagte Fan lachend. »Wie sagte der weise Laotse: 'Selbst eine Reise von tausend Meilen beginnt mit einem einzigen Schritt.'« Und er machte sich auf den Weg den steinigen Pfad hinab.

Der König reitet auf einem Elefanten in die Schlacht
Angkor Wat, Kambodscha, ca. 1113–1150

14

Die schwimmende Stadt

Angkor Wat

Phirun war zu jung, als dass er sich an die Zeit vor dem Bau des großen Tempels erinnern könnte. Sein Vater war selbst noch ein Junge, als vor 30 Jahren der Grundstein in Angkor Wat gelegt wurde. Aber Pajan Yan, die alte Elefantin, könnte sich bestimmt erinnern. Sie war vielleicht gerade geboren, als die Stadt Angkor noch ein Dorf war, umgeben von Reisfeldern und Dschungel.

Wie sein Vater war Phirun ein Mahut – ein ausgebildeter Elefantenführer.

»Los Mädchen! Zieh!«, drängelte er, während er rittlings auf dem Hals des Elefanten saß, die Beine hinter den wedelnden Ohren. »Gut so! Der Stein bewegt sich!«

Pajan Yans Füße rutschten im Schlamm immer wieder weg. Aber wenigstens gab endlich der große Stein nach. Vor ihnen, im dichten Dunst über der schlammigen Straße, zog eine lange Schlange aus Elefanten in die Ferne. Hunderte von Elefanten. Hunderte von Steinen. Ganz am Ende der Schlange, wie eine riesige Monsunwolke am Horizont, sah man den Tempel von Angkor Wat.

Dieser großartige Tempel wurde vor 900 Jahren gebaut, als das Land, das heutige Kambodscha, von Suryavarman II., dem König der Khmer, regiert wurde. Die Khmer-Stadt Angkor war mit mehr als einer Million Einwohnern mit Abstand die größte der Welt. Angkor war eine reiche Stadt. Überall lenkten Kanäle und Reservoirs den Monsunregen in die Reisfelder, was für reiche Ernten sorgte. Suryavarmans Armee mit ihren gefürchteten Kriegselefanten eroberte viele Länder.

Welch bessere Möglichkeit gäbe es, seine Macht zur Schau zu stellen, als mit einem riesigen Tempelbau, so groß wie eine Stadt, dachte sich Suryavarman? Der Oberarchitekt des Königs und der oberste Priester schlugen vor, der Tempel sollte ein Modell der Mitte des Universums darstellen. Und zu gegebener Zeit würde Suryavarman – der schließlich der Gott des Universums war – dort begraben werden. Suryavarman war ein Hindu, der Tempel würde also fünf Türme haben wie die fünf Gipfel des Berges Meru, die Heimat der Hindu-Götter. Um den Tempel herum würde ein riesiger Graben angelegt ähnlich dem Ozean, der den heiligen Berg umgibt.

Große Ideen zu haben ist eine Sache, sie in die Realität umzusetzen jedoch eine ganz andere. Wie sollte dieser mächtige Tempel gebaut werden? Der Graben, der tief und breit wie ein Fluss sein sollte, musste von Hand gegraben werden. Tausende Tonnen Erde und Steine müsste man dazu bewegen.

»Elefanten«, sagte der Oberbaumeister. »Ich habe ausgerechnet, mit 6.000 Elefanten können wir das schaffen in – oh, ich würde sagen in 30 bis 35 Jahren.«

»Elefanten können nicht graben, Elefanten können auch nicht schnitzen. Was ist mit all dem Rest?« König Suryavarman war eher praktisch veranlagt.

»Ah, das hätte ich fast vergessen! Wir sollten mit 300.000, vielleicht auch nur 250.000 Arbeitern auskommen. Sie werden es als eine Ehre betrachten, für Ihre Majestät arbeiten zu dürfen.«

Auf einer gigantischen Fläche am Rande der Stadt liefen Männer hin und her, sie trugen in Farbpulver getauchte Seile. Sie legten die Seile auf dem Boden aus und erzeugten so gerade, dünne farbige Linien. Das war die Karte vom Berg Meru und dem Ozean, der Bauplan für die Mauern und den Graben von Angkor Wat.

Phiruns Tanten und Onkel hatten mit Tausenden von Männern und Frauen den Tempelgraben ausgehoben. In der Wachstumszeit arbeiteten sie auf den Feldern. Den Rest des Jahres halfen sie beim Bau von Angkor Wat. Der Graben sah aus wie ein Fluss voller Menschen, alle bewegten sich, über ihre Werkzeuge und ihre Erdkörbe gebückt. Dann begannen die Mauern zu wachsen. Und schließlich, wie ein Berg, der Tempel in der Mitte.

Endlich hatte es Pajan Yan geschafft, ihre Last in die Mitte des Tempels zu schleppen. Die Luft vibrierte im Klang der Meißel auf den Steinen. Phirun schaute hinunter, um einem Bildhauer zuzuschauen, der eine Szene in die Wand des Tempels schlug. Zu sehen war ein Mann auf einem riesigen Kriegselefanten.

»Schau, Pajan Yan! Du bist berühmt!«, flüsterte er dem Elefanten ins Ohr. »Wer ist das?«, fragte er den Bildhauer und zeigte auf das Bild.

»Das ist Seine Majestät, er reitet in den Kampf«, erklärte der Künstler. »Seine Armee spült den Feind hinweg wie das Meer.«

Phirun traute sich nicht zu sagen, dass er eigentlich den Namen des Elefanten wissen wollte.

An den Tempelwänden fanden sich reihenweise gemeißelter Szenen. Manche zeigten Kämpfe, andere tanzende Mädchen und Göttinnen. Wieder andere zeigten König Suryavarman mit den Damen und Herren am Hof.

»Was für ein Leben!«, seufzte Phirun. »Aber nicht für solche wie uns, Pajan Yan.«

Pajan Yan zwinkerte mit ihren faltigen Augenlidern. Phirun konnte nur raten, woran sie gerade dachte. Auf dem Weg zurück zum Flussufer, wo die großen Steine von den Schiffen entladen wurden, gab es ein Dickicht mit besonders saftigem Bambus.

Angkor Wat

Kambodscha (um 1100)

Angkor Wat ist der wahrscheinlich größte Tempel der Welt. Er war der Haupttempel der antiken Stadt Angkor, Hauptstadt des Khmer-Reiches, nahe dem heutigen Siem Reap. Der Tempel wurde zwischen 1120 und 1150 erbaut, als in Angkor über eine Million Menschen lebten.

Über das Wasser

Der Graben um Angkor Wat ist 190 Meter breit und hat einen Umfang von 3 Kilometern. Die Khmer waren Experten im Bau von Wasserwegen zum Transport und zur Bewässerung der Felder.

Heiliger Berg

Der Tempel war sorgfältig geplant und sollte das Hindu-Universum darstellen, umgeben vom Ozean mit den fünf Gipfeln des Berges Meru in der Mitte.

Die verschwundene Stadt

Nur religiöse Gebäude wurden aus Stein errichtet. Angkor Wat war von einer riesigen Stadt aus Holzhäusern umgeben, die inzwischen verfallen und verschwunden sind.

Szenen in Stein

Die Mauern von Angkor Wat sind mit Tausenden in Stein gehauenen Szenen geschmückt, darunter epische Geschichten von den *Mahabharata* und Heiligenbilder von *apsarasas* oder Himmelsgeistern.

Bedeutsame Maße

Die Khmer glaubten, dass Angkor Wat 1728 Jahre nach dem ersten »goldenen Zeitalter« gebaut worden sei. Der Haupteingang liegt 1728 *hat* (Maßeinheit) von der Mitte des Tempels entfernt.

FEBRVS

Bleiglasfenster
Kathedrale von Chartres, Frankreich, 1194–1250

15
Fantasien aus Licht
Bleiglas

Während ein Heer von Arbeitern und Elefanten schuftete, um Suryavarmans Tempel zu errichten, wurden in Europa ganz andere, ebenfalls großartige Steintempel gebaut. Nachdem Kaiser Konstantin das Christentum zur offiziellen Religion des Römischen Reiches erklärt hatte, wurde die Kirche zu einer mächtigen Organisation. Das machte es möglich, gewaltige Kirchen zu bauen, wie die Hagia Sophia in Konstantinopel, die im Innenraum mit teuren Mosaiken geschmückt ist.

Vor 900 Jahren entwickelten die Architekten der großen Kirchen, der Kathedralen, in Frankreich, Großbritannien und Deutschland eine neue Gestaltung ihrer Bauwerke. Indem sie die herkömmlichen Rundbögen durch Spitzbögen ersetzten und die Mauern mit Pfeilern stützten, konnten sie die Dächer höher ziehen, die Wände dünner machen und die Fenster viel größer als zuvor gestalten. In der Hagia Sophia stammte der farbige Lichtschimmer im Innenraum von den Mosaiken, die wie Juwelen glänzten. Aber auch die neue Kathedrale von Chartres in Frankreich war von buntem Licht durchflutet. Dieses Mal kam es jedoch von draußen, durch hohe,

breite Fenster in den Seitenschiffen der Kirche. Die Fenster waren mit wunderschön gefärbtem Glas ausgelegt. Es wirkte geradezu, als bestünde das Gebäude eher aus Glas als aus Stein.

Blau, rot, grün, gelb. Wenn die Sonne durch die Fenster schien, wurde alles in der Kirche in Farbe getaucht. Die ehrwürdigen Standbilder der Könige, Königinnen und Heiligen. Die hohen Steinsäulen und die Kacheln auf dem Boden. Die Gesichter der Menschen und ihre Kleidung. In der kühlen Luft der Kirche durchmischten sich die Farben und wurden eins. Blau und Rot verschmolzen zu violett. Gelb und Blau wurden zu einem feinen Grün wie der Atem des Frühlings. Etwas Ähnliches hatte man nie zuvor gesehen.

Das Glas wurde auf die übliche Weise hergestellt: Man erhitzte Sand, bis er schmolz. Dann wurden die Farben beigefügt und das Glas erneut erhitzt. Oder es wurde angemalt. Kleine Glasscherben wurden wie ein farbiges Puzzle angeordnet und mit Bleistreifen in einem Rahmen fixiert. So konnte der Bleiglaskünstler ein Muster oder ein Bild herstellen und damit eine Geschichte erzählen, wobei die Details von Hand eingemalt wurden.

»Dieser Mann sieht aus wie Vater!« Hubert, ein Glaserlehrling bestaunte ein rundes Bild über die Schulter seines Onkels, das dieser meisterhaft aus farbigen Glasscherben zusammensetzte. Es zeigte eine typische Februarszene – ein Mann wärmt sich am Feuer die Hände.

Huberts Mutter hatte die Lehrstelle in der Werkstatt ihres Bruders arrangiert. »Du sollst mich Meister nennen, nicht Onkel«, wies er Hubert an.

»Schau ihn doch an«, rief Hubert, »wie er sich die großen, stinkenden Füße wärmt!«

»Das scheint in der Familie zu liegen«, sagte der Meister schnüffelnd. Mit ruhiger Hand zeichnete er die Umrisse der Flammen auf ein rotes Stück Glas. Er grinste Hubert an. »Dabei dachte ich beim Arbeiten an ganz andere Füße.«

Eins nach dem anderen wurden die runden Teile des Bleiglasfensters

fertiggestellt. Jedes Rundfenster zeigte ein Tierkreiszeichen oder ein Monatsbild. Hubert durfte das Gesicht des Mannes malen, der im Juni das Getreide erntete. Die Befehle des Meisters waren sehr strikt. Hubert musste die Figuren genau aus einem Buch voller Zeichnungen kopieren. Platz für Fehler gab es nicht. Sein Meister allerdings fügte gern hier und da kleine Details hinzu.

Als alle 24 Rundfenster fertig waren, wurden sie zum großen, hohen Südfenster in der Kathedrale in Chartres zusammengefügt. Es war von einigen Händlern bezahlt worden, die ihren festen Glauben beweisen und zeigen wollten, wie reich sie waren.

Eines Nachmittags nahm der Meister Hubert mit in die Kathedrale und zeigte ihm das Fenster, bei dem er geholfen hatte. Da gab es den Februar mit dem Mann und dem Feuer. Gegenüber das Tierkreiszeichen »Fische« mit den beiden Fischen. Darüber sah man »März« mit einem Bauern beim Beschneiden der Weinreben. Und ganz oben, an der Spitze, erkannte er die Gestalt Jesu.

Hubert war sprachlos. Auf dem Tisch in der Werkstatt waren die Farben kaum voneinander zu unterscheiden. Manchmal war es schwer zu erkennen, wie die Formen zusammenpassen könnten. Aber hier, selbst in der flachen Wintersonne, leuchteten die Bilder, als würden sie selbst brennen.

Vor der Kathedrale hatten die Bauleute aus zerbrochenen Balken ein Feuer entfacht. Die Flammen hüpften und tanzten in den frostigen Himmel.

»Oh Meister, meine Zehen sind hier drin steif vor Kälte.« Huberts Atem dampfte in der kalten Luft. »Ich muss sie wieder zum Leben erwecken.«

Der Meister nickte und wandte sich ab, als Hubert seine Schuhe auszog.

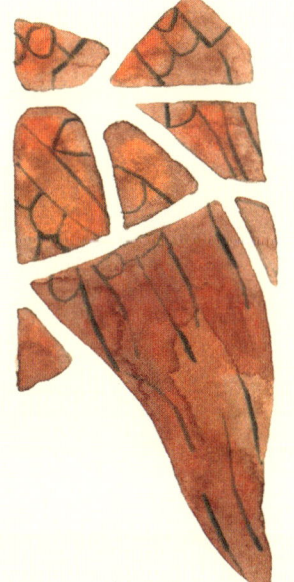

Die Vertreibung der Händler aus dem Tempel
ca. 1305

16
Geschichten aus dem wahren Leben

Giotto

Der Maler Giotto wurde von ungefähr 750 Jahren in Vespignano, einem Dorf in der Nähe von Florenz, geboren. Sein Lehrer war Cenni di Pepo, mit Spitznamen Cimabue, das heißt so viel wie Kopf eines Ochsen. Der alte Ochsenkopf war der zu seiner Zeit führende Maler Italiens, aber die Menschen, die Giottos Arbeiten zu sehen bekamen, merkten schnell, dass er ein ebenso großartiger Künstler war wie sein Lehrer. Noch besser sogar, um ehrlich zu sein.

»Ich will anders malen«, entschied Giotto. »Ich möchte mit meinen Bildern Geschichten erzählen, so dass die Leute denken 'So hätte es ausgesehen, wenn ich dabei gewesen wäre.'«

Wie für die meisten jungen Künstler war es auch Giottos Ziel, einmal Bilder für eine wichtige Kirche zu malen.

»Wenn die Menschen durch das Kirchenportal treten«, dachte er sich, »wollen sie die normale Welt hinter sich lassen. Sie wollen geblendet sein von den funkelnden Mosaiken, dem bunten Licht durch die Bleiglasfenster und den riesigen Heiligengemälden. Unsere Kirchen in Italien sind bereits Schatzkammern voller wunderbarer Kunstwerke. Wie kann ich etwas Neues schaffen?«

Die Bildergeschichten an den Kirchenwänden stammen häufig aus einem Teil der Bibel, der vom Leben Jesu Christi erzählt. Cimabue war stolz auf seine Gemälde in der Basilika San Francesco in Assisi einige Tagesreisen südlich von Florenz. Giotto betrachtete Cimabues Gemälde von Jesus'

Tod lange und eingehend. Jesus in der Mitte, eine riesige Gestalt am Kreuz. Zu beiden Seiten seine Anhänger, die ihre Arme nach ihm ausstrecken.

»Vielleicht sehen sie etwas zu sehr wie Heiligenstatuen aus und nicht wie echte Menschen«, überlegte er sich.

Als Giotto berühmter wurde, erwähnte jemand seinen Namen gegenüber der reichen Familie Scrovegni in Padua im Norden Italiens. Sie boten ihm an, die Bibelszenen an die Wände ihrer prächtigen neuen Kapelle zu malen. Am Ende malte Giotto nicht weniger als 40 Szenen. Es war für ihn die Gelegenheit, seine Ideen in die Tat umzusetzen.

»Ich will es an einem Beispiel zeigen«, erklärte Giotto. »In einer der Szenen betritt Jesus den Tempel in Jerusalem. Dieser Tempel ist der heiligste Ort in der jüdischen Religion. Jesus möchte dort innehalten, um zu beten und nachzudenken. Aber was erwartet ihn? Ein lebendiger Markt mit Händlern, die Tiere zum Opfern im Tempel verkaufen, und Geldwechslern, die die Münzen der Kirchgänger in die lokale Währung umtauschen.

Das kann auch heute noch passieren – auf den Marktplätzen in Florenz, in Padua, in jeder Stadt Italiens. Ich erinnere mich an einen schmierigen Geldverleiher in Vespignano und unseren Priester, der – eben noch fromm wie ein Lamm – richtig wütend werden konnte. 'Wie könnt Ihr es wagen, in die Kirche einzufallen, als wäre es eine Taverne!' Wenn sich jemand im Gotteshaus respektlos verhielt, wurde er hinausgeworfen!«

Statt Figuren wie Statuen aufgereiht an eine Wand zu malen, stellte sich Giotto die Szene im Tempel wie in einem Theater vor. Während sich das große Drama in der Mitte abspielt, zeigt er kleine Nebenhandlungen an den Seiten und in den Ecken.

»Wenn du den Gesichtsausdruck und die Bewegungen beobachtest«, betonte Giotto, »erkennst du, was der Mensch denkt oder fühlt. Ich wollte, dass Jesus aussieht, als könne er seinen Ärger kaum noch verbergen. 'Mein Haus soll ein Bethaus sein für alle Völker', sagt er in der Bibel, 'Ihr aber habt eine Räuberhöhle daraus gemacht!' Er hat den Tisch der Geldwechsler umgestoßen. 'Warte! Was soll das?', scheint einer von ihnen sagen zu wollen. Aber Jesus lässt ihn nicht ausreden. Er hat den Gürtel seiner Tunika abgenommen, um ihnen damit eins überzuziehen. Ein Kind, das gerade auf dem Markt eine Taube gekauft hat, schaut hinter den langen Gewändern der Anhänger Jesu hervor, ein anderes verbirgt sein Gesicht. Ein dramatischer Moment, so etwas möchte ich malen.«

Giotto malte zweieinhalb Jahre an der Scrovegni-Kapelle. Er malte direkt auf feuchten Gips, was ziemlich lange dauert, denn der Künstler kann nur eine kleine Fläche auf einmal bemalen, bis der Gips getrocknet ist. Diese Art der Malerei nennt man Fresko, das italienische Wort für »frisch« – auch die Künstler in Rom malten so.

Die Menschen lobten Giotto: »Du malst so anders. Wenn ich mir die Szene anschaue, in der Jesus die Geldwechsler aus der Kirche wirft, denke ich 'So hat es also ausgesehen.'« Sie sagten, sie hätten wiederentdeckt, wie real die Künstler im alten Griechenland und Rom ihre Statuen und Gemälde gestaltetet hatten. Es war so lange her, dass Künstler so gearbeitet hatten, dass es vollkommen neu erschien.

Giotto wurde äußerst erfolgreich. Für ihn ging es aber um mehr, als nur viel Geld mit seinen Bildern zu verdienen. Er begann etwas zu spüren, das vielleicht noch nie ein Künstler empfunden hatte. Man würde sich an Giottos Namen erinnern, solange Menschen über Kunst nachdachten, sich darüber unterhielten oder darüber schrieben.

pudore : ⁊ operiantur sicut diploide
confusione sua
Confitebor domino nimis in
ore meo : et in medio multorum
laudabo eum
Qui astitit a dextris pauperis :
ut saluam faceret a persequentibz
animam meam
Gloria patri
Dñs Galfridus louterell me fieri
fecit

Das Luttrell-Buch der Psalmen (auch als »Luttrell-Psalter« bezeichnet)
ca. 1325–35

17

Alle Seiten des Lebens
Mittelalterliche Schreiber und Buchmaler

Sir Geoffrey Luttrell ist sehr krank. Mit geschlossenen Augen liegt er in seinem Bett im Herrenhaus Irnham Manor. Seine Frau, Lady Agnes, verlässt auf Zehenspitzen den Raum. »Wird er sterben?«, fragt sie den Arzt. »Das liegt in Gottes Hand«, antwortet der Doktor, wie er es in solchen Fällen immer tut.

Als Sir Geoffrey zum ersten Mal erkrankte, machte er sich Sorgen, dass Gott böse auf ihn war. Er beschloss, ein heiliges Buch speziell für sich und seine Familie anfertigen zu lassen, um Gott zu beweisen, dass sein Herz am rechten Fleck schlug. Es sollte ein Psalter sein, eine Sammlung von Psalmen aus der Bibel.

Ein paar Tagesreisen entfernt in der Stadt Lincoln im Osten Englands schrieben Kopisten, Schreiber, die Psalmen für Sir Geoffrey auf große Pergamentblätter, die aus Kuhhaut hergestellt wurden. Daraus machte man vor 700 Jahren Bücher – für ein einziges Buch brauchte man nicht selten eine ganze Kuhherde. Die Schreiber arbeiten im Skriptorium. Sie kopieren religiöse Bücher für die Priester der Kathedrale in Lincoln und die Kirchen in der Nähe, ebenso für den ortsansässigen Adel. Der Text ist in Latein, was einmal die Sprache des Römischen Reiches war und jetzt die offizielle Kirchensprache ist, obwohl die meisten Menschen hier nur englisch sprechen.

Wenn die Kopisten fertig sind, übernehmen die Illuminatoren, die Buchmaler, und füllen die Lücken auf den Seiten mit Heiligenbildern, wunderschönen Pflanzendekorationen, Fantasiekreaturen – mit allen möglichen Miniaturgemälden. Außer glanzvollen Malereien mit Verzie-

rungen aus Blattgold hat sich Sir Geoffrey für sein Buch auch Szenen aus dem Alltag gewünscht – Bauern, die ihre Felder pflügen, Menschen, die ihre Tiere füttern, Musik machen, sich streiten …

Heute Morgen gibt es einen großen Streit auf der Straße vor dem Skriptorium. Flüche und Beleidigungen stören die Konzentration der Buchmaler.

»Fettwanstiger Abschaum!«, schreit ein Mann.

»Tonköpfiger Lump! Nimm dies!« Zerbrechendes Geschirr ist zu hören, dann mehr Geschrei.

Der Meister-Buchmaler hält sich die Ohren zu.

»Es reicht!«, faucht er. »Wie soll ich bei diesem entsetzlichen Gezänk je das Bild fertigstellen?«

Das Gemälde zeigt Sir Geoffrey mit seiner Gattin und der Schwiegertochter. Sir Geoffrey, in Rüstung und bereit fürs Turnier, reitet hoch zu Pferde. Sein Pferd und er tragen Überwürfe mit dem Familienwappen der Luttrells – einem silbernen Vogel auf blauem Grund. Lady Agnes reicht ihrem Mann den schweren Stahlhelm hinauf. Zuerst hatte der Meister den Bereich ausgemalt, der mit Blattgold bemalt werden sollte. Dann zeichnete er ganz fein die Figuren und die Details in Gesichtern und Kleidung und schmückte das Bild mit reichen Mustern aus.

Robyn, ein junger Maler, tritt ans Fenster um zu sehen, was vor sich geht. Bei einer Prügelei hatte ein Mann einem anderen seinen Bierkrug auf dem Kopf zerschlagen. »Das bringt mich auf eine Idee«, denkt Robyn. Schnell macht er eine Federzeichnung von dem Kampf und zeigt sie seinem Meister.

Die Zeichnung zaubert ein Lächeln auf das Gesicht des Meisters. »Das gefällt mir«, sagt er. »Solche Szenen mag auch Sir Geoffrey. Aber«, er beugt sich über Robyns Schulter, »du solltest den Mundwinkel des Mannes etwas nach unten ziehen. Gut so.«

Am nächsten Tag, als der Meister das Gemälde von Sir Geoffrey hoch zu Ross fertiggestellt hat, befiehlt er Robyn, es nach Irnham Manor zu bringen und der Familie Luttrell zu zeigen. Der Weg ist weit, aber die Mittsommertage sind warm und trocken. Auf den Wiesen um das Herrenhaus machen die Arbeiter Heu. Robyn tritt beiseite, als ein schwer beladener Ochsenkarren vorüberrumpelt.

In der kühlen Eingangshalle von Irnham Manor begegnet er dem Doktor. Oben im Bett sitzt Sir Geoffrey von vielen Kissen gestützt, mager und vom Fieber gezeichnet. Lady Agnes steht an seiner Seite. Sie winkt Robyn herbei, der das Porträt vor Sir Geoffrey auf das Bett legt.

»Mein Meister hofft, das Gemälde findet Eure Zustimmung, Sir.«

Die Lider des Kranken flattern. Er scheint zu lächeln, dann seufzt er tief und … atmet er noch? Ist er eingeschlafen oder …?

Welch ein Tag! Sir Geoffrey erlebt das Turnier noch einmal, klar und hell wie das kleine Gemälde. Sein Apfelschimmel stampft, schnaubt und wirft ungeduldig den Kopf zurück. Sir Geoffrey schwitzt in seiner Rüstung, durch das Visier seines Helms spürt er jedoch den Sommerwind im Gesicht. Er erhebt die schwere Lanze. Die Menge feuert ihn an. »Luttrell! Luttrell!« Er legt die Lanze auf die Stütze. Dann reitet er auf einen Gegner mit dem schwarzen Helm zu. Unter den schweren Hufen der Pferde bebt der Boden.

Kopfbüste eines Königs
aus Ife, Afrika, 1300–1400

18
Kopf-Menschen
Die Bronzegießer von Ife

Abebi steht am Tor. Es ist Abend, ihr Vater und die beiden ältesten Brüder gehen zur Arbeit.

»Ich komme mit!«, ruft sie.

»Du kannst nicht mitkommen«, antwortet ihr Bruder Olufemi über die Schulter. »Das ist Männerarbeit, nichts für kleine Mädchen wie dich!«

»Ich will aber mit!« Abebi kneift die Augen zusammen, um die heißen Tränen loszuwerden. »Was ein Junge kann, kann ein Mädchen auch!«

»Nein«, ruft Olufemi. »Geh schlafen, es ist schon spät!«

Abebis Vater ist Schmied, einer der angesehensten Männer in Ife. Er stellt Schwerter, Speere und Skulpturen aus glänzendem Messing und Bronze her. Auch ihre Brüder werden später Schmiede. Warum konnten sie nicht auch ihr das geheime Handwerk beibringen? Und was ist die große, geheime Arbeit, die sie für den Ooni, den König, erledigen, und die niemand sehen darf?

Sie hat den Ooni noch nie gesehen. Er lebt im Königspalast in der heiligen Stadt von Ife. Hier, im Königreich der Yoruba in Westafrika, lebten und arbeiteten vor 700 Jahren einige der geschicktesten Metallschmiede der Welt. In anderen Gegenden wie in China, Japan und Europa, stellten Schmiede feine Waffen und Rüstungen her. Die rasiermesserscharfen Stahlklingen der Samurai-Kämpfer in Japan, die Rüstungen, die Ritter wie Sir Geoffrey Luttrell für sich und ihre Pferde bestellten – das waren die besten ihrer Art. Aber die geheime Kunst der Yoruba-Schmiede war mindestens ebenso erstaunlich.

Wie die Bronzegießer im antiken Griechenland nahmen sie eine Tonskulptur mit einem Wachsüberzug. Sie hüllten sie in Ton ein, eine Schicht nach der anderen, und nutzten das als Gussform. Sie erhitzten die Gussform, bis das Wachs herausfloss. Schließlich gossen sie in die Lücken zwischen Form und Tonfigur eine Mischung aus Kupfer und anderen Metallen. Wenn das Metall abgekühlt war, wurde die Form zerschlagen. Darin befand sich nun eine Metallskulptur mit all den feinen Details, die in das Wachs eingeritzt worden waren.

Abebi wartet, bis ihre Mutter eingeschlafen ist. Auf Zehenspitzen schleicht sie durch das Tor. Es ist Vollmond. Sie nimmt den Pfad, den die Männer vorhin eingeschlagen haben, ihr Schatten folgt ihr nach. Neben ihr erzählt der Dschungel seine Nachtgeschichte, er raschelt und quiekt. »Ich fürchte mich nicht«, sagt sie immer wieder zu sich selbst. »Ein Junge würde sich auch nicht fürchten, warum also ich?«

Sie gelangt an den Rand der heiligen Stadt. Da sind sie, ihr Vater und ihre Brüder. Sie erkennt ihre großen Schatten auf dem Gelände der Metallarbeiter. Sie kann den Rauch riechen und sieht das rote Leuchten der Feuer. Was könnten die da kochen, mitten in der Nacht? Abebi kriecht so nah heran, wie sie sich traut. Sie kochen nicht. Sie schmelzen Metall in einer Art Topf.

»Mehr! Mehr!«, befiehlt der Vater den Brüdern. Jeder von ihnen arbeitet an einem Blasebalg, bis das Feuer heißer und heller ist als alles, was Abebi je gesehen hat. *Fauch. Fauch.* Der rasselnde Atem der Blasebälge zischt immer weiter. Das Feuer knistert wie verrückt, als würde es selbst anbrennen.

Ihr Vater schaut genau hin, als Dämpfe aus dem Schmelztopf aufsteigen und sich die Farbe des Metalls in der Nacht ändert. Es leuchtet rot, tief orange, dann orange-gold.

»Es ist
soweit!« Die
drei Männer wissen
genau, was zu tun ist. Abebi
beobachtet, wie das qualmende,
geschmolzene Metall wie eine dicke,
orange-goldene Zunge in der Tonform ver-
schwindet. Außer ein paar kleinen, brennenden
Tropfen schluckt sie alles. Die Männer treten schwit-
zend zurück.

Was geschieht jetzt? Die Männer sitzen herum und
unterhalten sich. Abebi ist müde, so müde…

Ein Geräusch weckt sie auf. Die Männer schlagen mit
Metallwerkzeugen auf die Tonform ein. Sie bricht auseinander und da – innendrin – erscheint ein goldbrauner, glänzender Metallkopf. Es ist der Kopf eines stolzen jungen Mannes, eines
Mannes, dem man auf jeden Befehl hin sofort gehorchen würde. Der Ooni
höchstpersönlich. Sein Gesicht ist von Narben gezeichnet, ein Kennzei-
chen seines hohen Ranges. Seine Lippen sehen aus, als würden sie zu ihr
sprechen. Was sie wohl sagen?

»Hey, ich hab dich!« Es ist Olufemi. Hoch ragt er über ihr auf. Dann
nimmt er Abebi am Arm, gar nicht grob. »Schaut, was ich gefunden habe!
Wir haben einen neuen Gehilfen!«

»Ein andermal vielleicht.« Ihr Vater weist mit dem Kopf auf den Himmel im Osten, wo gerade die Sonne aufgeht – gold-rot wie ein Tiegel voller
Metall, das im Feuer geschmolzen ist.

Die Dreifaltigkeitsikone
ca. 1420

19

Schneeengel

Andrej Rubljow

Ein Wintertag 1427 in Moskau. Im Andronikow-Kloster sitzt ein alter Mönch am Tisch. Neben ihm stehen mehrere kleine Schüsseln mit leuchtenden Farben. Vor sich hat er ein kleines Holzbrett, auf das er malt. Andrej Rubljow ist der meistbewunderte Maler im Großfürstentum Moskau. Er hat schon Ikonen für viele Kirchen gemalt. Nun stellt er Ikonen für die neue Kirche des Klosters her. Er ist allein in seiner Zelle. Oder vielleicht auch nicht. Denn er behauptet, von Zeit zu Zeit besuchten ihn Engel.

Die neue Kirche wird aus leuchtend weißen Steinen gebaut. Im Innenraum jedoch, im Kerzenlicht, den Schatten und dem Dunst des Weihrauchs, leuchtet sie in Rot und Gold, Silber und Mitternachtsblau. Das Licht schimmert auf den wertvollen Rahmen der Ikonen, die an den Säulen, den Wänden und überall hängen.

Jeden Morgen fegt der junge Diener Wanja den Boden und ersetzt die heruntergebrannten Kerzen. Das ist Wanjas liebste Tageszeit. Wenn er zu den Ikonen nach oben schaut, sieht er die Gesichter der Heiligen und der Engel wie die Gesichter von Menschen im Traum.

»Wanja, du Bummelant!«, ruft der Koch aus der Küche. »Komm sofort hierher!«

Wanja möchte die Ikonen nicht verlassen. Bei ihnen fühlt er sich, als würde er von leisen Flügeln in eine andere Welt gehoben. Vater Andrejs berühmteste Ikone zeigt drei Engel aus einer Bibelgeschichte. Sie

haben goldene Flügel und Heiligenscheine, fließende Gewänder und ruhige, ernsthafte Gesichter. Sie sitzen an einem Tisch, wo sie das Mahl
mit dem Propheten Abraham teilen wollen. Den
vierten Platz am Tisch hatte Vater Andrej freige-
lassen, als wollte er sagen: »Du kannst hier sitzen, wenn du möchtest.«

Schade! Wanja muss in die Küche. »Bring
diese Suppe zu Vater Andrej«, befiehlt ihm
der Koch. Er reicht Wanja ein Holztablett mit
einer Schüssel Rote-Bete-Suppe und einem Kanten dunkles Brot. Diese heiße, dampfende Suppe
macht Wanja sehr hungrig!

Er überquert den Hof und kneift die Augen wegen
des hellen Schnees zusammen. Der frische Schnee knirscht unter seinen
Filzstiefeln. Unter den Vordächern der Schlafsäle, wo der Schnee nur
dünn liegt, erzählen die Spuren kleiner Tiere die Geschichte der Nacht.
Und da ist auch Juschka, die Katze, die an der Tür zu Vater Andrejs Zelle
miaut, um eingelassen zu werden und ihm eine halb gefressene Maus
zu zeigen.

Wanja stemmt seine Schulter gegen die Tür. Knarrend öffnet sie sich.
Vater Andrej sitzt unter dem Fenster, mit dem Rücken zu ihm gewandt.
Er malt das Gesicht von Jesus. Er hat es schon oft gemalt, immer gleich,
mit den dunklen Augen, die dich direkt anschauen, in einer Hand die
Bibel, die andere zum Segen erhoben.

»Eine Ikone ist ein heiliges Bild«, erklärte er
Wanja eines Tages. »Diese Bilder wurden seit dem
Ursprung des christlichen Glaubens von Maler
zu Maler weitergegeben. Sie sind wahre Bilder,
wir Maler versuchen darum,
sie niemals zu ändern,
obwohl wir alle die Wahr-
heit auf unsere eigene
Weise kopieren.«

Heute dreht er sich zu Wanja um, als könnte er seine Gedanken lesen. »Teile diese Suppe mit mir. Na los! Es ist genug für zwei.«

Wanja liebt das leuchtende Pink-Violett der Rote-Bete-Suppe. Was wäre, wenn Vater Andrej seinen Pinsel da hinein tauchte? Auf dem kleinen Maltisch stehen Schalen mit azurblauer und roter Farbe, die so warm aussieht, als könnte sie seine kalten Hände wärmen.

Wanja kehrt mit dem Tablett und der leeren Schüssel in die Küche zurück. Juschka spricht mit ihm – sie erzählt irgendetwas von Mäusesuppe.

»Dieser Junge«, denkt Vater Andrej. »Er sieht. Ja, er sieht, wo andere blind sind.«

Ein Sonnenstrahl fällt auf seinen Maltisch. Und da – erneut dieses Gefühl. Als könnte er die Drossel singen hören und die Kirschblüten in den Wäldern vor Moskau riechen. Aber es ist mitten im Winter. Er weiß, er darf nicht aufblicken.

»Willst du nicht mit uns essen und trinken?«, fragt eine bekannte Stimme. Was soll er antworten?

Da ist ein leichtes, kratzendes Geräusch auf dem Tisch. Aus dem Augenwinkel sieht Andrej Rubljow eine Hand, die durch das Sonnenlicht einen goldenen Becher zu ihm schiebt.

Große Ambitionen

1425–1550

Die Zeit zwischen dem 14. und dem 17. Jahrhundert nennt man Renaissance. Wörtlich heißt das »Wiedergeburt«, in diesem Fall die Wiedergeburt antiker Kulturen. Sie begann damit, dass italienische Künstler, Architekten, Schriftsteller und Denker die Errungenschaften des antiken Griechenlands und des Römischen Reiches neu zum Leben erwecken wollten. Sie machten sich auf den Weg, um die Lebensweise der alten Römer, vor allem aber der alten Griechen wiederzuentdecken und herauszufinden, wie sie ihre Tempel bauen und so unglaublich naturgetreue Skulpturen schaffen konnten, und vieles andere mehr.

Während manche Künstler durch eine gewisse »Konkurrenz« mit den antiken Vorfahren angetrieben waren, begannen andere in Europa, neue Ideen und Kunstrichtungen zu entwickeln. Ihre Welt war eine andere als die im alten Rom, sie veränderte sich immer schneller. Die Erfindung des Buchdrucks hatte zur Folge, dass Bilder und Gedankengut deutlich schneller verbreitet werden konnten. Außerdem konnten größere und schnellere Schiffe längere Reisen zurücklegen. Kein noch so großes antikes Wissen konnte die Menschen jedoch auf das vorbereiten, was geschah, als die Schiffe den Atlantik überquerten. Zum ersten Mal verflochten sich die Historien von Amerika und Europa.

Für europäische Künstler änderte sich die Sicht auf ihre Arbeit immens. Künstler wie Michelangelo und Leonardo da Vinci hielten sich nicht mehr nur für hochangesehene Handwerker, sondern eher für aufstrebende Schöpfer und Denker wie Dichter und Philosophen.

Gastmahl des Herodes
Battistero di San Giovanni, Siena, Italien, 1417–30

20
Die Zukunft entdecken

Donatello

Es ist schön, wieder in Florenz zu sein. Donatello schirmt die Augen mit einer Hand von der Sonne ab und blinzelt ins Blau des Himmels. Hoch über ihm streckt sich der hölzerne Kranarm. Die halbfertige Kuppel der Kathedrale wölbt sich wie eine riesige Eierschale in den Himmel. Und diese kleine Gestalt oben am Kran, die winkt und schreit, während die Arbeiter die Winde bedienen – das ist der Architekt Filippo Brunelleschi. »Wir treffen uns am Mittag«, hatte Brunelleschi versprochen. Donatello hält nach einem schattigen Fleckchen Ausschau, wo er auf ihn warten kann.

Kaum zu glauben, dass dies hier wirklich geschieht. Ziegel für Ziegel, Stein für Stein erhebt sich der Dom. Die Arbeit an der neuen Kathedrale zieht sich nun schon seit 130 Jahren hin. Die Kuppel wird seine Pracht krönen. Sie wird größer sein als jede andere Kuppel, die seit dem Römischen Reich erbaut worden war. Es hatte jedoch ein großes Problem gegeben. Lange Zeit wusste niemand, wie man sie bauen sollte. Über die Jahrhunderte war das meisterhafte Wissen der antiken römischen Baumeister völlig in Vergessenheit geraten.

Donatello verspürt Stolz, dass gerade sein Freund Brunelleschi endlich das Rätsel der Kuppel gelöst hatte. Und auch auf sich selbst kann er stolz sein. Vor 20 Jahren, 1406, als er ein junger Bildhauerlehrling war, arbeitete er an zwei Marmorskulpturen für ein Portal an der Nordseite der Kathedrale. Kurz darauf erhielt er den wichtigen Auftrag, eine überlebensgroße Statue für den Haupteingang der Kathedrale zu schaffen. Ein guter Start für seinen Aufstieg. Und hier steht er nun, der berühmteste Bildhauer Italiens.

Eine Ladung Ziegelsteine schwingt hin und her, während der Kran sie nach oben hebt. Brunelleschi hat auch diesen Kran erfunden.

Was Donatello jedoch am meisten interessiert, ist ein anderes Problem, das Brunelleschi ebenfalls gelöst hat. Angenommen, du willst eine dreidimensionale Form auf eine ebene Fläche zeichnen. Jeder weiß, dass etwas umso kleiner wirkt, je weiter es entfernt ist. Aber Brunelleschi entwickelte eine geniale Methode, das auch in einer Zeichnung sichtbar zu machen. Mit einem Lineal zeichnete er schräge Linien, die an einem Fluchtpunkt zusammentreffen. Schwer zu verstehen? Auf den ersten Blick vielleicht. Aber Maler und Architekten kamen schnell hinter Brunelleschis neue Perspektivtechnik.

Donatello hat bewiesen, dass auch ein Bildhauer Perspektive einsetzen kann, und zwar in dem Bronzerelief, das er kürzlich für die große Taufkirche im Dom von Siena geschaffen hatte. Im Battistero werden Neugeborene getauft, darum wurde Donatello um eine Szene aus der Bibelgeschichte um Johannes den Täufer gebeten. Er entschied sich für einen dramatischen Moment – vielleicht etwas zu dramatisch für eine Taufe! Das »Gastmahl des Herodes« ist in Wahrheit eine Horrorgeschichte.

König Herodes ist bezaubert von der schönen, grausamen Salome. »Tanz für mich, dann gebe ich dir, was du dir wünschst«, verspricht er ihr. »Ich möchte den Kopf von Johannes dem Täufer auf einem Teller«, fordert sie. Donatello stellte sich bildlich genau den Moment vor, in dem Herodes der Kopf präsentiert wird, und er nutzt die Perspektive, um dir das Gefühl zu geben, du wärst dabei. Der König und seine Kinder schrecken bei diesem Anblick zurück, ein Gast verdeckt seine Augen, Salome tanzt, ein Musiker spielt einfach weiter. So viele Menschen. Doch in Donatellos Relief scheint für alle genug Platz zu sein. Die Bodenfliesen und die Steinbögen werden mit zunehmender Entfernung immer kleiner, genau wie in Brunelleschis

Zeichnungen. So wirkt die eigentlich flache Skulptur wie ein riesiger, tiefer Raum.

In ihrer Jugend reisten Donatello und Brunelleschi gemeinsam nach Rom. Sie wollten unbedingt herausfinden, wie die alten Römer ihre erstaunlichen Kunst- und Bauwerke geschaffen hatten. Brunelleschi vermaß römische Ruinen und fertigte sorgfältige Zeichnungen an, darunter von der Kuppel des riesigen Pantheon-Tempels. Donatello studierte antike Skulpturen. Er war sich sicher, so die Geheimnisse einer Kunst wiederentdecken zu können, die seit Jahrhunderten als verloren galt. Er wollte zum Beispiel wissen, wie man das Porträt eines Menschen schuf – nicht das perfekte Angesicht eines Gottes oder Engels, sondern ein lebensechtes Menschengesicht mit Falten und so. Die beiden Freunde gruben antike Skulpturen aus Hinterhöfen und Feldern aus, die dort über tausend Jahre vergraben gewesen waren. »Da sind wieder diese dreckigen, florentinischen Schatzsucher!«, spotteten die Römer.

Vielleicht hatten sie sogar Recht – Donatello hat nie besonders auf seine Kleidung geachtet, selbst jetzt als bestbezahlter Bildhauer, dank der Familie Medici. Diese reichen Bankiers geben ihr Geld gern für Kunst und Bauwerke aus. Cosimo, Oberhaupt der Familie Medici, bittet Donatello beständig um neue Skulpturen. Er schenkt ihm sogar einen teuren, roten Mantel – aber kann er ihn auch zum Tragen überreden?

»Hättest du dich nicht etwas herausputzen können, mein Freund?« Es ist Brunelleschi. Während Donatello seinen Gedanken nachhing, war er den ganzen Weg von der Kuppel zu ihm herabgestiegen.

»Jetzt ist es zu spät«, Brunelleschi grinst. »Komm, wir wollen etwas essen gehen.«

Aus einer Seitenstraße in der Nähe des Domes strömen köstlichste Gerüche.

Florenz

Italien (15. Jahrhundert)

Florenz entstand an den Ufern des Flusses Arno in Italien. Im 14. und 15. Jahrhundert war es eine stolze, unabhängige und reiche Stadt, wo Bankiers und Händler ein Vermögen verdienten. Sie investierten riesige Summen in Gebäude und Kunstwerke, die den neuen Zeitgeist ausdrücken sollten.

Statuen für die Stadt

Vor dem Palazzo Vecchio befindet sich die Piazza della Signoria, ein freier Platz mit Statuen von Donatello, Michelangelo und anderen berühmten Bildhauern.

Bürgerpalast

Der Palazzo Vecchio war das alte Rathaus der Stadt Florenz. Er wirkt eher wie eine Festung – als Symbol für eine starke und wirtschaftlich unabhängige Stadt.

Donatellos Läden

Der alte Ponte Vecchio (Alte Brücke) wurde 1345 wieder aufgebaut. Wie andere Brücken zu jener Zeit war er von einer Reihe kleiner Läden gesäumt, die auch heute noch zu sehen sind.

Hohe Töne

Der Glockenturm der Kathedrale, der
Campanile, wurde von Giotto entworfen,
der 1334 die Arbeit daran begann – als
er selbst 67 Jahre alt war. Der Turm ist
mit Mustern aus verschiedenfarbigem
Marmor geschmückt.

Die Blüte von Florenz

Die Bauarbeiten an der Kathedrale Santa
Maria del Fiore begannen 1296, und es
dauerte 140 Jahre, bis die Kuppel endlich
fertig war.

Aus den Bergen ans Meer

Der Arno fließt durch das Zentrum von Florenz. Seit
jeher wird der Fluss als Verkehrsweg genutzt, um
Bauholz aus den Apenninen zu transportieren.

Die Arnolfini-Hochzeit
1434

21
Das kleinste Detail

Jan van Eyck

Im fernen Brügge im regnerischen Flachland Nordeuropas lagen keine antiken römischen Artefakte herum, die die Künstler untersuchen könnten. Und überhaupt, ging es bei der Kunst immer nur darum, sich mit der Pracht der Vergangenheit zu messen?

»Willkommen, Freunde! Herein, kommt herein!« Giovanni Arnolfini freute sich sehr über seine Gäste. Allerdings kam er sehr schnell zum Geschäft. »Ich muss nach Italien reisen«, fuhr er fort. »Ich arbeite an – nun ja, einem recht großen Werk. Das Porträt muss also bald fertig sein, wenn Ihr nichts dagegen habt.«

»Ihr seid ein beschäftigter Mann, Giovanni.« Jan van Eyck kannte den Händler und seine Eigenarten. Beide waren beim Herzog Philipp von Burgund angestellt. Der Herzog umgab sich gern mit vollendeten Musikern, Dichtern und Malern wie van Eyck. Arnolfini wiederum lieferte Luxusgüter an den Hof – Samt und Seide für die Kleidung der Höflinge und verschiedenste exotische Waren.

»Was ist das?« Van Eyck wies auf die Frucht auf dem Fensterbrett. »Handelt Ihr jetzt mit Orangen?«

»Oh, nur nebenbei. Probiert eine.« Orangen waren fast ebenso exotisch wie Affen oder Pfauen – und auch äußerst teuer. Van Eyck war beeindruckt. Er ging ein paar Schritte durch den Raum. »Darf ich mich etwas umschauen?«

Giovanni Arnolfini und seine junge Verlobte wollten ihr Porträt im besten Zimmer des Hauses malen lassen. Hier würden sie ihre Gäste empfangen, hier stand ihr bestes

Bett. Ein paar schöne Details fand van Eyck auch: einen teuren Spiegel mit bemaltem Rahmen, einen persischen Teppich, Fenster mit hochwertigen Glasscheiben, einen Kupferkronleuchter. Und ihre Kleidung. Als Stoffhändler konnte Arnolfini seine Frau mit einer Garderobe ausstatten, auf die jede Prinzessin neidisch gewesen wäre. Ein Kleid mit Hermelinbesatz, ein Mantel aus grünem Samt.

»Wie viel verlangt Ihr?«, fragte Arnolfini. Van Eyck schrieb eine Zahl auf eine Seite in seinem Notizbuch, riss sie heraus und reichte sie ihm. »Hmm«, Arnolfini hob eine Augenbraue. Eine ansehnliche Summe, aber er hatte gehört, wie Herzog Philipp in den höchsten Tönen von van Eyck schwärmte und ihm kürzlich sogar den Lohn versiebenfacht hatte.

In Italien, woher Arnolfini stammte, priesen die Leute vor allem Giotto. Arnolfini hatte Giottos Gemälde in der Kapelle in Padua gesehen, van Eycks Altargemälde in der Kirche von Gent beeindruckten ihn jedoch noch mehr. Sicher, Giottos lebendige Szenen waren attraktiv, aber van Eyck sah einfach alles. Ob die Haut auf der Wange einer Frau oder die Struktur einer Bodendiele, er achtete auf jedes winzige Detail. Man konnte sehen, dass er mit kleinen, sehr detaillierten Gemälden in Büchern begonnen hatte, scharf und leuchtend klar wie Juwelen.

Aber es war nicht nur eine Frage der Details. Van Eyck gab einem auch das Gefühl, die Hand ins Bild ausstrecken und etwas darin berühren zu können. Er malte auf Holzbretter statt auf Gipswände, benutzte die feinsten Pinsel und eine besondere Farbe, die er mit Leinöl mischte. Ölfarbe trocknete viel langsamer als die Farben der Fresken. Wenn die erste Schicht trocken genug war, malte van Eyck mit einer weiteren Farbe darüber – manchmal liegen so fünf oder sechs dünne Farbschichten übereinander.

»Schaut Euch die Hand Eurer Frau an«, sagte van Eyck. »Sie hat nicht nur eine Farbe. Unter der blassen Haut ist ein rosiger Schimmer zu erkennen, und oben drauf ein ganz leichter Glanz.«

»Wollt Ihr behaupten, ich hätte schwitzige Hände?«, die junge Frau lachte.

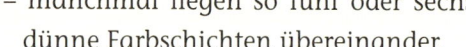

»Nein, nein! Das ist die Blüte des Lebens. Während – « er schaute sich um. »Während die Sandalen dort auf dem Boden nur langweilig und normal sind.«

»Das sollten sie besser nicht sein, angesichts des Preises, den ich Euch zahle«, schnaubte Arnolfini.

Van Eyck zuckte mit den Schultern. »Wir werden sehen.«

Es dauerte lange, bis das Porträt fertig war. Van Eyck zeichnete das Paar zuerst stehend im Raum. Später fertigte er detailliertere Zeichnungen ihrer Köpfe und von Objekten wie dem Kronleuchter und dem Spiegel an. Er notierte sich auch, wie die Schatten fielen. Nachdem er nach vielen Stunden Zeichnens und Malens fertig war, sah das Porträt genau so aus wie der Raum in dem Moment, als ihn van Eyck betreten und sein Ebenbild im Spiegel entdeckt hatte. Über den Spiegel malte er die Worte *Johannes van Eyck war hier*, und das Datum, 1434.

Noch Jahre später, wenn Arnolfini das Porträt anschaute, erinnerte er sich an diesen Moment, als wäre es gestern gewesen. Dieser kleine verrückte, kläffende Hund – den hatte er seiner Frau aus Gent mitgebracht, inzwischen war er längst verstorben. Und die junge Frau – so schön war sie auf dem Bild – ihr Haar begann, langsam zu ergrauen. Van Eyck war endlich auf seine Pilgerfahrt gegangen, von der er so viele Jahre gesprochen hatte. Die Menschen behaupteten, er wäre der größte Maler, den es jemals gab, viel besser noch als die italienischen Meister. Und was die Orangen anging, die verkauften sich so gut wie nie zuvor.

Adlerkrieger
aus dem Templo Mayor, Tenochtitlán, Mexiko, ca. 1480

22

Flieg zur Sonne
Die Azteken

Die Welt von Händlern wie Giovanni Arnolfini war groß und voller Überfluss. Sie erstreckte sich weit nach Osten bis China und nach Westen bis hin zum Atlantischen Ozean. Aber was lag hinter dem Horizont im Westen? Soweit man wusste, hatte noch kein Schiff den Atlantik überquert. Noch kein Seemann war mit Geschichten von einer neuen Welt auf der anderen Seite des Ozeans zurückgekehrt. Natürlich gab es Gerüchte – von einem Meer, in dem es von Monstern und Meerjungfrauen nur so wimmelte, von großen Ländern, in denen man auf zweiköpfige Riesen, Einhörner und laufende Bäume treffen konnte.

Im Europa in der Mitte des 15. Jahrhunderts wusste niemand, dass es auf der anderen Seite des Atlantiks großartige Städte gab, ebenso reich, groß und schön wie im Rest der Welt, mit breiten Straßen und Kanälen, Palästen und Tempeln. An der Stelle des heutigen Mexiko-Stadt stand früher die Hauptstadt der Azteken, Tenochtitlán. Für die anderen Völker in Mittelamerika sah es so aus, als wären die kriegerischen Azteken (oder Mexica, wie sie sich selbst nannten), die Herrscher der gesamten Region. Vom Golf von Mexiko bis zum Pazifik, vom Dschungel im Süden bis zur Wüste im Norden, nichts konnte ihren Eroberungen standhalten. Während einer Kriegssaison eroberte der Aztekenführer Moctezuma die Mixteken und ließ von seinen Adlerkriegern tausend Gefangene machen. In einem anderen Jahr brachten die Adlerkrieger zweitausend Gefangene nach Tenochtitlán.

Für die Adlerkrieger ging es im Krieg nur darum, wie viele Gefangene sie machen konnten. Für Huitzilopochtli, den Kriegs- und Sonnengott, nahmen sie möglichst viele gefangen. Ihr Blut war seine Nahrung. Mit jeder Opfergabe auf den Steinaltären des großen Tempels, mit jedem herausgerissenen Menschenherzen wurde er mächtiger. Die Sonne schien. Das Korn wuchs, ebenso wie die Stadt Tenochtitlán auf ihrer Insel mitten im See Texcoco. Nicht lange zuvor war Tenochtitlán ein kleines Dorf mit Strohhütten gewesen. Aber wer sollte jetzt noch seine Einwohner zählen? Es könnten 100.000 oder 200.000 sein – zweimal oder dreimal so viel wie die Bevölkerung Londons im 15. Jahrhundert.

Vom Ufer des Texcoco-Sees schien die Stadt auf dem Wasser zu treiben wie Venedig. Sie war über einen langen, geraden Damm mit dem Festland verbunden und von Kanälen durchzogen. Die Bewohner nutzten Kanus, um Freunde zu besuchen oder Zeremonien im großen Tempel beizuwohnen. Die Schreine auf der Spitze der Tempelpyramide ragten hoch über der Stadt auf. Man erreichte sie über lange Treppen, die in eine breite Plattform mündeten. Hier boten die Azteken ihre Gefangenen ihrem Gott als Opfer dar.

Die Adlerkrieger waren junge Männer, die aufgrund ihres im Kampf bewiesenen Mutes ausgewählt wurden. Sie trugen zeremonielle Adlerkostüme mit einem furchterregenden, schnabelförmigen Kopfschmuck und gefederten Flügeln und Krallen. Wie die Adler, die so hoch in den Lüften schwebten, dass die Sonne sie zu schmelzen schien, gehörten sie dem Sonnengott. Als Moctezuma den großen Tempel wieder aufbaute, erhielt er dort einen eigenen Raum. Das Portal wurde Tag und Nacht von zwei lebensgroßen Adlerkrieger-Statuen aus Ton bewacht. Ihre Augen starrten geradeaus und fixierten Eindringlinge mit dem tödlichen Blick. Ihre Arme trugen sie erhoben, bereit zum Zuschlagen.

»Kommt«, sagten die Adlerkrieger zu ihren neuen Rekruten, »begrüßt unsere geduldigen Brüder.«

Die Azteken forderten nach Belieben alles von den eroberten Nachbarn – die besten Handwerker, die hochwertigsten Materialien, ob Gold, Edelsteine, gewebte Stoffe, Tierhäute oder die brillanten Federn der Berg- oder Urwaldvögel. Die beiden Wachstatuen der Adlerkrieger waren prächtig. Jede war aus vier Teilen aus gebranntem

Ton oder Terrakotta zusammengesetzt, die perfekt zueinander passten. Die Terrakotta war mit einer Gipsschicht überzogen, die Gesichter bemalt. Die Körper und geflügelten Arme waren mit echten Adlerfedern geschmückt.

Wenn die Adlerkrieger in vollem Schmuck marschierten, sahen sie aus, als würden sie jeden Moment ihre kräftigen Flügel spreizen und zur Sonne fliegen. Sie trugen runde Schilde, in die Türkise eingebettet waren, blau leuchtend wie der Himmel. Auf den Armen, in den Ohren und um den Hals trugen sie Gold. Die Opfer, die für das nächste Mahl des Sonnengottes vorbereitet worden waren, kletterten hunderte Stufen Schritt für Schritt hinauf – zu den Altären auf dem Gipfel. Das aufgewühlte Wasser des Texcoco-Sees schimmerte wie geschliffene Messer.

Auf der anderen Seite des Atlantiks hatten die Schiffswerften viel zu tun. Händler bestellten Schiffe, die größere Distanzen zurücklegen und mehr Ware transportieren konnten, was mehr Profit einbrachte. Sie wollten Schiffe, die eines Tages für Seide bis nach China und für Gewürze bis nach Indien segelten, und zwar nicht über die lange und gefährliche Route um die Spitze von Afrika, sondern indem sie andersherum um die Welt segelten, über den Atlantik. »Eines Tages schaffen wir es«, prahlten sie. »Wir segeln nach Westen und kommen mit Schätzen wieder, von denen ihr nicht zu träumen wagt.«

Dame mit dem Hermelin (Cecilia Gallerani)
1496

23
Unter der Haut
Leonardo da Vinci

Im Jahre 1489 lebt Leonardo da Vinci – Künstler, Architekt, Musiker, Ingenieur und Erfinder (um nur einige seiner Talente zu nennen) – in Mailand am Hofe des Herzogs Ludovico. 50 Jahre zuvor war die Kuppel des Doms in Florenz endlich fertiggestellt worden. Nun wird es nicht mehr lange dauern, bis Christoph Kolumbus den Atlantik überqueren kann. Es ist aufregend, von den Ländern jenseits der untergehenden Sonne zu träumen, dennoch liegen die faszinierendsten Mysterien für Leonardo deutlich näher an seiner Heimat. Er fragt sich: Gibt es eigentlich einen Unterschied zwischen direktem Sonnenlicht und dem, das von einem Spiegel reflektiert wird? Wie halten sich Vögel in der Luft?

Fragen. Antworten. Ideen. Ständig schreibt Leonardo etwas in seinem Notizbuch auf. *Luft fließt wie ein Fluss und nimmt die Wolken mit, genau wie ein Fluss alles auf seiner Oberfläche bewegt. Der Wind übt dieselbe Kraft auf einen Vogel aus wie ein Keil, der ein Gewicht anhebt …*

»Leonardo! Leonardo! Bitte halte Toto fest. Er ist unmöglich!«

Er hatte es fast vergessen. Die junge Cecilia Gallerani ist noch einmal gekommen, so dass er ihr Porträt vollenden kann. Und sie hat ihr zahmes Hermelin mitgebracht, den kleinen *Ermellino*, ein Geschenk des Herzogs Ludovico. »Warum malst du eigentlich nicht auch den *Ermellino* ins Porträt, Leonardo?«, schlug der Herzog vor. Aber das Tier will einfach nicht stillhalten. Cecilia gibt sich größte Mühe, nicht zu lachen. Daran ist nur der Herzog schuld.

Leonardo ist fast mit Cecilias Gesicht fertig. Der Rest ihres Porträts, bis zur Taille, ist mit feinen Punktlinien mit Zeichenkohle markiert. Letzte Woche hatte er sie im selben Stuhl sitzend gezeichnet, sie hörten dieselbe

Liramusik eines herzoglichen Dieners. Danach hatte er die Linien mit einer Nadel nachgestochen, hunderte kleine Löcher. Er legte die durchlöcherte Zeichnung auf ein Brett und rieb Holzkohlepuder durch die Löcher.

Cecilia ist so süß, so klug – und ja, so schön. Leonardo kann gut verstehen, warum Herzog Ludovico sie mit Geschenken überhäuft. Viele junge Frauen würden von so viel Aufmerksamkeit verwöhnt und verzogen, Cecilia scheint jedoch mit beiden Füßen fest im Leben zu stehen. Sie bringt ihre Gedichte mit, um sie ihm zu zeigen. Sie spricht Latein fließend wie ein Gelehrter und er konnte ihr problemlos das Spiel auf der Lira beibringen, einem merkwürdigen Instrument aus einem Pferdeschädel, das er aus Mailand mitgebracht hatte.

Leonardo legt den Pinsel zur Seite und achtet dabei darauf, mit der Ölfarbe nicht seine glänzende Kleidung zu beschmutzen. Er ist einer der ersten italienischen Maler, der wie van Eyck vor langer Zeit ausschließlich in Öl malt. Gerät Ölfarbe jedoch auf die Kleidung, geht der Fleck nie wieder raus. Er greift mit beiden Händen nach dem Hermelin. Das faucht wie eine Schlange.

»Ruhig!«, befielt Leonardo. Das Tier hört auf zu zappeln und starrt ihn mit seinen wilden Augen an. »Du benimmst dich oder ich finde auf meinem Seziertisch einen bequemen Platz in Hermelingröße für dich!«

»Signore, gestattet Ihr, dass ich Euch das Hermelin abnehme«, der Diener des Herzogs legt die Lira ab, packt das Hermelin und steckt es zurück in seinen Käfig.

»Kann ich nicht mal kurz aufstehen?« Cecilia streckt ihre Arme. »Bei mir kribbelt alles.«

Leonardo runzelt die Stirn. »Es kribbelt? Woher könnte das kommen? Könnten deine Muskeln gegen deine Nerven drücken?«

«Grundgütiger!« Eigentlich mag Cecilia den sonderbaren jungen Künstler aus Florenz. Aber er ist so ernst – und dazu der komische lange Bart und die kurze pinkfarbene Tunika!

»Darf ich mal sehen?«, bittet sie. Er tritt beiseite und lässt sie ihr Porträt betrachten.

»Siehst du mich wirklich so?«

»Nicht nur ich sehe dich so, du bist so«, er lächelt.

»Wirklich?« Sie scheint zufrieden.

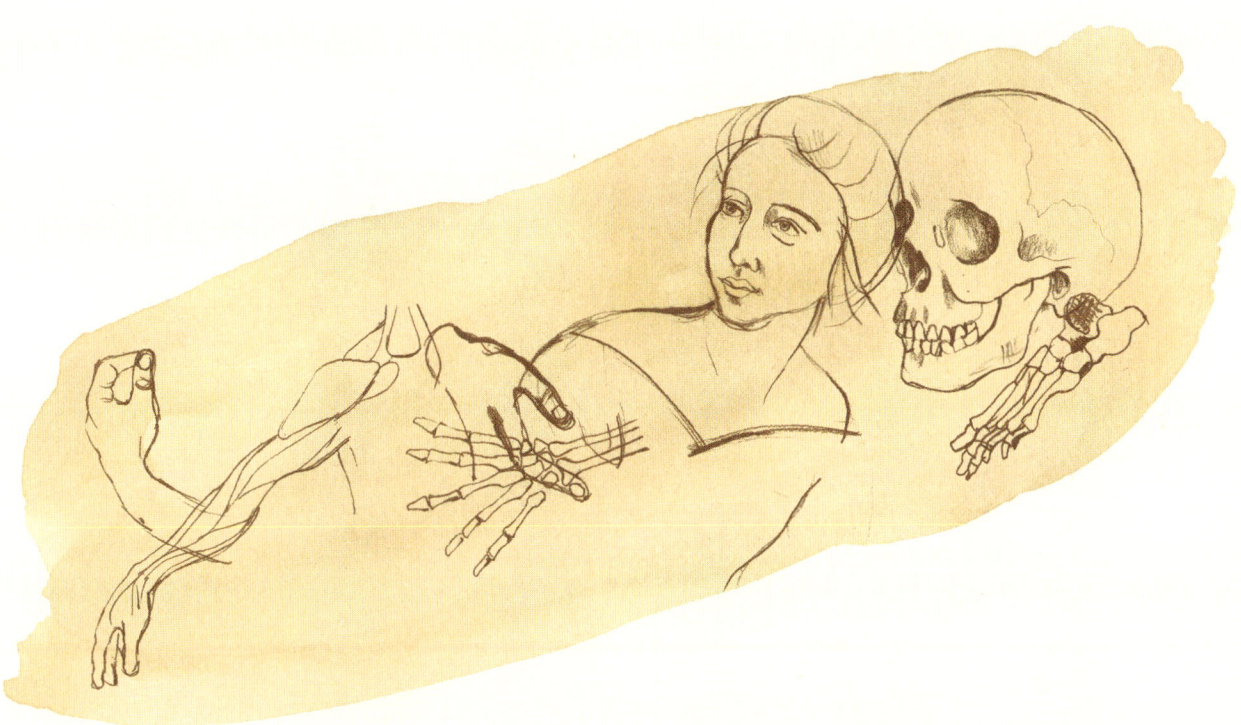

Ist auch Leonardo mit seinem Gemälde zufrieden? Er ist sich nicht sicher. Zu einem Porträt gehört mehr als nur ein Gesicht, eine Art Maske. Es sollte erzählen, was ein Gesicht zu dem macht, was es schließlich ist. Plötzlich entsteht in seinem Geist ein grausiges Bild. Vor Kurzem hatte er den Leichnam einer jungen Frau obduziert, die bei der Geburt ihres Kindes gestorben war. Wie wunderschön sie war! Aber hinter ihrer wachsbleichen Haut fand er dieselben Muskeln und Knochen, wie sie jeder Mensch hat, schön oder hässlich, jung oder alt.

Manche Menschen finden es unheimlich, dass Leonardo Menschen, Pferde und alle möglichen Lebewesen aufschneidet, um sie von innen zu sehen. »Wen stört's?«, sagt er zu sich selbst. »Der Künstler muss unter die Oberfläche schauen, wenn er die Wahrheit malen will.« Denn selbst wenn Leonardo begonnen hat, zu verstehen, wie die Muskeln in Cecilias Gesicht funktionieren, wenn sie lächelt – wird ihr Lächeln dadurch weniger bezaubernd?

Er starrt das Porträt an. Mit der Spitze des kleinen Fingers reibt er einen Klecks roter Farbe auf die Haut um ihre Wangenknochen. So.

»Toto!« Cecilia ist plötzlich außer sich. »Wo ist er? Wo ist er hin?«

Leonardo schaut nach unten. Ein Stab des Holzkäfigs wurde glatt durchgebissen. Der *Ermellino* ist verschwunden.

Das große Rasenstück
1503

24

Sei fleißig, werde berühmt

Albrecht Dürer

»Hey, schaut mal, Martin hat schon wieder Farbe an der Nase!«

Unter Dürers Lehrlingen war das ein alter Witz, aber Martin konnte einfach nicht anders. Er liebte den Geruch von Druckfarbe. Wenn er das bedruckte Papier vom Holzblock abzog, musste er einfach daran riechen. Die Farbe war noch feucht. Er musste aufpassen, um sie nicht zu verwischen. Bereits als er das Blatt zum Trocknen aufhängte, verlor die Farbe etwas von ihrem Glanz.

Dürer kam herüber, um sich das genauer anzuschauen. Der Künstler war mit elegant gekleideter Kundschaft am anderen Ende der Werkstatt im Gespräch gewesen. Nun konzentrierte er sich auf Martin. Albrecht Dürer konnte einen das Fürchten lehren, so bohrend war sein Blick. Wenn er ärgerlich wurde, konnte man richtig Angst vor ihm bekommen. Aber der Chef machte auch gern Witze.

»So, Meister Martin Otternase. Was hast Du für mich?« Dürer nahm den Druck in Augenschein, als hätte er daran etwas auszusetzen und wäre zugleich hochzufrieden.

»Nicht schlecht, nicht schlecht.« Er nickte wie ein Richter, der einen Gefangenen freisprach.

Der Druck zeigte eine Geschichte aus der Bibel. Maria und Josef flohen nachts mit ihrem Sohn Jesus vor einem grausamen Massaker durch einen fremden Wald.

[115]

Maria und Jesus ritten auf einem gebrechlichen Esel über eine Brücke, während Josef zu Fuß voranging. Dürer hatte den Holzblock größtenteils selbst geschnitzt, Martin hatte er jedoch die dünnen Palmwedel überlassen. Er hatte das Schnitzwerkzeug ruhig entlang der klaren, geschwungenen Linien geführt.

Martin war in der Stadt Nürnberg aufgewachsen, in der Geburtsstadt Dürers. Wie Dürers Vater war sein Vater Goldschmied und er wollte sein Geschäft an den Sohn weitergeben. Aber Martin war von Dürers Drucken fasziniert gewesen, die er in der Stadt gesehen hatte – in Schaufenstern und in den großen, schweren Büchern, die manche Freunde seines Vaters besaßen. Im Unterschied zur Malerei konnte man beim Drucken viele Kopien eines Bildes anfertigen. Und weil auf Papier statt auf Holz gedruckt wurde, konnte man die Bilder leicht transportieren. »Dieses Handwerk möchte ich erlernen«, erklärte Martin. »Nur über meine Leiche!«, entgegnete der Vater.

Das war im Frühling des Jahres 1500 gewesen – dem verhängnisvollen Jahr, in dem viele Menschen in Europa, darunter auch Martins Vater, Predigern glaubten, die das Ende der Welt vorhergesagt hatten. Weihnachten, als Nürnberg unter einer dicken Schneedecke lag und die Welt doch nicht unterzugehen schien, lenkte sein Vater schließlich ein.

Dürer war ein strenger Lehrer. Er erwartete von seinen Lehrlingen völlige Hingabe. »Wenn euch jemand fragt 'Woran arbeitet denn Dürer gerade so?' *Stumm!* Ruhe!«, er presste die Lippen zusammen. Der Gedanke, andere Künstler könnten seine Ideen rauben, verfolgte ihn ständig.

»Denn meine Ideen sind die besten«, verkündete er seinen Lehrlingen und meinte es ziemlich ernst. »Keiner fertigt so eindrucksvolle und erfindungsreiche Drucke an wie ich.« Vor Dürer hatte kein Künstler ein exaktes Selbstporträt angefertigt – behauptete er zumindest.

Dürer erzählte ihnen von seiner Reise nach Venedig, einer unglaublichen Stadt, die im Meer schwamm. Er hatte die Alpen überquert, die fast unpassierbaren Berge, die Deutschland von Italien trennten. Er hatte die berühmtesten Künstler getroffen. »Dann kam ich nach Hause und wurde besser und berühmter als sie alle!«

Dürer nahm Papier und Wasserfarben mit und malte die Orte, durch die er reiste. Keine himmlischen Städte oder imaginären Landschaften, sondern reale Orte mit all ihren gewöhnlichen Details.

»Du wirst ein guter Drucker«, bestätigte er Martin. »Nun werde ich dir zeigen, wie man mit Wasserfarben malt.«

Ein anderer Künstler hätte sich dazu vielleicht ein religiöses Motiv ausgewählt, zum Beispiel eine Gestalt aus der Bibel. Dürer nahm jedoch einen Spaten und ging auf die Wiese. Zurück kam er mit einem Erdklumpen, aus dem Gräser wuchsen. Er leckte einen feinen Pinsel aus Zobelhaar an, formte ihn zu einer Spitze und tauchte ihn in die Farbe. Dann malte er jeden Grashalm, jedes Löwenzahnblatt, jede einzelne Faser von Moos und Erde. Martin kam es vor, als hätte er die Welt noch nie gesehen – nicht so, wie sie wirklich war. An warmen Sommerabenden ging er oft hinunter zur Badestelle und trat diese Pflanzen ohne nachzudenken mit seinen Füßen. In Dürers Gemälde schienen die feinen Blätter und die graziös drahtigen Halme noch wunderbarer als Engelsflügel zu sein.

An jenem Abend kniete sich Martin auf dem Weg über die Wiese hin, um die Pflanzen aus der Nähe zu betrachten – mit den Augen Dürers.

»He! Klecks!«, riefen ihm die anderen Lehrlinge zu, als sie auf dem Weg zum Fluss an ihm vorbeiliefen.

»Ich komme!«, rief er ihnen nach, aber sie waren schon zu weit weg, um ihn noch zu hören.

David
1501–04

25

Stein zu Statue

Michelangelo

Hin und her, hin und her, zwei Steinhauer ziehen die Säge über einen Marmorblock, groß wie ein kleines Boot. *Zisch-zisch-zisch.* Das Geräusch der Säge vermischt sich mit dem Klang der Zikaden in den Kiefern über dem Steinbruch in Carrara in Norditalien. Ein warmes Lüftchen vom Meer wirbelt leuchtende Wolken aus Marmorstaub auf wie rastlose Gespenster.

»Stopp!« ruft der Vorarbeiter. Die Säge verstummt. Die Zikaden zirpen noch lauter in der Hitze. »Was meinst du, mein Freund?«

Michelangelo befühlt den Marmorblock mit seinen Händen wie ein Blinder, der nach dem Weg tastet. Oben, entlang der Seiten. »In jedem Steinblock steckt eine Statue.« Das ist einer von Michelangelos Lieblingssprüchen. »Es ist die Aufgabe des Bildhauers, sie zu finden und freizulegen.«

Er hat den graublauen Marmor genauestens untersucht. Er ist makellos, keine Anzeichen versteckter Maserungen, die die Statue beim Bearbeiten zerbrechen lassen würden. »Gut, sieht gut aus. Ich nehme den Block.« Der Marmor wird per Schiff nach Rom

gebracht, wo Michelangelo von Papst Julius den Auftrag bekommen hat, seine große Grabstätte zu entwerfen und die Statuen dafür zu fertigen.

Michelangelo arbeitet schon seit fünf oder sechs Jahren an dem Grabmal, ein Ende ist nicht in Sicht. Und der Papst ist auch kein besonders einfacher Auftraggeber. Michelangelo fragt sich, ob er jemals wieder einen solchen Triumph erleben wird wie bei der Enthüllung der großen Statue von David. Das war in Florenz, kurz bevor er vom Papst gerufen wurde.

Michelangelo war erst 26, als ihn die Kleriker der Kathedrale in Florenz baten, eine riesige Statue für sie zu schaffen. Ein anderer Bildhauer, Agostino di Duccio – ein Freund Donatellos – hatte begonnen, sie aus einem riesigen Marmorblock zu hauen, aber irgendwann aufgegeben. Die Statue sollte den Helden David darstellen. Warum? »Weil er jung, energisch und siegreich war wie unsere schöne Stadt«, sagten die Florentiner. Die Bibel erzählt, wie der junge Schafhirte David im Duell gegen den Riesen Goliath kämpft, den riesigen Krieger der Philister. Davids einzige Waffe ist eine Lederschlinge, um Wölfe von seinen Schafen fernzuhalten. Goliath lacht ihn deswegen aus. Aber Davids kunstvoller Schuss trifft den Riesen genau zwischen den Augen und tötet ihn auf der Stelle.

Der gigantische Block aus Carrara-Marmor war so hoch wie drei ausgewachsene Männer. Michelangelo verfluchte Agostino. Er hatte tief in den Stein gemeißelt, wo die Beine seiner Skulptur sein sollten. Was auch immer Michelangelo vorhatte, er musste seine Ideen an Agostinos grobe Löcher anpassen.

Vielleicht war das am Ende aber gar nicht so schlimm. Vielleicht war es sogar eine Chance für Michaelangelo, zu beweisen, dass er in jedem Stein eine Statue finden konnte, selbst wenn schon jemand den Stein verschandelt hatte. Mit all seinem Können würde er dafür sorgen, dass der Marmor abfiel und die starke, junge Figur des David zum Vorschein kam. Zu jener Zeit sprach man in Florenz viel von den erstaunlichen Errungenschaften antiker Bildhauer. Nun, Michelangelo würde die alten Griechen und Römer mit ihren eigenen Waffen schlagen. Er würde die größte und schönste nackte Figur schaffen, die ein Bildhauer in den letzten 2.000 Jahren zustandegebracht hatte.

Zwei Jahre lang arbeitete er unermüdlich. Als die Statue fertig war, waren die Kleriker vom Können des jungen Bildhauers beim Bearbeiten von Marmor und von seinen kühnen Ideen erstaunt. Wie konnte diese nackte Figur so viel aussagen – eine Mischung aus Selbstbewusstsein und Sorge auf Davids Gesicht, gleichzeitig ein Gefühl von Ruhe und Gefahr? Aber sie bemerkten auch, dass die Statue für das Dach der Kathedrale, wo sie einst stehen sollte, viel zu groß und zu schwer war.

Nachdem sie die Frage mit anderen Künstlern, darunter auch Leonardo, besprochen hatten, entschieden sie, Michelangelos *David* müsse auf dem Hauptplatz von Florenz vor dem Rathaus aufgestellt werden. Bauarbeiter schlugen eine Lücke über das Tor der Werkstatt und *David* wurde nach draußen gerollt und wie im Triumphzug durch die Straßen geschoben. Am selben Abend bewarf ihn eine Straßenbande mit Steinen – vielleicht hatte ihnen Donatellos Statue besser gefallen, die vorher an diesem Ehrenplatz gestanden hatte. Michelangelo störte das wenig. »Es beweist, wenn du etwas Wichtiges getan hast, machst du dir mit Sicherheit Feinde«, überlegte er. Er wusste, dass ihn sein *David* über alle anderen Bildhauer jener Zeit gehoben hatte.

»Erstaunlich, wenn man es genau bedenkt«, die Stimme des Vorarbeiters reißt Michelangelo aus seinem Tagtraum. »An einem Tag bist du bei seiner Heiligkeit dem Papst in Rom, am nächsten stehst du im Steinbruch und sprichst mit einem alten Freund.«

»Und, kannst du dir denken, was mir besser gefällt?« Michelangelos grimmiges, sorgenvolles Gesicht wird weich. Er klopft dem Vorarbeiter auf den Rücken. Noch einmal streicht seine Hand über den neu herausgeschnittenen Marmorblock. Drinnen, da kann er sie bereits fühlen. Eine Statue versucht, mit aller Macht aus dem Block herauszubrechen.

Die Schule von Athen
Apostolischer Palast, Vatikanstadt, Italien, 1510–11

26
Die Kunst der Philosophie
Raffael

E in Künstler malt mit dem Geist, nicht mit den Händen!«
Michelangelo hat Recht. Das hat er meistens. Aber warum muss er
ständig zu allem Möglichen Kommentare abgeben? »Wenn er nicht auf-
passt«, denkt Raffael, »wird er für seine Worte berühmter als für seine
Kunst.«

Wir schreiben das Jahr 1510 und der junge Maler Raffael lebt in Rom.
Wie Michelangelo arbeitet er für Papst Julius. Der Papst hat große Pläne
für die Stadt. Sein Rom soll noch prächtiger sein als die Stadt der römischen Kaiser. Ständig entstehen neue Gebäude und Denkmäler. Julius ist
immer auf der Suche nach künstlerischen Talenten. Für die Fresken an den
Wänden in seinen Privatgemächern im Vatikanpalast hat er Raffael enga-
giert. Anderswo im Palast ist Michelangelo dabei, die riesige Decke der Sixtinischen Kapelle mit Gemälden zu verzieren, ganz zu schweigen von den
Skulpturen auf Julius' Grabstätte.

Raffael ist acht Jahre jünger als Michelangelo, jedoch inzwischen fast
genauso berühmt. Die Menschen lieben seine anmutigen, einfühlsamen
Gemälde. Was Raffael außerdem weiß: Sie kommen mit ihm besser aus
als mit dem griesgrämigen Michelangelo. Jeder weiß, Michelangelo ist der
beste Bildhauer aller Zeiten. Aber können seine Gemälde mit den Arbeiten
des brillanten Neulings Raffael mithalten?

Der Papst möchte, dass die Fresken in seiner Bibliothek ernsthafte,
inspirierende Szenen zeigen. Bücher interessieren ihn ehrlich gesagt kein
bisschen. Aber heutzutage muss man sich in Kultur und Wissenschaft,
auch mit Heeresführung und Königreichen gut auskennen. Und was

könnte ein besseres Thema für die Wände einer Bibliothek sein als »Philosophie«? Das Wort klingt erlesen und hat eine erlesene Bedeutung: »Liebe zur Weisheit«.

»Eure Heiligkeit, was schlagt Ihr vor, wie ich Philosophie darstellen soll?«, fragt Raffael.

»Ich wünsche eine Zusammenkunft aller Philosophen der Antike, sodass ich mir vorstellen kann, wie sie hier in meiner Bibliothek – nun ja, philosophierten. Platon, Aristoteles, Sokrates, Hega … Wie hieß er noch mal? Hella …«

»Meint Ihr Heraklit, Eure Heiligkeit?«, schlägt Raffael taktvoll vor.

Aber Papst Julius hat ihm bereits den Rücken gekehrt. »Ausgezeichnet, ich überlasse das dir. Ich muss herausfinden, was dieser verrückte Michelangelo in der Kapelle treibt.«

Raffaels Vater war ebenfalls Künstler, damals in der Bergstadt Urbino, aber er hatte nie erlebt, dass er lateinische Dichtkunst mit Dichtern diskutiert oder mit Mathematikern oder Musikern über Harmonien und Proportionen gesprochen hätte. Papst Julius förderte das an seinem Hof ausdrücklich.

Nun also, so sieht *Philosophie* aus. Raffael wird Gruppen von Denkern malen, die in gelehrte Gespräche vertieft sind. Sie gehen umher und unterhalten sich in einer großartigen Umgebung, mit großen Bögen, Marmorböden und Statuen – eine Stadt, wie er sich das antike Athen vorstellt. Vielleicht braucht er etwas Rat, um die architektonischen Details zu treffen. Der Lieblingsarchitekt des Papstes, Donato Bramante, wird ihm sicher Antworten geben können.

Keiner weiß, wie die alten Philosophen wirklich aussahen, also verwendet Raffael stattdessen die Bildnisse zeitgenössischer Künstler. Direkt in der Mitte steht der griechische Philosoph Platon, er zeigt nach oben in die Gefilde unsichtbarer Ideen. Verkörpert wird er von Leonardo da Vinci, sofort erkennbar an seinem langen Bart, kahlen Kopf und intensiven Gesichtausdruck. Unter Platon sehen wir die sitzende Figur Heraklits, auch bekannt als der »weinende Philosoph«. Wer könnte Heraklit darstellen? Michelangelo natürlich! Er ist düster in Gedanken versunken, kehrt allen anderen den Rücken, schreibt vielleicht ein Gedicht.

»Und wo soll ich auftauchen?«, denkt Raffael? Er beschließt, sich selbst als griechischen Künstler darzustellen, den berühmten Apelles, der am

Rand steht. Es sieht aus, als hätte er die Philosophen beobachtet und sich dann zur Seite gewandt.

»Oh, ausgezeichnet! Ausgezeichnet!« Papst Julius ist zufrieden, wie sich das Fresko entwickelt. »Ich habe eben erst bemerkt, das bist ja du, Raffael, in der Ecke, du schaust mich direkt an. Sehr schlau – und sehr bescheiden, das muss ich sagen!«

Auf dem Rückweg zu seiner Unterkunft begegnet er Michelangelo. Der ältere Künstler sieht wütend aus, als wolle er den Nächstbesten umbringen.

»Was meinst du, was diese Schwachköpfe mir eben sagten?«, herrscht er ihn an.

»*Welche* Schwachköpfe?«, fragt Raffael ruhig nach.

»Diese Idioten, die Kardinäle. 'Wir sind der Meinung, Ihr solltet besser eine Möglichkeit finden, die Nacktheit von Adam und Eva in Ihren Fresken zu verhüllen'.« Er äfft die hochnäsigen Stimmen der beiden Kardinäle nach, die ihn in der Kapelle ausspioniert haben. Keiner, nicht einmal der Papst, darf Michelangelo beim Arbeiten zuschauen. »Idioten!«

»Pssst!« Raffael legt einen Finger auf die Lippen. Er hört Schritte und Stimmen näherkommen.

Michelangelo schaut ihm tief in die Augen und stürmt dann weiter, während er vor sich hinflucht: »Mistkerle! Dummköpfe!«

Eine Tür fällt ins Schloss. Michelangelos Flüche hallen in den Korridoren nach und werden leiser. »Ach, Michelangelo!« Raffael lächelt vor sich hin. »Du bist unmöglich! Du solltest wirklich versuchen, etwas mehr ... wie war das Wort noch einmal? ... *Philosophisch* zu sein.«

Bacchus und Ariadne
1520–23

27

Die Nacht ist jung

Tizian

Was sagst du da? Raffael ist *tot*?« Fürst Alfonso von Ferrara wirkt ehrlich geschockt, gleichzeitig verdunkelt ein Schatten der Verärgerung sein Gesicht. Der Fürst ist es nicht gewohnt, dass man seinen Wünschen nicht nachkommt. Mit dem Tod kann jedoch auch er nicht streiten. Es ist April 1520, als Raffael eigentlich seinen 37. Geburtstag feiern sollte. Stattdessen steckte er sich mit tödlichem Fieber an.

»Ich bedaure, Herr, es ist leider wahr«, bestätigt der Kammerdiener mit einem tiefen Seufzer. »Ich habe die Nachricht heute Morgen aus Rom erhalten.«

»Wir müssen einen anderen Künstler finden. Wen schlägst du vor?«

»Darf ich Tizian empfehlen? Euer Gnaden sind bereits mit seiner Arbeit vertraut.«

»Sehr gut, bring ihn her.«

Fürst Alfonso hat die letzten 20 Jahren vor allem mit Kämpfen verbracht. Die Prinzen und Adligen Italiens, darunter auch der Papst selbst, gehen einander ständig an die Kehle. Gerade mal ist ein Krieg abgeschlossen, sofort hört Alfonso wieder Gerüchte über eine andere Auseinandersetzung, eine andere Armee auf dem Vormarsch, einen anderen Vertrag, der in Fetzen gerissen wurde. Zum Glück sind die Mauern von Ferrara stark und die Waffenschmieden des

Herzogs stellen mächtige Kanonen her. Als das Volk in Bologna gegen Papst Julius rebellierte, zerschlugen sie Michelangelos riesige Papst-Statue aus Bronze. Fürst Alfonso ließ die Fragmente einschmelzen und in eine Kanone gießen.

Es ist nicht so, dass Alfonso Kunst hasst. Im Gegenteil, er liebt sie. Er möchte seine Kunstsammlung in Ferrara zur besten in Italien machen – noch besser als die zusammengerafften Schätze des listigen, alten Schurken Papst Julius. So ein Ärger! Raffael sollte ein Bild für Alfonso malen, das selbst seine berühmten Bilder für Julius in den Schatten stellt. Er hatte bereits begonnen – eine Szene mit Bacchus, dem römischen Gott des Weins und des Rausches. Ein Gott, dem sich Alfonso sehr nahe fühlt.

»Du trittst in große Fußstapfen«, warnt er Tizian.

Tizian verbeugt sich. Er hat bereits ein Bild im Kopf. Michelangelo, Raffael – kein Künstler könnte diesen beiden in ihrem Metier das Wasser reichen. Aber Tizian hat etwas, was sie nicht hatten. Er versteht die Magie der tiefen, leuchtenden Farben. Er weiß, wie ein Gemälde durch Farbe, Licht und Schatten lebendig werden kann wie eine verzauberte Lichtung im Wald. Das Sonnenlicht ist voll von den tanzenden Schatten der Blätter. Bei genauem Hinsehen treten die Geister auf die Lichtung und bemerken dich nicht.

Vielleicht ist es ganz gut, dass die Künstler in Venedig, woher Tizian kommt, nicht auf Schritt und Tritt mit den Erinnerungen ans alte Rom konfrontiert werden. Stattdessen sehen sie ständig die Händler aus dem Osten kommen und gehen, sie bringen Seide, Gewürze, Bernstein, Lapislazuli. Sie leben im Licht des Meeres, das sich ständig ändert.

Tizian studiert die römischen Gedichte und Geschichten über Bacchus. Er malt den Gott des Weines mit einer Krone aus Weinlaub. Er springt von seinem Streitwagen in die Luft wie ein Athlet – ganz anders als Raffael ihn jemals gemalt hatte. Bacchus liebt die kretische Prinzessin Ariadne. Prinz Theseus hatte sie auf der einsamen Insel Naxos zurückgelassen, wo sie das Geschrei Bacchus' und seiner Anhänger näher kommen hört. Sie dreht sich um, ängstlich, aber würdevoll. Bacchus versichert ihr, dass die Leoparden vor seinem Wagen ihr nichts tun werden. Zimbeln schellen. Ein kleiner Satyr zieht den Kopf eines geschlachteten Kalbs wie ein Spielzeug an einer Schnur hinter sich her. Und ein kleiner Hund, vielleicht das Porträt vom Haustier des Herzogs, bellt die wilde Menge an.

Tizian hat sein Gemälde vollendet. Es hängt in der Kunstgalerie des Fürsten, im Alabaster-Zimmer. Niemand sonst hat eine Galerie wie diese. Die Wände sind mit strahlendem Marmor verkleidet, und heute Abend werden die Kerzen angezündet. Tizians Farben leuchten vor dem blassen, grauen Stein, während er auf die Ankunft des Fürsten wartet. Ariadnes Kleid, lapislazuli-blau, schimmert wie das Meer in der Abendsonne. Bacchus' rote Robe glänzt wie Seide. Am Himmel steht ein Ring aus acht Sternen – die Konstellation, in die Ariadne später verwandelt wird. Solche Stille. Solche Rauflust. Nur in einem Gemälde können diese Gegensätze aufeinandertreffen, denkt sich Tizian.

»Hier entlang! Folgt mir! Was habt Ihr für uns, Signor Tizian?« Fürst Alfonso stürmt mit einer Schar Gäste in den Raum. Sie hatten ein Bankett genossen und sind bester Laune, lachen und singen. Diener bringen mehr Kerzen. Die Hofmusiker gehen hinterdrein.

Der Fürst tritt nah an das Gemälde heran, berührt es fast mit der Nase. »Das soll ich sein, oder?« Er wirbelt zu Tizian herum, während er auf den jungen Bacchus zeigt.

Tizian starrt in das mächtige, bärtige Gesicht eines Mannes Mitte vierzig. Er erkennt eine graue Strähne im Haar des Fürsten. Er hat Tränensäcke unter den Augen. Mit diesen Adligen muss man vorsichtig sein. Schmeichelst du ihnen zu sehr, denken sie, du willst dich über sie lustig machen.

Gott sei Dank. Bevor Tizian antworten kann, klatscht Alfonso in die Hände. »Spielt!«, befiehlt er den Musikern. »Spielt auf! Schaut«, er weist auf das Bild, »die Sterne sind an den Himmel getreten. Die Nacht ist jung.«

Geschichten über das Leben

1550–1750

Mitte des 16. bis weit hinein ins 17. Jahrhundert führte eine neue Idee zur nächsten. Jeder technische Fortschritt schien gleich wieder veraltet. Die moderne Wissenschaft nahm Fahrt auf. Statt traditionelle Erklärungen über die Natur, den menschlichen Körper und das Universum hinzunehmen, hinterfragten Wissenschaftler, experimentierten und nahmen Maß. Sie fanden überraschend neue Erklärungen über ziemlich alles, von den Pflanzen über die Menschen bis hin zu den Planeten.

In Indien stellte ein Künstler Kaiser als ruhmreiche Figuren dar, als ausgezeichnete Jäger und Krieger. Er sammelte ihre Gemälde in Büchern, die das Leben dieser wichtigen Herrscher dokumentierten. In Europa interessierten sich verschiedene Leute für Kunst – nicht nur Päpste, Könige und Aristokraten, sondern auch Händler, Richter und andere, die durch ihre Arbeit reich geworden waren und nicht nur das Geld ihrer Vorfahren geerbt hatten. Sie wünschten sich Porträts von sich und ihren Familien; und sie wollten lieber Gemälde, die sie zur Dekoration an ihre Wände hängen konnten, als riesige Statuen, die nur in einer großzügigen Umgebung zur Geltung kamen.

Der spanische Adel in den Porträts von Velázquez und die religiösen Gestalten in den Szenen des italienischen Künstlers Caravaggio haben etwas gemeinsam: Sie zeigen reale Menschen, die ein Leben leben – sie essen, schlafen, unterhalten sich, werden Tag für Tag älter – wie jeder andere Mensch auch. Statt sich Götter und Göttinnen als interessante Kunstmotive auszusuchen, schauten sich Künstler viel öfter im richtigen Leben um und stellten fest, dass es ebenso voller Mysterien und Wunder war wie die Sagen der alten Griechen.

Die Jäger im Schnee

1565

28

Kalter Trost

Pieter Bruegel der Ältere

Pieter Bruegels Fingerspitzen fühlen sich an wie Eiszapfen. Er kann seine Zehen nicht mehr spüren. Die Kälte kriecht die Beine und die Arme hinauf.

Sein Freund Nicolaes Jonghelinck klatscht in die Hände und schüttelt den Schnee von den Ärmeln. »Komm, los, Bruegel! Die Jagd hält den Menschen jung! So eine Spannung! Zurück zur Natur!«

Schon vor Sonnenaufgang sind die Jäger mit ihren Hunden unterwegs. Seit Stunden sind sie durch den dicken Schnee gestapft. Bruegel ist überzeugt, sie wären kurz vor dem Erfrieren. Und wofür? Einen mageren Hasen haben sie erlegt, gerade genug, um zu Hause die Hunde zu füttern.

Nun endlich sind sie auf dem Weg zurück zu Jonghelincks Landhaus, einem großen, bequemen alten Landsitz. Dort lodert das Feuer im Kamin, Speisen türmen sich auf den Tischen, mehr, als man je zu essen vermag. »So«, wird Jonghelinck sagen und sich mit seinem schäumenden Krug würzigen Bieres niedersetzen. »Wie kommst du mit meinen 'Monaten' voran?«

Der reiche Händler hat eine Serie großer Gemälde von Bruegel bestellt. Er hat ein bekanntes Thema gewählt: die Tätigkeiten in den verschiedenen Monaten. Am Feuer sitzen im Februar, Heuernte im Juni, das Pflügen der Felder im Oktober … Du findest Bilder der zwölf Monate und ihrer traditionellen Aktivitäten an

[133]

Kirchenwänden, in mottenzerfressenen Wandbehängen und in zahllosen alten Büchern. Aber Bruegel möchte dieses altehrwürdige Thema neu umsetzen. Er wird die Dinge so zeigen, wie sie wirklich sind, heute, im Jahr 1565.

Der Schnee lässt alles neu aussehen. Das Leben ist zwar schwerer, aber irgendwie macht uns der Schnee sorgenfrei, denkt Bruegel. Als sie durch das Dorf gehen, sieht er spielende Kinder auf dem zugefrorenen Teich. Sie bücken sich, schnüren ihre Schlittschuhe und nutzen Schemel als Rodelschlitten. Geschrei und Gelächter hallen nach, laut und klar in der kalten Luft. Die grauen Wolken am ebenso grauen Himmel hängen tief, es wird wohl bald wieder schneien.

Wann hat er das letzte Mal so freudvolle Klänge gehört? Er hat nicht oft die Gelegenheit, das Leben der Dorfbewohner zu beobachten. Wenn sie arbeiten, arbeiten sie schwer – sie schleppen Feuerholz, beladen Wagen und fahren das Korn zur Wassermühle. In der Freizeit tanzen sie gern, singen und spielen. Wozu brauchen sie Künstler oder Gemälde?

Jonghelinck hingegen mag feine Kleider, gutes Essen und schwere Weine, und er schaut sich bei seinem Mahl gern ein schönes Gemälde an. Bauern bei der Arbeit auf dem Feld oder beim Hochzeitstanz. Das sind seine Lieblingsszenen. »Bruegel, mein Freund«, seufzt er. »Was würde ich darum geben, könnte ich ein einfaches Leben führen! Schwere Arbeit, tiefer Schlaf – einfache Freuden – es gibt nichts Besseres!«

Vor einer Schenke schüren der Wirt und seine Familie ein Feuer. Sie wollen das Schwein brühen, das sie eben geschlachtet haben. Dann kratzen sie die Borsten von der Haut, bevor sie es zerteilen und das Fleisch zerlegen. Diese Arbeiten waren schon immer dem Dezember vorbehalten, das ist eine der uralten Tätigkeiten dieses Monats. Selbst aus der Ferne spürt Bruegel das heiße Knistern des Feuers auf seinem Gesicht.

Er schüttelt die Finger, damit das Blut zurückkehrt. Sein Blick schweift über das verschneite Land. Die eifrigen Kleinen auf dem Eis, die Krähen in den kahlen Ästen, alle sind klar und scharf zu sehen, als wären sie mit Tusche gezeichnet. Das ist es. So wird er den Dezember malen, genau so, wie sich der heutige Tag anfühlt. Die kalte Luft, die Hitze des Feuers, die Rufe vom zugefrorenen Teich.

In seiner Jugend war Bruegel quer durch Europa bis nach Italien gewandert. Er wollte die Werke der berühmten italienischen Künstler mit eigenen Augen sehen. Ihre Arbeiten halfen ihm, die verschiedenen Möglichkeiten zu entdecken, wie ein Künstler eine Szene malen konnte. Giotto, zum Beispiel, verwendete viele Figuren und Handlungen in seinen Bildern. Tizian malte oft eine Landschaft in den Hintergrund, mit Bäumen, Flüssen, Bergen vor dem weiten Blau.

Woran sich Bruegel besser erinnern kann als an jedes Kunstwerk ist jedoch die gefährliche Reise über die Alpen, die Berge, die Italien vom Norden trennen. Er erinnert sich an sein Erstaunen beim Betrachten der zerklüfteten Felsen über ihm und der steilen Schluchten vor ihm, die unter dem schmalen Pfad in dunkle Täler verschwanden. Wir sind so klein und unbedeutend, ein kleiner Funke Wärme in einer kalten Landschaft, denkt er.

»Komm!«, ruft Jonghelinck. »Lauf zu! Wir sind gleich da!«

Bruegel sucht nach dem Haus des Kaufmanns. So weit das Auge reicht, sieht er nur flache, schneebedeckte Felder, gefrorene Teiche und Flüsse. Wie weit kann es noch sein?

»Bruegel! Bruegel! Grundgütiger! Mann! Dein Gesicht wird ja schon blau!« Jonghelinck packt ihn bei den Schultern. »Und deine Hände, wie Eisblöcke!« Er reibt sie in seinen Händen. »Hier, nimm meine Fellhandschuhe. Nein, ich bestehe darauf! Wenn deine Finger erfrieren, wer soll dann meine 'Monate' malen?«

Akbar jagt in der Gegend von Agra
1590–95

29
König der Geparden
Basawan und Dharm Das

Was tut der Kaiser lieber – jagen oder kämpfen?« Basawan schaute von seinem Blatt Papier auf. Darauf war ein Gemälde des Kaisers Akbar auf dem Rücken seines Pferdes bei der Jagd mit Geparden zu sehen, in grell leuchtenden Farben. Basawan hatte ein paar Punkte auf dem gestreckten Körper eines springenden Geparden hinzugefügt. Gleich würde er seine Klauen in die Flanken einer verschreckten Antilope schlagen.

»Kämpfen natürlich!« Dharm Das, ein Künstlerlehrling, half Basawan bei diesem Gemälde. Er war selbst noch nie beim Kampf dabei gewesen, aber er hatte Basawan bei Szenen im Buch Akbar assistiert, der großartigen Geschichte über das Leben des Kaisers. Was könnte es Aufregenderes geben als Gewehrschüsse, klingende Schwerter und Kämpfer, die die abgetrennten Köpfe der Feinde in den Staub traten?

»Du könntest recht haben«, Basawan lehnte sich zurück. »Aber ich glaube, du liegst falsch. Ich habe gehört, als der Kaiser jung war, reiste er mit einer großen Jagdgesellschaft durch Hindustan – groß wie eine Armee. Er liebte den Sport. Gleichzeitig hielt er seine Feinde in Schach. Sie spürten, wenn sie Akbar verärgerten, würde er *sie* jagen.«

Ja, das Gemälde war fast fertig, um dem Kaiser präsentiert zu werden. Basawan musste nur Akbars Bart etwas verlängern. Ein winziger Strich schwarz. So. Er hatte Akbars Gesicht ruhig und intelligent gemalt – ein Ausdruck, den er gut kannte. So sah sich Akbar gern, selbst wenn er beim Jagen dargestellt wurde oder auf dem Bild seine Soldaten in den Kampf schickte.

»Also?« Dharm Das wechselte das Thema. »Gefallen dir meine Farben?
Dieses Blau?«, er zeigte auf die Satteldecke von Akbars Pferd. »Was meinst
du?«

»Die ist gut. Erinnerst du dich an das Blau, um das ich dich gebeten
habe?«

»Wie der Himmel in Kaschmir nach Sonnenuntergang!«

»Genau. Sehr gut.«

Dharm Das lernte schnell, aber man erkannte auf den ersten Blick,
dass das Bild Basawans Idee war. Von allen Künstlern des Kaisers – über
100 arbeiteten für ihn – konnte nur Basawan solche Szenen schaffen.
Hier spürte man förmlich die Spannung bei der Jagd – Menschen, Pferde,
Geparden, Elefanten, Antilopen – und dennoch wirkte nichts überfüllt
oder durcheinander.

Basawan war der Lieblingsmaler des Kaisers. Akbar hatte nie lesen
gelernt, aber mit der Malerei kannte er sich aus. Er selbst hatte sogar Malunterricht genommen. Heutzutage hatte er für so etwas natürlich keine
Zeit mehr. Wie sollte er auch? Sein Reich erstreckte sich vom Arabischen
Meer bis zur Bengalischen Bucht und im Norden bis zum Himalaya. Es
war größer als das Königreich, das ihm sein Vater, Humayun, hinterlassen hatte, als er gerade 18 Jahre alt war. Er hatte sein Reich selbst aufgebaut. Seine Errungenschaften würde man nie vergessen.

Das Buch Akbar wurde von seinen besten Künstlern illustriert. Bevor
sie ein Bild zu malen begannen, wollte Akbar mit ihnen besprechen, was
im Bild enthalten sein sollte und was nicht.

»Du weißt, dass wir mit Geparden jagen?«, fragte er Basawan.

Der Maler wusste das natürlich, aber er ließ den Kaiser fortfahren.

»Der Gepard jagt auf Sicht, nicht nach
Geruch. Darum tragen meine Diener
die Geparden in speziellen Käfigen
zur Jagd. Den Geparden müssen die Augen verbun-
den werden, damit
sie nicht abge-
lenkt sind. Ah,
Basawan! Was
kann es Schöne-
res geben als die

wellenförmigen Bewegungen auf dem Rücken des Geparden, der seiner Beute nachjagt?«

Basawan verneigte sich. Um ehrlich zu sein, interessierten ihn eher die Bücher und Bilder, die Akbar von einem Priester nach dessen Rückkehr vom italienischen Hof geschenkt bekommen hatte. Der Kaiser war freundlich zu dem Priester und lauschte nachdenklich seinen Gebeten, obwohl hin und wieder ein verärgerter Schatten auf seinem ruhigen, intelligenten Gesicht erschien. Basawan bewunderte vor allem ein Bild mit den Buchstaben AD in der Ecke. Der Künstler war Deutscher und hieß Albrecht Dürer, verriet ihm der Priester.

Das Bild war mit schwarzer Farbe gedruckt. Es zeigte eine Heilige mit einem Kind auf einem Esel, den ein Mann am Abend durch einen Wald führte. Alles war mit winzigen Details versehen. Blätter, Vögel, Tiere, die Kleider der Menschen, die Gesichter. Basawan war überrascht, dass der italienische Priester, der sich nie zu waschen und seine Kleidung nie zu wechseln schien, ein so wunderschönes Bild besaß.

Später an jenem Tag gingen die beiden Künstler durch den Palasthof, um ihr Gemälde dem Kaiser zu präsentieren. Dabei überholten sie den alten Abu'l Fazl, Autor des Buches Akbar, der hier jeden Tag entlang schlurfte, um dem Kaiser vorzulesen. Seine orange-goldene Robe bauschte sich im leichten Abendwind.

Basawan wendete sich an Dharm Das. »Wie würdest du diese Farbe beschreiben?«, fragte er.

»Reife Mango?«, schlug Dharm Das vor.

Basawan schüttelte den Kopf.

»Frischer Safran, der gerade zu trocknen beginnt?«

»Neiiiiiin.«

Dharm Das hielt inne, eine Hand erhoben, als warte er auf Inspiration.

»Es – ist – die – Farbe – vom …«

»Auge des Geparden!«, sagten beide gleichzeitig, lachten und gingen weiter.

Das Abendmahl in Emmaus
1601

30
Leichtes Essen
Caravaggio

L asst mich raus! Das muss eine Verwechslung sein!«
Der neue Gefangene macht Rabatz. Zum Glück liegt seine Zelle
am Ende des Ganges. Der Kerkermeister zuckt mit den Schultern. Er
hat das schon viele Male gehört und möchte endlich zum Würfelspiel mit dem Wärter zurückkehren.

»Wer ist denn dein neuer Schurke?«, fragt der Wärter, während
er die Würfel in der Hand schüttelt.

»Irgendein lausiger Maler mit Namen Caravaggio.«

»Lasst mich raus!«, tönt die wütende Stimme erneut. »Ich
werde bestimmt vom Papst begnadigt!«

»Und mir brät der Heilige römische Kaiser bestimmt ein Ei
zum Frühstück!«, schreit der Kerkermeister zurück. »Bist wohl zu
vornehm für den Knast, wie?«

Das Jahr 1610 im Hafen von Palo, westlich von Rom. Michelangelo Merisi da Caravaggio, der größte Maler Italiens (wie er
dem Kerkermeister gerade versicherte), war seit vier Jahren auf
der Flucht. Caravaggio konnte sich nicht erinnern, wie oft er
bereits verhaftet worden war. Weil er dem Kellner einen Teller
Artischocken ins Gesicht gedrückt hatte, weil er Wachleute
mit Steinen bewarf, weil er ohne Genehmigung ein Schwert
bei sich trug. Gewissensbisse plagten ihn einzig wegen der
Schlägerei, in die er mit Ranuccio Tomassoni geraten war.
Es war wirklich Pech, dass sich der üble Schwindler Tomas-

soni auf Caravaggios Dolch geworfen hatte. Wirklich Pech, und die nannten es Mord! Wenigstens hatte ihn der Papst begnadigt, sodass er nach Rom zurückkehren konnte. Nur dieser fiese Kerkermeister wollte ihm nicht glauben.

Ein gebratenes Ei. Was würde er jetzt für ein Spiegelei geben! Würde er hier überhaupt je zu essen bekommen?

In seinen hungrigen Gedanken hat er eine Vision von einem Tisch, auf dem eine schmackhafte Mahlzeit angerichtet ist. Auf dem schneeweißen Tafeltuch stehen ein Obstkorb mit Äpfeln, Trauben und Birnen, ein gebratenes Hähnchen, frisch gebackenes Brot. Er kann das Brot förmlich riechen. Es macht ihn wahnsinnig!

Wo nahm er dieses Mahl zu sich? Vielleicht im Gasthaus La Maddalena, dem mit den Artischocken.

Dann erinnert er sich. Es ist das Mahl aus seinem Gemälde vom Abendmahl in Emmaus. Jeder kennt diese Bibelgeschichte. Nach der Kreuzigung Jesu trauern seine Jünger. Zwei von ihnen wandern traurig aus Jerusalem in ein Dorf namens Emmaus, ein junger Mann gesellt sich zu ihnen. Es wird spät, sie laden ihn zum Abendessen ein. Als der junge Mann den jüdischen Segen über das Brot spricht, erkennen sie ihn plötzlich. Aber das kann doch nicht Jesus sein!? Er ist doch tot! Dennoch steht er direkt vor ihnen am Tisch. Für einen Moment können sie vor Schreck nichts sagen, und dann … ist er verschwunden.

Als der Adlige Ciriaco Mattei Caravaggio bat, das *Abendmahl in Emmaus* zu malen, tat Caravaggio, was er schon bei mehreren Gemälden für Kirchen in Rom getan hatte. Er stellte sich die Szene im Jetzt vor – zum Beispiel in einer Wirtsstube in Rom. Statt die Gestalten aus der Bibel in fließende Roben zu kleiden, wie es die meisten Künstler taten, malte er seine Freunde in ihrer Alltagskleidung. Abgesehen davon waren sie unrasiert und trugen zerrissene Jacken. Hätten sich die Geschichten aus der Bibel heute ereignet, hätten die Menschen vermutlich genauso ausgesehen.

»Schockierend! Er lässt die Jünger Jesu aussehen wie gewöhnliches Fußvolk!«, beschwerte man sich.

Darüber konnte Caravaggio nur lachen. »Was meint ihr, wie ein Mann aussieht, wenn er den ganzen Tag auf einer staubigen Straße unterwegs war? Wie sollten sie reagieren, wenn sie den toten Freund plötzlich wieder lebendig neben sich entdecken? Ich habe das Abendmahl in Emmaus so gemalt, als wäre es wirklich so gewesen. Man kann daran glauben. Geht es nicht eigentlich nur darum?«

Caravaggio galt immer als Unruhestifter. Aber wie viele Menschen konnten so lange still sitzen wie er und das Licht in einem Wasserkrug beobachten, die schwarzen Punkte auf einem Apfel oder die Fältchen auf der Stirn eines alten Mannes? Manchmal starrte Caravaggio so lange und intensiv, dass er nicht mehr genau wusste, ob er die Dinge nur anschaute oder mit den Händen berührte.

Angenommen, er malte die heiligen Szenen, wie man es von ihm erwartete – als ob die Heiligen nie rülpsten oder sich am Hintern kratzten? Er hätte das natürlich tun können. Er hätte auch perfekte, glänzende Äpfel malen können, aber das fand er langweilig.

»Das Problem mit dir ist«, sagte Ciriaco Mattei einst, als er Caravaggio wieder einmal aus dem Kerker freigekauft hatte, »dass du im Moment lebst und nicht über die Konsequenzen nachdenkst.«

Caravaggio hätte auch einfach »Danke« sagen können, stattdessen entgegnete er: »Was schlägst du vor, wo ich stattdessen leben soll?«

Der Kerkermeister und der Wächter halten in ihrem Würfelspiel inne.

»Oi! Oi!«, schreit der Gefangene. »Hört mich an!«

»Ruhe!«, brüllt der Wächter zurück.

»Bring mir was zu essen, dann zeige ich dir Tricks, wie du immer beim Würfeln gewinnst. Glaub mir. Du gewinnst dann jedes Mal.«

Der Kerkermeister und der Wächter schauen sich an. Der Wächter nickt. Caravaggio presst das Ohr an die Zellentür. Die Schritte und die klirrenden Schlüssel kommen näher.

Flora
1635

31

Das Blumenmädchen

Rembrandt

Sein Vater wollte, dass er die Universität in Leiden besuchte, also tat er ihm den Gefallen. Aber nicht lange. Bereits mit 18 Jahren machte Rembrandt van Rijn, wovon er immer geträumt hatte: Er ließ sich zum Maler ausbilden.

Rembrandt lebte in den Niederlanden, einem Land, das sich bereits vor seiner Geburt von der katholischen Kirche losgesagt hatte. In Italien gab es für Künstler wie Caravaggio viel Arbeit in den Kirchen. Die Niederländer jedoch liebten ihre Kirchen schlicht, ohne ablenkende Statuen oder Gemälde.

Im Privathaushalt war das anders. Kunstsammler überhäuften ihre Wände mit Gemälden. Bibelszenen, Landschaftsbilder, inspirierende historische Ereignisse, Vasen mit Blumen und Obstschalen. Und Porträts – von sich selbst, ihren Kindern, Eltern und Freunden. Rembrandt wurde klar: Wenn er von der Malerei leben wollte, musste er gute Porträts malen können.

Was er außerdem gelernt hatte, war, dass ein Künstler Italien bereist haben musste. Warum? Nun, weil die italienische Kunst die beste war, richtig? »Das werden wir erst einmal sehen«, dachte Rembrandt. »Und überhaupt, warum soll ich wie ein Italiener malen?« Er schnitt Grimassen im Spiegel und versuchte, düster und vornehm auszusehen. Hoffnungslos! Er zwinkerte sich zu und streckte die Zunge heraus.

»Du denkst, du hast nur ein Gesicht«, forderte er sein Spiegelbild heraus. »Blödsinn! Du hast zehn, zwanzig, hundert. Wer muss schon nach Italien reisen, um nach Gesichtern zu suchen?« Zwar hatte er keine Lust auf eine Reise nach Italien, er hatte aber schon bemerkt, dass man die italienischen Maler wie Michelangelo und Leonardo nur unter ihren Vornamen kannte. Nun, er würde dasselbe tun. Er würde seine Gemälde einfach mit Rembrandt signieren. Bald würden die Leute aufhören zu fragen: »Rembrandt und wie weiter?«

Rembrandt zog nach Amsterdam, eine reiche Stadt, wo sein Ansehen wuchs, genau wie die Schlange der bedeutenden Menschen, die darauf warteten, sich von ihm porträtieren zu lassen. Wie der Händler Nicolaes Ruts, der durch den Handel mit Russland zu Reichtum gekommen war. Und Dr. Tulp, ein Dozent der Anatomie bei der Chirurgengilde. Rembrandt malte ihn beim Sezieren eines Toten, während die anderen Chirurgen fasziniert zuschauten.

Rembrandts Porträts waren etwas Besonderes. Er schien die Gedanken seiner Modelle einzufangen, während ihre Augen in Heiterkeit aufleuchteten oder von traurigen Erinnerungen verschleiert waren. Für Rembrandt war jedes Gesicht interessant, egal ob es einfach oder schön war. Selbst wenn er seine Mutter oder seinen Vater porträtierte, spürte er die geheimen Tiefen eines jedes Gesichts, ganz gleich, wie gut er die Person kannte.

Elegante Kleidung, ernstes Gesicht. So wollten die meisten Leute auf ihren Porträts aussehen. Das musste aber nicht so sein. Wenn ein Kunde gern eine Rolle spielen wollte – als Soldat zum Beispiel oder als türkischer Prinz mit Turban –, hatte Rembrandt eine Kostümkiste voll exotischer Kleidungsstücke, Rüstungen, Schmuck und vieler Utensilien, die ihm irgendwann einmal ins Auge gestochen waren.

»Ich liebe dieses Kleid!«, rief Saskia. Saskia war eine junge Verwandte von Hendrick van Uylenburgh, dem Kunsthändler, der Rembrandt beim

Verkauf seiner Arbeiten zur Seite stand. Sie war sein bestes Modell, seine beste Verkleiderin. Und seit Juni 1634 – gerade ein Jahr war es her – war sie auch seine Frau. Hoffentlich würden sie bald Kinder haben. Dann wären die Verkleidungsspiele allerdings vorbei.

»Ich bin Kleopatra, Königin von Ägypten!«, gab Saskia bekannt.

»Nein, bist du nicht. Du bist Flora, die römische Göttin der Blüte.«

»Ach bitte, Rembrandt! Ich will nicht schon wieder Flora sein.«

»Ich möchte es aber. Warum auch nicht?« Rembrandt hatte Saskia bereits als Flora gemalt. Das Bild wurde sofort zu einem guten Preis verkauft. Ein alter römischer Mythos und ein modernes, hübsches Gesicht – eine erfolgreiche Kombination. Vielleicht konnte er sie mit ein paar Komplimenten überreden. »Du siehst sogar schöner aus als die Göttin selbst!«, rief er aus.

Natürlich erschien Saskia am nächsten Morgen als Flora verkleidet im Atelier.

»Stell dich hierher«, Rembrandt dirigierte sie an eine Stelle, an der das Licht vom Fenster auf den Goldfäden des bestickten Kleides leuchtete. »Und schau nicht so ernst drein!«

»Aber ich soll eine Göttin darstellen.«

»Und ich bin …« Rembrandt nahm ein paar Stängel mit Blättern, die er mit einem Blumenstrauß extra dafür auf dem Markt gekauft hatte. Er steckte sie sich ins Haar. »Ich bin …« in den Kragen und in die Ärmel. »Ich bin …«

»Hör auf! Du siehst unmöglich aus!«

»Na gut.« Rembrandt brachte sich wieder in Ordnung. »Beruhige dich. wir müssen arbeiten.« Saskias Haar sah in der Sonne wunderschön aus. Er wollte es berühren.

»Einen Moment.« Er wedelte mit einem Zweig durch die Luft. »Hier – perfekt!« Vorsichtig steckte er das Grün in ihr goldenes Haar wie eine teure Straußenfeder.

»Nun, halt still.«

Saskia unterdrückte ein Kichern. Sie hatte eine Spinne auf Rembrandts Kragen bemerkt, vermutlich von den Blättern. Sie schaute zu, wie das kleine schwarze Ding in Richtung Hals krabbelte.

Rembrandt gestikulierte mit seinem Pinsel.

»Schau zu mir, den linken Arm etwas nach unten. Genau so … kann losgehen. Ahhhhh!«

Amsterdam

Die Niederlande (17. Jahrhundert)

Das 17. Jahrhundert war ein goldenes Zeitalter für Amsterdam. Die Stadt war das wichtigste Handelszentrum der Welt und Umschlagplatz für alle möglichen Waren. Die mächtige Niederländische Ostindien-Kompanie baute Schiffswerften und Lagerhäuser. Die Händler lebten in großzügigen Häusern entlang der neuen Kanäle, wo sie ihre Kunstsammlungen ausstellten.

Rembrandts Kirche

Oude Kerk, die alte Kirche, ist die älteste in Amsterdam. Die vier Kinder von Rembrandt und Saskia wurden hier getauft. Titus war jedoch der einzige, der bis ins Erwachsenenalter überlebte. Saskia wurde hier 1642 beigesetzt.

Segel setzen

Handelsschiffe reisten von der Mündung des Flusses IJ in die ganze Welt und machten Amsterdam zu einer Handelsmetropole. Niederländische Händler unterhielten Kolonien in Afrika, Amerika, China, Indien, Südostasien und Tasmanien.

Schneller übers Wasser

Amsterdam wuchs schnell. Ab 1625 wurden neue Kanäle und Bauwerke sorgfältig geplant. Die Kanäle waren ein Verkehrsnetz und unterteilten die Stadt in mit Brücken verbundene Zonen.

Arbeitsplatz und Heimat

Künstler wie Rembrandt arbeiteten zu Hause. Rembrandt hatte ein Porträt-Atelier, einen Ausstellungsraum, um seine Gemälde zum Verkauf anzubieten, eine Druckwerkstatt sowie Privaträume für sich und die Familie.

Seite an Seite

Land gab es wenig, darum waren die Häuser hoch und schmal und standen eng beieinander. Händler und Ladenbesitzer lebten oft gemeinsam im selben Haus, wo sie die Waren verkauften und lagerten.

Selbstporträt als die Allegorie der Malerei
1638–39

32

»Die Malerei bin ich«

Artemisia Gentileschi

Kalt. Feucht. Enge, verschmutzte Straßen. Artemisia gefiel London nicht. Aber im königlichen Palast nahe der Themse brannte ein Holzfeuer im marmornen Kamin.

»Seine Majestät wird gleich hier sein«, informierte sie ein Diener – inzwischen zum sechsten Mal an diesem Tag – einem Wintertag im Jahr 1639. Artemisia drehte sich noch einmal um, um sich aufzuwärmen.

König Karl gefielen die Gemälde, die sie aus Neapel mitgebracht hatte. Er wollte eines für die königliche Sammlung kaufen. Im ersten Moment hatte sich Artemisia gefreut, aber jetzt war sie verärgert. Seine Majestät kam vier Stunden zu spät.

»Ihr glaubt, Ihr könnt mich warten lassen, weil ich nur eine einfache Malerin bin?«, sagte sie zum König. »Vergesst es!« Allerdings sprach sie die Worte nicht wirklich aus. Der Streit spielte sich in ihrem Kopf ab, während sie weiter ins Feuer starrte.

Der imaginäre Streit wurde immer heftiger, bis sich die Person von König Karl mit den hochrangigen Herren vermischte, die in das Atelier ihres Vaters gekommen waren, um Bilder zu kaufen. Artemisias Vater, Orazio Gentileschi, war in Neapel ein erfolgreicher Maler. Er malte religiöse Szenen voller dramatischer Hell-Dunkel-Kontraste. »Ah, superb! Ein würdiger Nachfolger für Caravaggio!«, pflegten seine Förderer zu sagen. Caravaggio war bereits seit zehn Jahren tot, aber sein Malstil war immer noch sehr in Mode.

Orazio bemerkte das außerordentliche Talent seiner Tochter. Während sie heranwuchs, lehrte er sie alles, was er wusste. Artemisia erinnerte sich, wie ihr Vater seine Kunden überredete, doch auch Gemälde von ihr zu bestellen. »Ich bin derzeit äußerst beschäftigt, aber wenn die Herrschaften bald ein Gemälde wünschen, schlage ich in aller Bescheidenheit vor, dass meine Tochter die Arbeit anfertigt.«

»Ihre Tochter ist eine *Malerin*?«

Ja, genau das hatten sie gesagt. Sie knickste und lächelte. Der Kunde starrte sie an, als hätte Orazio soeben verkündet: »Meine Tochter fliegt auf ihrem Besen zum Mond.« Aber das würde sie nicht aufhalten.

Nach Orazios Geschmack übertrieb Artemisia zuweilen den Caravaggio-Stil ein wenig – zu viel Dramatik und Gefühle. Wenn sie die Bibelgeschichte malte, in der Judith Holofernes den Kopf abschlug, zeigte sie Judith, die die Kehle des Elenden durchschnitt, während Blut in alle Richtungen spritzte. Vielleicht hatte sie dennoch recht. Heutzutage gab es durchaus einen Markt für solche gewalttätigen, gefühlsbetonten Bilder.

Artemisia wurde eine erfolgreiche Malerin. Die Kardinäle, Adligen und reichen Anwälte, die ihre Gemälde sammelten, hatten nichts dagegen, wenn sie laut mit ihnen diskutierte. »Denkt an all die berühmten Maler, die Ihr kennt. Nun sagt mir – wie viele davon waren Frauen? Zehn? Fünf? Nur eine? Warum denn das?«

Schließlich, überlegte Artemisia weiter, sind die Bilder auch voller Frauen. Viele Versionen der Jungfrau Maria, von nackten Göttinnen und großartigen Damen in aller Pracht. Warum sollten Bilder nicht auch von Frauen gemalt werden? Sie hatte bewiesen, dass sie es konnte. Es war zwar nicht einfach, aber sie hatte es geschafft.

Einige ihrer Kunden mochten Allegorien, was bedeutet »Dinge auf andere Weise sagen«. Zum Beispiel wenn ein Künstler eine Idee wie »Wahrheit«, die man eigentlich nicht sehen kann, als Person darstellt. »Stärke« zum Beispiel könnte mit einem Bild von einem muskulösen Gewichtheber dargestellt werden. Oder eine Frau beim Harfenspiel könnte »Musik« verkörpern. Die »Kunst der Malerei« wurde ursprünglich als wunderschöne Frau dargestellt. Im Bild würde es eine zweite Person geben, – den Künstler (natürlich einen Mann), der stolz dreinschaut.

Artemisia wollte es unbedingt anders machen. Ihre Allegorie zeigte häufig nur eine Person – sie selbst. »Ich bin die Künstlerin, und ich bin auch die Kunst der Malerei!«

Nach ein paar Versuchen hatte sie herausgefunden, wie sie sich selbst beim Malen malen konnte. Sie stellte Spiegel so auf, dass sie sich von der Seite sah, während sie die Hand mit dem Pinsel zur Leinwand ausstreckte. Perfekt sollte sie nicht aussehen, denn wer malt, macht sich auch schmutzig. Ihre Ärmel waren aufgerollt. Ihr Haar wirkte etwas wild – aber was war daran verkehrt? »Männer glauben, die einzige Malerei, die Frauen beherrschen, ist die mit Pudern und Fettstiften im Gesicht!« Offensichtlich wollte König Karl genau dieses Gemälde kaufen.

Eine Uhr auf dem Kaminsims schlug mit silbernem Klang. Wieder eine halbe Stunde vorüber. Das Feuer war heruntergebrannt, Artemisia fröstelte.

»Ihr Engländer seid Barbaren!«, wütete sie innerlich. »Ihr lasst mich warten. Ihr könnt meinen Namen nicht aussprechen. Euer Essen ist entsetzlich. Euer Wetter ist schrecklich. Ihr …«

Artemisias Wutausbruch wurde durch die Türklinke unterbrochen. Ein kleiner Hund trottete herein. Er wedelte sie freundlich an. Sie kniete sich nieder und streichelte seinen lockigen Kopf. Als sie aufblickte, stand der König vor ihr.

»Meine verehrte Dame«, der König hielt ihr den Arm hin und half Artemisia etwas unbeholfen auf. »Es ist uns eine Ehre, dass Ihr die Zeit für einen Besuch bei uns gefunden habt.«

»Ha!«, dachte Artemisia. »Mit Schmeichelei werdet Ihr nicht weit kommen.« Aber sie setzte ihr süßestes Lächeln auf, vollführte den kleinstmöglichen Hofknicks und antwortete: »Die Ehre ist ganz meinerseits, Eure Majestät.«

Die Hoffräulein
1656

33

»Guten Morgen«

Diego Velázquez

B uh!«

Diego Velázquez erschrickt. Sein Pinsel hinterlässt einen schwarzen Fleck auf seiner Stirn – also auf der Stirn seines eigenen Porträts, an dem er gerade malt, gleich neben dem riesigen Gemälde von der königlichen Familie. Er dreht sich um und entdeckt fünf kleine Gesichter, die zu ihm aufblicken. Die kleine Prinzessin, Margarita Teresa, mit ihren Hoffräulein, Isabel and María Agustina, und ihren Begleitern, den Zwergen María and Nicolas.

»Guten Morgen, Señor Velázquez!« singen sie gemeinsam.

»Wann ist unser Bild endlich fertig?«, fordert die kleine Margarita Teresa, während sie ihn mit ihren dunklen Augen anstarrt.

Velázquez verschränkt die Arme und starrt zurück. »Bald«, verspricht er. »Morgen. *Mañana.*«

»Oh!« Margarita Teresa stampft mit dem Fuß auf. »Immer sagt Ihr *mañana!*« Die Mädchen drehen sich um und laufen lachend aus dem Zimmer.

Velázquez war erst 24, als er ein Porträt des spanischen Königs Philipp IV. malte. »Von jetzt an«, erklärte der König, »soll nur noch Velázquez mein Porträt malen!« Für den Rest seines Lebens blieb Velázquez der Lieblingsmaler des Königshauses. Er wurde der Freund des Königs und ein wichtiger Höfling. König Philipp schenkte ihm ein großes Atelier im Alcázar-Palast von Sevilla. Der König kam häufig vorbei, um Velázquez bei der Arbeit zuzuschauen, um die an die Wände gelehnten Gemälde zu bewundern oder einfach nur, um sich zu unterhalten.

»Ah!«, er schnüffelte, als er die Treppe herunter kam. »Ölfarbe! Also«, er rieb sich die Hände. »was habt Ihr heute für mich?«

In der Öffentlichkeit lächelte der König nie. Nur zweimal hat man ihn lachen hören. »Man könnte glauben, er sei eine Statue«, scherzten die Leute. Mit Velázquez konnte sich König Philipp jedoch entspannen. Der konnte ja auch schlecht sagen: »Tut mir leid – ich habe heute zu tun. Können wir ein andermal reden?« Manchmal fragte er sich, wie er die ganzen Porträts jemals schaffen sollte, die die königliche Familie und andere Mitglieder des Hofes bestellten.

1656 waren Velázquez und König Philipp bereits Herren mittleren Alters. Der König schien von Sorgen schwer belastet. Es erschütterte ihn, als das englische Parlament für die Enthauptung von König Karl gestimmt hatte. Und nun befand sich Spanien im Krieg mit England und spanische Handelsschiffe wurden ständig angegriffen. Er braucht etwas zur Aufmunterung, entschied Velázquez.

Er baute in seinem Atelier eine riesige Leinwand auf. Der Stoff wurde auf ein Gitter aus Holzleisten aufgenagelt, das an einer Staffelei lehnte. So wurden große Gemälde zu dieser Zeit gefertigt, nicht mehr auf Wänden oder Holzbrettern. Ein großes Porträt der Kinder am Hof würde eine nette Überraschung für den König sein.

»Erwischt!« Der König und die Königin mussten hereingeschlichen sein. Sie standen direkt hinter Velázquez. Der König schlug Velázquez auf die Schulter. »Was für ein Meisterwerk plant Ihr da? Nur zu – lasst hören!«

Velázquez musste schnell überlegen. »Ah ja … in der Tat – dieses Mal werden Ihre Majestät dieses Meisterwerk schaffen. Ich muss es dann nur noch aufmalen.«

Der König war verwirrt, aber bevor er etwas sagen konnte, gab es einen Tumult am anderen Ende des Ateliers. Die Prinzessin und ihre Freunde polterten herein, gefolgt von ihrer Kinderfrau, einem Wachmann und einem großen, alten Hund.

»Wenn Eure Majestät die Szene künstlerisch einrichten würden …«, schlug Velázquez vor.

»Ausgezeichnet, ausgezeichnet.« König Philipp eilte geschäftig hin und her und erteilte Anweisungen. »Stell dich hierher, Margarita Teresa! Mädchen, benehmt euch!«

Endlich beruhigten sich die Kinder. Margarita Teresa stand mit ihren Hoffräulein in der Mitte. Der Zwerg María verstand, was Señor Velázquez

von ihnen wollte. »Psst. Hör auf!« flüsterte sie Nicolas zu, der weiter umhersprang und den Hund neckte.

»Ich komme auf ein Bild! Ich komme auf ein Bild!«, rief Nicolas.

»Kinder!« König Philipp klatschte in die Hände. »Ich habe eine erstklassige Idee. Wir spielen 'lebende Standbilder'. Wer am längsten still stehen bleibt, bekommt einen Preis. Und jetzt … Still!«

Velázquez machte schnell ein paar Skizzen. Zwei, drei Minuten, viel länger würden sie nicht stillhalten. Und jemand kam mit quietschenden Schuhen den Gang entlang und würde sie gleich stören. »Quietsch, quietsch, quietsch.«

»Eure Majestät«, ertönte die Stimme eines Mannes, »ich möchte nicht unterbrechen, aber es gibt dringende Neuigkeiten. Eine weitere Galeone wurde von den Engländern gekapert.«

König Philipps fröhliches Gesicht verdüsterte sich sofort. Er wirkte alt und vergrämt.

»Ich komme, ich komme. Velázquez, wir machen morgen um dieselbe Zeit weiter.«

Der König und sein Gefolge verließen den Raum in einer Wolke aus raschelnder Seide und klackernden Schuhen, der alte Hund trottete ihnen nach. Velázquez ging hinüber zur Leinwand. Sie war groß wie ein Schiffssegel. Das war es – es war, als würde er Segel setzen, dieses Gefühl, das ihn immer überkam, wenn er vor einer neuen Leinwand stand. Das Gefühl einer vor ihm liegenden, großen Reise. Aufregend, aber auch etwas einschüchternd. Man konnte nie genau sagen, wohin die Reise führte. Und jetzt, in diesem Moment, wenn er allein und das Atelier ganz still war, war es Zeit anzufangen.

Landschaft mit Psyche vor dem Palast des Amor
1664

34
Stell dir vor, du wärst dabei

Claude Lorrain

Psyche legte sich nieder ins taufeuchte Gras und war sofort eingeschlafen. Als sie erwachte, dunkelte es bereits. Sie lag auf einer Lichtung, umgeben von riesigen Bäumen. Zwischen den Bäumen ragte ein Palast gen Himmel. Ein Bauwerk so fremd und zugleich großartig, dass es unmöglich von Menschenhand geschaffen sein konnte. Der Palast leuchtete in der Dämmerung. Psyche stand auf. Wie verzaubert näherte sie sich dem Portal. Drinnen entdeckte sie Decken aus Elfenbein, getragen von goldenen Säulen. Sollte sie eintreten …?

Das ist sie – die Stelle, nach der er gesucht hatte. Claude schließt das kleine Geschichtenbuch. Auf der anderen Seite seines Ateliers steht eine breite, leere Leinwand auf der Staffelei. Zeit, das neue Gemälde für Herzog Lorenzo zu beginnen.

»Was sollt Ihr dieses Mal für mich malen? Hm, überlegen wir mal«, Claudes Auftraggeber, Herzog Lorenzo, schreitet im Zimmer auf und ab. »Ich weiß! Die alte griechische Legende von Amor und Psyche. Ein schattiger Hain. Sonnenuntergang …«

Claude war für seine Landschaftsgemälde berühmt. Natürlich malten auch viele andere Künstler Landschaften. Claude liebte die tiefen, verträumten Blautöne der fernen Meere und Berge in den Gemälden der venezianischen Meister wie Tizian. Aber keiner konnte seine Landschaften mit solch übernatürlichem Licht füllen wie Claude. Wer vor seinen Bildern stand, konnte die Wärme der Sonne und den kühlen Schatten der Bäume förmlich spüren.

»Wisst Ihr, was an Euren Bildern so besonders ist?«, fragte Herzog Lorenzo. »Sie geben mir das Gefühl, als wäre ich dabei, ginge über die Fel-

der und schaute zum Horizont. Und dennoch scheint es auch magisch zu sein, wie im Märchen.« Aber der Herzog konnte sich nie entscheiden. »Vielleicht wäre Sonnenaufgang besser als Sonnenuntergang? Was meint Ihr? Nun, ich überlasse die Entscheidung Euren tüchtigen Händen.«

Claude wurde zwar in Lorraine geboren, lebte aber die letzten fünfzig Jahre vor allem in Rom. Herzog Lorenzo war nicht der erste Bewunderer seiner Werke. König Philipp von Spanien hatte mindestens sieben gekauft, und auch Papst Urban liebte sie. Kunstsammler in ganz Europa stritten sich um seine Werke.

Heute im Atelier denkt er nicht daran. Er denkt an seine Jugend – als er noch im Dunkeln morgens aufstand und durch die Natur außerhalb Roms spazierte. Den ganzen Tag zeichnete er in sein Skizzenbuch. Mit seinen roten, schwarzen und weißen Kreiden skizzierte er schnell auf blauem Papier. Bäume, Felder, Täler und Hügel – die Stadt weit entfernt am Horizont mit ihren großartigen Kirchen und antiken Ruinen.

Häufig begegnete er dabei nur Schäfern, die ihre Herden auf die Weide brachten. Wenn Claude die Seiten seines alten Skizzenbuchs betrachtet, kann er noch immer die Schafglocken klingen und die Nachtigallen im Unterholz schlagen hören. Die Morgen- und die Abenddämmerung waren schon immer seine liebsten Tageszeiten. Beide fühlen sich irgendwie unwirklich an. Das Licht wird sanft stärker oder verblasst, und die Bäume riechen grün und frisch.

Er würde sich an einen Baumstamm lehnen, zeichnen, und nicht spüren, wie die Zeit vergeht. Die höher stehende Sonne warf ihre Strahlen durch das Blätterdach der Zweige. Das Licht funkelte und waberte, wenn sich die Äste im Wind bewegten. Wenn er hungrig war, holte er eine Pastete aus seinem Beutel. Als Claude im Alter von zwölf Jahren zum ersten Mal in Rom ankam, war er Pastetenkoch. Man brauchte Geschick für eine richtig gute Pastete – genau wie für ein richtig gutes Bild – muss die Zutaten mixen, braucht eine leichte und ruhige Hand!

Heute nimmt er wie-
der seine alten Skiz-
zenbücher zur Hand.
Ja, hier ist eine Zeich-
nung von Bäumen
mit feinen, federar-
tigen Blättern, die
das Sonnenlicht sanft
hindurchlassen. Und
hier eine von einer
Burgruine und eine
Zeichnung aus der
Stadt, mit einem Pa-
last von einem Verwandten des Papstes. Das
sind seine Zutaten. Er taucht den Pinsel in die
dünne, braune Farbe und beginnt, auf die
Leinwand zu zeichnen. Amors Palast wird
am Rand stehen – nein, in der Mitte, von
Bäumen umgeben. Das ist ein einsamer Ort,
abgeschnitten vom Rest der Welt … Er könnte
das mit ein paar Bergen andeuten. Dazu sind
diese Zeichnungen von Felsen gut geeignet.
Er wird dafür sorgen, dass sie noch größer wirken.

Etwas fehlt noch. Etwas, das an abgelegene Orte erinnert, an Abenteuer, an das Unbekannte. Damals, als er in Neapel lebte, erinnert er sich,
wie wunderschön das Meer war, vor allem am Abend. Die winzigen Segel
der Boote erschienen ihm wie Geister auf ihrem Flug in den Sonnenuntergang.

Der Liebesbrief
um 1666

35

Je länger du hinschaust

Jan Vermeer

Die neue Lupe ist größer als die alte. Jan Vermeer hebt die Linse in ihrem Holzrahmen hoch und hält sie in Armeslänge vor sich. Es fasziniert ihn immer wieder, wie verändert Dinge durch eine Lupe aussehen. Klarer. Fremder. Er starrt eine Weile auf ein zusammengeknülltes Laken im Wäschekorb, den das Dienstmädchen im Eingang stehen gelassen hat. Das Vergrößerungsglas verwandelt die Falten im Laken in tiefe Täler. Ihr Weiß wirkt wie Sonnenlicht auf einem schneebedeckten Berg. Nicht dass Vermeer jemals einen echten Berg gesehen hätte. Um die Stadt Delft erstreckt sich die Landschaft der Niederlande flach bis zum Horizont.

Heute Morgen hatte er eine Idee für ein Gemälde. Er betrat sein Wohnzimmer durch die Hintertür seines Hauses. Im dunklen Flur hielt er inne, hier war es immer etwas unordentlich. Durch den Eingang schien der Raum leer. Das Dienstmädchen musste jedoch in der Nähe sein, es hatte seine Überschuhe auf der Schwelle stehen lassen und dort stand auch sein Schrubber. Die Laute seiner Frau lag auf den Armlehnen eines Stuhles. Ein Brief stand auf dem Kaminsims, vermutlich wieder eine Zahlungserinnerung – am besten ignorieren.

Vermeer war auch von den Spiegeln fasziniert. Als er sich vom Raum abwandte und sein Spiegelbild betrachtete, hatte er das Gefühl, es nie zuvor genau angeschaut zu haben. Er bewunderte das Schachbrettmuster aus schwarzen und marmornen Fliesen im Spiegel. Der Raum wirkte wie eine leere Bühne. Er schien nur darauf zu warten, dass die Schauspieler mit ihrem Stück beginnen. Einer würde die Laute nehmen, ein anderer den Brief – ein geheimes Schriftstück. Einen Liebesbrief. In seiner Vorstellung nahm die Szene bereits Form an.

»Jan! Jan!«, rief seine Frau von oben.

»Einen Moment noch!«, antwortete er.

Das Dienstmädchen erschien. Es begann zu kehren und schlug mit seinem Besen achtlos gegen die Möbel. Ein Gemälde eines Schiffs auf hoher See hing schief.

Mein Geliebter war ein Seemann.

Er segelte übers Meer so blau.

Wie schade, dass man Musik nicht malen kann, dachte Vermeer. Er beschloss, die Staffelei auf dem Treppenabsatz aufzustellen. Vielleicht nicht der beste Ort zum Malen, aber immerhin ein Anfang. Der Türrahmen, der Flur mit den schweren Vorhängen, um vor dem kalten Winterwind zu schützen, der Kamin, die Schachbrettkacheln … Die Cousine seiner Frau, Katrin, kam zu Besuch. Vielleicht könnte sie mit der Laute Modell sitzen. Und das Dienstmädchen ist vielleicht froh über eine Pause von der Hausarbeit.

Vermeers neue Lupe war ein Geschenk seines Freundes Antoni van Leeuwenhoek, der sich selbst beibrachte, wie man Glas im Feuer formte und daraus Linsen machte. Letzte Woche, als Vermeer ihn besuchte, war van Leeuwenhoek in seinem Studierzimmer und starrte auf eine Art Kupferplatte. »Hier«, er reichte Vermeer die Vorrichtung. »Sag mir, was du siehst.«

Vermeer schaute durch ein winziges Loch in der Platte. Was er durch die Linse sah, wirkte wie ein winziges Stück wunderschöne, grüne Spitze. Verwirrt schaute er auf.

»Schön, was?«, van Leeuwenhoek nickte. »Es ist nur ein Eichenblatt, aber ein Blatt, wie du es noch nie zuvor gesehen hast. Mein Mikroskop zeigt dir alle möglichen Dinge, die es schon immer auf der Welt gibt, die aber bisher unsichtbar waren.« Van Leeuwenhoek zeigte Vermeer einen toten Schmetterling durch sein Mikroskop. Seine Flügel schimmerten wie ein Mantel aus seidigen, kleinen, gelben Federn. Der Gedanke an diese seidige Farbe setzte sich bei Vermeer für Tage fest.

Wie andere ambitionierte junge Maler hatte Vermeer mit der Malerei großer historischer Szenen begonnen. Jetzt malte er jedoch lieber andere Motive – eine junge Frau beim Lesen eines Briefes, eine Dienstmagd, die Milch aus einer Kanne goss. »Was wir holländischen Maler am besten können«, erklärte er van Leeuwenhoek, »wir malen das Leben, wie wir es sehen. Hat das nicht Rembrandt der ganzen Welt bewiesen?«

»Ah, Rembrandt. Welch schmerzlicher Verlust!« Van Leeuwenhoek zupfte den Schmetterlingskörper mit einer Pinzette ab. Erst kürzlich, im Herbst 1669, erreichte ihn aus Amsterdam die traurige Nachricht vom Tod des großartigen Künstlers.

Die Szene mit dem Liebesbrief wird Vermeer viele Wochen beschäftigen. Er malt so langsam, ändert ständig irgendwelche Kleinigkeiten, bis sie genau seinen Vorstellungen entsprechen. Er entwickelt die Farbe Schicht um Schicht mit Ölfarben. Hier und da fügt er schimmernde Lichtpunkte hinzu.

»Tu als ob du fragen willst 'Ist er von ihm?'«, antwortet er Katrin auf die Frage, welchen Gesichtsausdruck er von ihr haben will.

»So kann ich aber nicht eine Stunde lang schauen, Jan«, beschwert sie sich.

Als eine Schmeißfliege an die Fensterscheibe fliegt, denkt Vermeer an van Leeuwenhoek und seine Linsen. Manche Dinge werden umso zauberhafter, denkt er, je länger du hinschaust.

Das Kartenhaus

um 1736–37

36

Das Kartenhaus

Jean Siméon Chardin

Ein schöner Sonntagmorgen in Paris im Frühling 1736. Die Familie Le Noir ist gerade aus der Kirche zurückgekehrt. Zum ersten Mal in seinem Leben freut sich der 13jährige Louis auf den Kirchgang. Sicher ist auch Marie da. Heute hat sie ihn – da ist er sich ganz sicher – angeschaut.

»Marie, Marie, Marie« flüstert er immer wieder vor sich hin.

»Louis! Was murmelst du die ganze Zeit?«, funkelt ihn seine Mutter an. »Zieh den Mantel nicht aus. Du musst für Monsieur Chardin gut gekleidet sein.«

»Mama, wer ist Monsieur Chardin?« Louis befürchtet ein unangenehmes Komplott seiner Eltern, wie einen Besuch vom Zahnarzt.

»Monsieur Chardin?« Sein Vater tritt ans Fenster und schaut auf die Straße. »Monsieur Chardin ist einer der angesehensten Maler Frankreichs. Er ist Mitglied der Akademie. Er ist …«

»Malt er Schlachten oder Schiffsunglücke?«, fragt Louis hoffnungsvoll.

»Schiffsunglücke!« Monsieur Le Noir ist schockiert. »Monsieur Chardin malt das, was wir Kenner als Stillleben bezeichnen.«

»Stillleben?« Das klingt nicht gerade aufregend.

»Ein Stillleben, Louis, ist ein Gemälde von Alltagsgegenständen, die – ähm – wie wir Philosophen sagen, die nicht selbst die Kraft haben, sich zu bewegen. Äpfel zum Beispiel, und Krüge. Und …« Monsieur Le Noir wedelt mit der Hand, als wolle er ein unsichtbares Ei zu Schaum schlagen. »Und Flaschen und tote Fische.«

»Tote Fische? Igitt!«, entgegnet Louis angewidert.

»Einen wunderschönen guten Morgen!«, erklingt eine angenehme Stimme von der Tür. »Mein lieber Le Noir, ich sehe, mein Ruhm ist lange vor mir gestorben.«

Jean Siméon Chardin ist angekommen.

Ist er sauer? Louis weiß es nicht genau. Chardin ist ein dicklicher Mann mit rundem Gesicht. Seine Haut ist rosig und vom Wetter gegerbt wie die eines Gärtners. Er hat Runzelfalten auf der Stirn, dunkle Augenbrauen und ein flinkes, intelligentes Lächeln.

Chardin nimmt gerne ein Glas Wein an, aber sich in Ruhe hinsetzen und den Tag ungenutzt verstreichen lassen, das kommt nicht in Frage.

Louis' Eltern wirbeln um den Künstler herum. Wo soll sich Louis für Monsieur Chardin hinsetzen? An den Esstisch mit der Spitzendecke, dem besten Besteck und Gläsern? Nein? An den Spieltisch.

Wirklich? Aber das ist nur ein einfacher kleiner Tisch. Und die Karten – Monsieur Le Noir hat gestern Abend mit Freunden gespielt. Nur zum Spaß, keine hohen Einsätze. Aber die Karten sind geknickt und abgewetzt. Da wollen wir wenigstens neue besorgen. Nein? Nun gut, wie Monsieur Chardin wünscht.

Chardin erklärt, dass er keinen Aufwand möchte. Hier im Hausflur wäre es perfekt, mit der einfachen Steinwand ohne Vorhänge oder Bilder und dem hohen Fenster – nicht zu viel helles Licht. Vielleicht könnte Louis etwas lesen, während Chardin ein paar schnelle Skizzen in seinem Skizzenbuch anfertigt?

»Oder – sag, Louis, kannst du ein Kartenhaus bauen? Dazu braucht man eine ruhige Hand. Wer als Junge ein Kartenhaus bauen kann, wird als Erwachsener gut mit der Pistole umgehen können, verlass dich drauf.«

Ein Kartenhaus bauen. Chardin weiß, das ist das einzige, was einen Jungen still sitzen lässt – so still wie ein Stillleben –, während er zeichnet.

»Monsieur,« fragt Louis höflich. »Seid Ihr wirklich berühmt geworden, weil Ihr tote Fische gemalt habt?«

»In der Tat«, Chardin nickt. »Mein Bild von einem Rochen hat mir einen Platz in der Akademie eingebracht.«

»Stillleben ist die niederste Form der Malerei.« Das hatten sie in der Akademie immer behauptet. Aber Chardin hatte ihnen gezeigt, dass man ein Stillleben ebenso kunstvoll malen kann wie die Szene einer Schlacht. Einfache Dinge, die wir jeden Tag berühren und sehen, wie ein Apfel oder ein Krug, können mit mehr Tiefgang und intensiveren Gefühlen gemalt werden als die Figur irgendeines schwertschwingenden Kämpfers.

Jetzt möchte Chardin beweisen, dass er auch Menschen malen und zeichnen kann. In seinem Skizzenbuch schattiert er die Falten auf Louis' Ärmel, die Knöpfe und exakten Knopflöcher in dem guten und starken Stoff. Der Junge ist in sein Kartenhaus so vertieft, dass er den Maler ganz vergessen hat.

Die Stille der Menschen. Sie ist noch tiefer als die Stille der Dinge, denkt Chardin. Warum rötet sich das Gesicht des Jungen? Woran oder was mag er denken?

Chardin lächelt in sich hinein. Das geht mich nichts an. Er zeichnet die Karten. Bevor er in seinem Atelier zu malen beginnt, wird er noch ein paar Skizzen zeichnen. Gestern Abend, wie oft sind die Karten von Hand zu Hand gewandert? Welche Hoffnungen hängen an diesen kleinen Bildern von Buben, Königen und Damen!

Le Noir amüsiert Chardin mit seinem Ausdruck »Objekte, die nicht die Kraft haben, sich von selbst zu bewegen«. Zwiebeln, Kupfertöpfe, Obstschalen, Spielkarten. Chardin liebt diese normalen, ruhigen Dinge. Er weiß, es ist der Künstler – und nur ein echter Künstler ist dazu in der Lage –, der ihnen die Macht gibt zu sprechen.

Revolution!

1750–1860

Wissenschaftler wogen, maßen und experimentierten, um genau herauszufinden, wie die Welt funktioniert. Dichter und Schriftsteller beschäftigten sich eher mit nicht messbaren Dingen wie Liebe, Freiheit, Gerechtigkeit und Schöpfergeist. Auch Künstler wurden durch solche Ideen berührt. Und ob sie es wollten oder nicht, auch sie wurden von den großartigen Ereignissen jener Zeit erfasst, von der Französischen Revolution 1789 bis zu den Napoleonischen Kriegen, die im Laufe der folgenden fünfundzwanzig Jahre ganz Europa überrollten.

Als Napoleon im Jahre 1815 bei Waterloo besiegt wurde, veränderte gerade eine andere Revolution das Gesicht Europas. Dampfmaschinen, Fabriken, die Güter produzierten, die dann per Schiff in die ganze Welt geliefert wurden, und schnell wachsende Städte – das war die industrielle Revolution. Manche Fabrikbesitzer brachten es zu unglaublichem Reichtum, für die Arbeiter waren es jedoch schwere Zeiten. Viele emigrierten per Dampfschiff nach Nordamerika, wo Eisenbahnlinien den gesamten Kontinent für weiße Siedler erschlossen. Die Menschen begannen, mehr zu reisen und die Kunst und Kultur anderer Länder zu erforschen. Holzschnitte japanischer Künstler wie Katsushika Hokusai stießen im Europa und Amerika des 19. Jahrhunderts auf großes Interesse.

Die Künstler erlebten eine Welt, die sich vor ihren Augen änderte. Sollten sie nun die neue Welt preisen oder die alte, traditionelle weiter verehren? Im Zeitalter der Revolutionen schien beides wichtig.

Der Tod des Marat
1793

37
Der Sturm und die Ruhe
Jacques-Louis David

Bürger David! Bürger David!«

Wer ruft denn da von der Straße hoch? Irgendwer schreit immer. Was wollen sie dieses Mal? Jacques-Louis Davids ärgerliches Gesicht schaut ihn aus dem Spiegel an. Seine dunklen Augen sind noch furchteinflößender als im Selbstporträt auf seinem Zeichenbrett.

David legt das Brett weg und wischt die Tusche von der Feder. Er wird die Zeichnung später fertigstellen.

»Bürger David!« Es ist Robespierres Sekretär. »Ich habe eine Nachricht für Euch. Dringend!« Robespierre ist Davids Freund. Er ist einer der mächtigsten Männer der Revolution, die König Ludwig in Frankreich vom Thron gestoßen hat. Wenn Robespierre spricht, hört man zu.

»Dann bring sie hoch«, ruft David nach unten und schließt das Fenster.

David wurde hier in Paris geboren. Eine friedliche Stadt war das nie, aber heutzutage spürte man die Gewalt förmlich unter der Oberfläche brodeln, sobald man auf die Straße trat. Wenn einer Paris kontrollieren kann, dann nur Robespierre. Er hat einen eisernen Willen.

Im Januar versammelten sich die Leute auf dem Place de la Revolution, um König Ludwig bei seinem Gang zur Guillotine zuzusehen. Der König hatte geplant, mithilfe ausländischer Soldaten wieder auf den Thron zurückzukehren. »Der Verräter muss sterben!«, verfügte Robespierre. David erinnert sich gut, wie die Menge ganz still wurde, kurz bevor die tödliche Klinge herabrauschte. Der Kopf des Königs fiel in den bereitgestellten Korb – plumps! Die Menge jubelte. Lang lebe die Revolution!

Zu lange hatten Frankreichs Könige ihr Volk in Armut gehalten und hungern lassen, während sie selbst mit ihren adligen Freunden in Saus und Braus lebten. Das wird nie wieder geschehen. Jetzt ist das Volk an der Macht, und Robespierre und die anderen Revolutionsführer werden dafür sorgen, dass es so bleibt. Früher zahlten die Könige und der Adel, damit die Maler sie als mächtige Leute darstellten, und die Künstler fügten sich. David möchte der Revolution dienen. Ein Maler muss die Wahrheit erzählen!

Robespierres Sekretär steht an der Tür, mit rotem Gesicht und von den vielen Stufen ganz außer Atem. Er übergibt David die Nachricht. Es geht um Marat – David kennt ihn gut. Er traut seinen Augen nicht. Marat ist *tot*? Der Sekretär nickt. Scheu beobachtet er David, er will sehen, wie dieser die Nachricht aufnimmt. Er wendet das Gesicht ab.

Erst vor ein paar Tagen hatte David Marat in seinem Haus besucht. Wie immer war er am Schreiben. Seine Schriften inspirierten mutige und großmütige Taten, um den Menschen Gutes zu tun. In der Nachricht steht, Marat sei ermordet worden. Anscheinend sitzt die junge Frau, die ihn umgebracht hat, bereits im Gefängnis. Warum hat sie das getan? Konnte sie wissen, dass ein einziger Stoß mit einem Küchenmesser den Lauf der Revolution verändern würde?

Kurz darauf erhält David eine zweite Nachricht von der Revolutionsregierung, in der man ihn bittet, Marat zu malen. Das Bild soll im Rathaussaal hängen, als Inspiration für die Volksvertreter. Natürlich wird er ihn malen. Wie könnte er der Revolution als Künstler besser dienen? Die

Menschen müssen erfahren, was geschehen ist. Keiner soll es vergessen.

Er geht zu der Kirche, in der Marats Leichnam vor dem Begräbnis aufgebahrt ist. Draußen ist ein heißer Sommertag. Im Gebäude wirkt das feuchte, grünliche Licht wie die blasse Haut im Gesicht des Toten. Marat sieht friedlich aus. Was dachte er in seinem letzten Moment, als sich Charlotte Corday mit ihrem Messer auf ihn stürzte? Er hatte im Bad gesessen und geschrieben. Das tat er oft, denn das warme, mit Hafermehl vermischte Wasser linderte seinen Ausschlag.

David denkt an die Bilder, die er einst von Heldenszenen aus alten Geschichten malte. Das wurde von jungen Künstlern vor der Revolution erwartet. Du konntest einen dramatischen Moment malen, voller Leidenschaft und hoher Ideale, aber jede Person auf dem Bild musste historische Kleidung tragen.

Sein Bildnis von Marat wird anders sein. Es wird den Tod eines modernen Helden zeigen. Sollte er malen, wie Charlotte Corday ihr Messer erhebt, während sich Marat mit bloßen Händen zu verteidigen sucht? Nein, er wird den Moment nach dem Mord malen, Marats letzten Atemzug. Ein Mann, zusammengesunken in einer normalen Badewanne, den Stift noch in der Hand, die frische Wunde auf der Brust. Dieser Freund der Menschen brauchte keinen lackierten, teuren Tisch zum Schreiben, ihm genügte eine alte Holzkiste.

Als David beginnt, Marats Gesicht zu malen, stellt er sich vor, er höre Marat wie früher sprechen. »Ich habe nachgedacht, mein Freund, wie es so friedlich war auf den Straßen, direkt nach der Exekution des Königs, die Menschen waren so ruhig.«

Einen solchen Moment wird Marat malen. Die unwirkliche Stille, wenn etwas passiert ist, das man sich nie vorstellen konnte. Der Moment, in dem man spürt, dass sich das Leben für immer verändert hat.

Die Erschießung der Aufständischen
1814

38

Keine Helden

Francisco de Goya

Jean-Paul Marat starb 1793. In ganz Europa verfolgten Königs- und Adelshäuser voller Unruhe die Ereignisse in Frankreich. Waren sie nun als Nächste dran? Die Französische Revolution verschlang wie ein Monster alles, was sich ihr in den Weg stellte. 1794 wurde berichtet, auch Robespierre wäre unter der Guillotine hingerichtet worden, der Maler Jacques-Louis David säße im Gefängnis. Dann übernahm im Jahr 1799 ein junger Armeeoffizier namens Napoleon Bonaparte die Regierung.

In Spanien war der Hofmaler Francisco de Goya insgeheim von der Französischen Revolution begeistert. Auch sein Land verlangte nach einem Neuanfang. Inzwischen malte er Porträts von König Karl IV. und seinen Höflingen. Ohne ihre Seidenkleider und die gepuderten Perücken waren sie ganz normale Menschen, mit eigenen verborgenen Gedanken und Marotten.

König Karl von Spanien interessierte sich mehr für die Jagd als für die Politik. »Die Französische Revolution wird sich totlaufen«, sagten seine Berater. Peng! Der König feuerte einen Schuss ab. Noch ein Fasan fiel zu Boden. Goya porträtierte den König in stolzer Pose in seiner Jagdbekleidung, während sein Hund zu ihm aufschaute.

Inzwischen wuchs in Frankreich Napoleons Macht. 1804 krönte er sich selbst zum Kaiser. Jacques-Louis David stand wieder in seiner Gunst und Goya hörte, er hätte ein gigantisches Bild von Napoleons Krönung gemalt. Überall redete man über den neuen Kaiser. Er hatte seinen Dienst als bescheidener Soldat angetreten und war jetzt der Führer einer riesigen Armee, mit der er die Italiener, die Österreicher und die Russen besiegt hatte. Napoleon hatte keine Zeit für Schießübungen auf Fasane.

Im November 1807 marschierte Napoleons Armee in Spanien ein, eigentlich als militärischer Partner. »Gemeinsam überfallen wir Portugal und teilen uns die Beute«, hatten die französischen Generäle versprochen. Aber es dauerte nicht lange, bis Napoleon König Karl zum Abdanken zwang und seinen Bruder, Joseph Bonaparte, zum König von Spanien ernannte. Das war nicht die Revolution, wie Goya sie sich erhofft hatte.

Die Menschen in Madrid mochten König Karl nicht besonders, aber einen französischen König wollten sie statt seiner auch nicht. An einem Maimorgen im Jahr 1808 griffen Tausende Bürger Madrids die gerade einmarschierten französischen Soldaten an. Bis zum Abend war der Sieg der Franzosen klar. Sie verhafteten jeden, dessen sie habhaft werden konnten, und bereiteten ihre Rache vor. Noch vor Sonnenaufgang wurden spanische Kämpfer und unbewaffnete Zuschauer von Erschießungskommandos gleichermaßen hingerichtet. Gruppen von Gefangenen wurden durch die Straßen gestoßen – Arbeiter, Ärzte, Lehrer, Priester, Männer und Frauen. Sie wussten nicht, ob sie sterben mussten oder am Leben bleiben durften. Spanien stürzte für die nächsten fünf Jahre in einen Krieg.

Die ganze Zeit über konnte Goya kaum arbeiten. Wer möchte schon mitten im Krieg sein Porträt malen lassen? Stattdessen fertigte er Zeichnungen der schrecklichen Ereignisse an, die er erlebt hatte und von denen berichtet wurde. Dorfbewohner wurden von Soldaten aus ihren Häusern vertrieben, Tote lagen an den Straßen, hungernde und verwundete Menschen und niemand, der ihnen half.

Endlich wurde die französische Armee besiegt und zum Rückzug aus Spanien gezwungen. Eine neue Regierung wurde gebildet, der Goya einen Vorschlag unterbreitete. »Ich möchte malen, was in Madrid geschehen ist, gleich zu Beginn des Krieges.«

Er kannte Davids Gemälde vom Tode Marats, aber er wollte kein Bild von Helden malen. »Ich habe in diesem Krieg nicht viele Helden erlebt«, überlegte Goya. »Ich sah Gewalt, Leiden, Hilflosigkeit. Das ist nicht hel-

denhaft, das ist bedeutungs-los.« Natürlich würde sich die Regierung vielleicht ein Bild wünschen, das das spanische Volk als Helden und die französischen Soldaten als Bösewichte zeigte. Aber für Goya schien das so einfach nicht zu sein. Wer kann schon genau sagen, zu welchen guten oder bösen Dingen ein Mensch in der Lage ist, vor allem im Krieg?

In einer dunklen Nacht freut man sich normalerweise über ein helles Licht. Aber an jenem Abend trugen die Soldaten große Fackeln, um beim Schießen besser sehen zu können. Und die Menschen, die sie erschossen, waren ahnungslos. Da war ein Arbeiter, der versuchte, nach Hause zu gelangen, mit einer Spitzhacke über der Schulter. Die Soldaten vermuteten eine Waffe. »Was wollt ihr von mir?« Er hob die Hände, und die Fackel entzündete sein altes Arbeitshemd.

Goya starrte auf seinen Pinsel. Das war sein Lieblingspinsel. Er hatte es geschafft, ihn unbeschädigt durch den Krieg zu retten. Früher einmal hatte er damit die reichen, goldenen Verzierungen auf König Karls Weste gemalt. »Sehr gescheit, … wie Ihr diesen leuchtenden Effekt hinbekommt«, sprach der König beeindruckt.

Gescheit. Was nützte es, gescheit zu sein?

Vielleicht hatte die Gattin des Mannes sein Hemd am Tag zuvor gewaschen. Er hatte sich gefreut, das frische Hemd am Morgen überstreifen zu können. Als es dunkel war und er noch nicht nach Hause kam, hatte sie Angst um ihn. War der Mann ein Held? Oder war er nur zur falschen Zeit am falschen Ort? Goya konnte sich nicht entscheiden. Die weiße Farbe glitzerte an seiner Pinselspitze.

Der Wanderer über dem Nebelmeer
um 1818

39

Felsen und Steine und Bäume

Caspar David Friedrich

Natürlich, jede, die du willst!« Caspar David Friedrich lächelt. Bereits das fünfte Mal in dieser Woche hat die kleine Nachbarstochter Else an seine Ateliertür geklopft. Jedes Mal mit derselben Bitte.

»Bitte, Herr Friedrich, darf ich die Kitsen anschauen?«

»Die Skizzen«, korrigiert er sie. Sie liebt seine Skizzen von Vögeln und Tieren. Er lässt sie sich immer eine aussuchen, um sie mit nach Hause zu nehmen. Gestern wählte sie eine Zeichnung von einem Spinnennetz. Heute findet sie nur einen Haufen Steine mit einem verkrüppelten Baum und einer traurigen alten Krähe in seinen Zweigen. Ihre Miene hellt sich auf.

Kinder verstehen das Leben besser als wir, denkt Friedrich, als sie gegangen ist. Sie sehen die Dinge mit ihren eigenen Augen. Sie wurden noch nicht gelehrt, was man zu mögen hat und was nicht. Was tut Else mit seinen Skizzen? Viel-

leicht denkt sie sich ihre eigenen Geschichten dazu. »Es war einmal eine alte Krähe …«

Er kehrt zu dem Gemälde auf seiner Staffelei zurück – ein Mann steht auf einem Berggipfel und schaut in die Ferne. Die Idee kam ihm im Traum. Gleich nach dem Aufwachen hielt er sie als kleine Zeichnung in seinem Notizbuch auf dem Nachttisch fest. Dann kopierte er das Bild in Tinte auf Leinwand, ganz schwach. Er vergrößerte es und es wird sich weiter verändern, wenn er daran arbeitet. Aber es ist noch immer das Bild aus seinem Traum. »Du musst ein Bild in deiner Seele sehen, bevor du es mit den Augen erkennst«, erzählt er seinen Freunden.

Friedrichs Atelier ist ein nackter Raum am Stadtrand von Dresden. Rohe Dielen, leere Wände, Fenster, Stuhl, Staffelei. Das ist alles, abgesehen von den am Boden ausgebreiteten Skizzen. Die meisten zeichnete er auf einer Wanderung im Elbsandsteingebirge östlich von Dresden. Sie sind für sein neues Gemälde hilfreich, denn sie erinnern ihn an die exakten Formen der Sandsteinfelsen und die gewundenen Pfade. Ja, er kann die Landschaft vor sich sehen, die Berge, die von Wind und Regen in fantastische Figuren verwandelt wurden. Einer sieht aus wie ein Bär. Ein anderer sieht aus wie das Gesicht eines Mannes, aus dem Nase und Wangen herausragen.

Der Mensch, den er malt, ist er selbst, wie er sich im Traum erschienen ist. Er trug seine beste Samtjoppe, nicht seine alten Wandersachen. Er war allein in den Bergen. Friedrich malt mit sehr feinem Pinsel, um sein Haar im Wind wehen zu lassen. Es fühlt sich an, als stehe er neben sich. Was denkt diese Person, wenn sie in die Ferne starrt? Friedrich sollte es eigentlich wissen. Und dennoch … dennoch kann er es nicht in Worte fassen. Es ist, als wolle er die Hand nach dem Horizont ausstrecken!

Einmal, als Friedrich mit Franz, seinem alten Schulfreund, im Gebirge wanderte, übernachteten sie in einem Gasthof. Als sie erwachten, drückte der Nebel förmlich gegen die Fenster. Sie konnten nichts erkennen. Dennoch marschierten sie los, auf dem Waldpfad, der hoch auf den Berg führte. Kalter Nebel hing in Fetzen an den Bäumen. Als einziges Geräusch vernahmen sie die brechenden Zweige unter ihren Füßen. Endlich traten sie aus dem Wald auf offenes, steiniges Gelände. Der Nebel waberte um sie herum, manchmal dichter, manchmal dünner, als wollte die Sonne ihn durchbrechen. Dann, mit einem Mal, lichtete sich der Nebel. Einen Moment sprachen beide nicht.

»Als wären wir die Könige der Welt!«, sagte Franz schließlich.

»Ich fühle mich nicht wie ein König«, entgegnete Friedrich in Gedanken. »Mir kommt es vor, als wären wir die einzigen lebenden Menschen. Nur wir und …« Er sah sich um. Soweit das Auge reichte, erhoben sich Felsspitzen aus dem dichten Nebel. In der Ferne zeichneten sich graue Berge vor dem blassen Himmel ab. »… und die Seele der Natur.«

»Hmm«, Franz kniete nieder und wühlte in seinem Rucksack. »Sag nicht, ich habe Brot und Käse vergessen … ich bin am Verhungern!«

Friedrich erinnert sich an jenen Morgen, wie sie aus dem Nebel ins Sonnenlicht traten. Es kam ihm vor, als sähe er die Welt zum ersten Mal, mit neuen Augen. Auf einem Berg stellt sich dieses Gefühl leichter ein als hier im Atelier, sicher. Wo ist die Skizze von dem Felsen, der wie das Gesicht eines Mannes aussah? Er kann sie nirgends finden. Ah! Else muss sie mitgenommen haben.

»Sag mir«, fragt er das nächste Mal, als Else ihren Kopf durch die Tür steckt. »Was tust du mit meinen Skizzen? Machst du daraus ein kleines Geschichtenbuch?«

»Oh nein, Herr Friedrich!« Dieser Gedanke war ihr offensichtlich nie gekommen. »Ich wickele mein Spielzeug darin ein!«

Die große Welle vor Kanagawa,
aus der Serie »36 Ansichten des Berges Fuji«
1831

40

Unter der Welle

Katsushika Hokusai

Gefällt dir das Bild – in dem die große Welle gleich auf das kleine Boot klatscht? Ja, das gefällt jedem. Dabei möchte ich wetten, du weißt nicht, wer das Bild gemalt hat. Rate mal. Nein, Hiroshige ist es nicht, definitiv nicht. Noch ein Versuch? Okay, ich verrate es dir. Es war mein Großvater.

Wenn ich erzähle, mein Großvater sei einer der berühmtesten Künstler Japans, fragen mich viele, ob sie vielleicht schon von ihm gehört hätten. Die Frage ist schwer! Er hat seinen Namen mehr als zwanzig Mal geändert. Auf der Seite des Bildes steht. »Von Hokusai, der jetzt den Namen Iitsu trägt.«

Von Katsushika Hokusai hast du schon gehört. Natürlich. Es mag verrückt klingen, aber Großvater glaubt, weil sich der Stil eines Künstlers mit den Jahren ändert, sollte sich auch der Name ändern. Er erzählte mir, er habe im Alter von fünf Jahren zu zeichnen begonnen und nie ein gutes Gemälde hinbekommen, bis er 70 war! Ist das zu glauben? »Wenn ich 110 bin, wird jede von mir gezeichnete Linie zum Leben erwachen«, sagt er. »*Wenn* du dann noch lebst«, entgegnen wir. »Selbst deine Pinsel werden bis dahin einen Krückstock brauchen!«

Er macht gern Scherze, aber einige Dinge nimmt er sehr ernst. Vom Berg Fuji ist er besessen. Ich muss zugeben, das ist wirklich der schönste Berg der Welt. Als hätte ihn sich ein Künstler ausgedacht, mit den geschwungenen Flanken und dem schneebedeckten Gipfel. Großvater muss ihn einfach immer und immer wieder malen und zeichnen. Das Bild von der großen Welle mit dem Berg Fuji in der Ferne war das erste seiner »36 Ansichten des Berges Fuji«. Jetzt hat er eine neue Serie begonnen: »100 Ansichten des Berges Fuji!«

Die *Große Welle* mag ich von seinen Bildern am liebsten. Ich war dabei, als er aus dem Gemälde einen Druck machen ließ. Wir gingen in eine Holzschnitt-Werkstatt, wo der *Horishi*, der die Holzschnitte anfertigt, bereits einen wunderschönen, glatten Block aus Kirschholz vorbereitet hatte. Er kopierte das Bild darauf. Dann begann er zu schnitzen und folgte dabei genau den Linien in Großvaters Bild. Selbst die kleinsten und feinsten Linien schnitt er aus. Für jede Farbe im Bild musste er einen extra Holzblock schneiden – dunkelblau, hellblau, braun, selbst für das weiche, wolkige Grau des Himmels.

Einige Zeit später begleitete ich Großvater erneut, dieses Mal, um dem *Surishi* beim Drucken zuzuschauen. Er brachte Farbe auf die Holzblöcke auf und rieb sie fest, damit sie haften blieb. Großvater beobachtete ihn genau. Nur der kleinste Fehler, und der Druck wäre ruiniert!

Der *Surishi* druckte viele Abzüge von der *Großen Welle*, und alle wurden verkauft. Die dunkelblaue Farbe war neu. Man nannte sie Preußischblau oder Berliner Blau und konnte sie von den holländischen Händlern in Nagasaki kaufen. Vielleicht waren es die Gespräche mit den Händlern, nach denen sich Großvater vorstellte, auf hoher See zu sein. Ich selbst habe ein kleines Fischerboot, ich weiß also, wie das wirklich ist.

Diese Boote in der *Großen Welle* bringen den Fang der Fischer so schnell wie möglich auf den Markt in der Stadt Edo. Das tun sie jeden Tag. Dabei müssen sie immer ein Auge auf die Wellen haben, um nicht unter einen solchen Brecher zu geraten. Mir ist das einmal passiert. Ich wurde über Bord geworfen und vom Wasser immer weiter in die Tiefe gezogen. Meine Lungen drohten zu bersten. »Wenn ich jetzt versuche zu atmen, werde ich ertrinken«, dachte ich. Aber irgendwie gelangte ich im letzten Moment wieder an die Oberfläche.

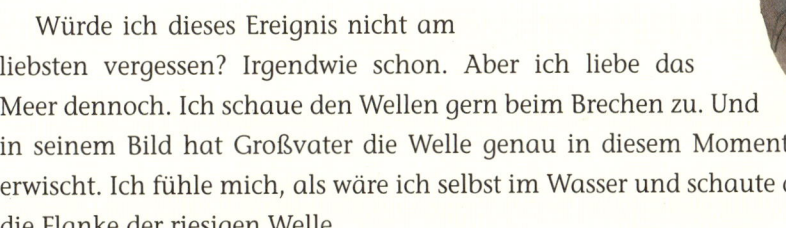

Würde ich dieses Ereignis nicht am liebsten vergessen? Irgendwie schon. Aber ich liebe das Meer dennoch. Ich schaue den Wellen gern beim Brechen zu. Und in seinem Bild hat Großvater die Welle genau in diesem Moment erwischt. Ich fühle mich, als wäre ich selbst im Wasser und schaute auf die Flanke der riesigen Welle.

Wenn es dich interessiert, zeige ich dir mehr von Großvaters Arbeiten. Ich habe da diese Bücher, mit denen er Menschen das Zeichnen beibringt. Schau – er verwendet immer dieselben kleinen Figuren und zeichnet sie in verschiedenen Posen. *Manga* nennt er sie. Und hier ist noch ein Druck vom Berg Fuji, und noch einer, *Fuji im Schnee*. Ob er jetzt ein reicher Mann ist? Leider nicht. Der Kunstgeschmack der Menschen ändert sich ständig – wie der Name des Künstlers. Jetzt wollen die Leute Drucke von Hiroshige. Von ihm habe ich auch ein paar.

Setzt dich, trinkst du eine Tasse Reiswein mit mir? Ich stelle dich irgendwann meinem Großvater vor. Wir trinken auf ihn. Auf … nein, Iitsu klingt nicht richtig. Auf Hokusai. Möge er ewig leben!

Die offene Tür
Vierte Version, April 1844

41

Künstlerische Chemie
William Henry Fox Talbot

Verflixt! Verflixt und zugenäht …«

William Henry Fox Talbot schenkte seiner Frau ein gequältes Lächeln. »Tut mir leid, meine Liebe. Ich bin der Verzweiflung nahe – künstlerisch und auch sonst …«

Seine Zeichnung vom See war Mist! Das Wasser sah aus wie Hafergrütze, die Bäume wie aufgestellte Haarbürsten. Er hatte gehofft, das kleine, clevere Gerät würde ihm helfen. Es hatte Spiegel, die sowohl den Blick als auch das Papier, auf das man zeichnete, reflektierten. Man brauchte eigentlich nur das Bild auf dem Papier nachzuzeichnen … angeblich! Aber die Zeichnung hatte mit dem echten Ausblick nichts zu tun. Sofort war zu erkennen: Hier hat jemand gezeichnet, der es einfach nicht beherrscht.

Aber was wäre … wenn er das Bild einfangen könnte, genau wie der Spiegel die Reflexion einfängt? Wenn er nun das Papier mit einer auf Licht reagierenden Chemikalie überzöge? Talbot hatte immer tolle Ideen. An der Uni studierte er alte Literatur, aber er war auch unglaublich gut in Mathe und Chemie. Zu Hause in Lacock Abbey, dem alten Landsitz der Familie nahe der Stadt Bath, begann er zu experimentieren.

Jeder weiß, dass manche Materialien auf Licht reagieren. »Schau, Constance«, er hob eine Lampe an, die am Fenster auf seinem Schreibtisch stand.

»Was soll ich anschauen?«, fragte seine Frau. Unter der Lampe war ein perfekter, dunkler, glänzender Kreis auf dem Holz zu erkennen, während der übrige Schreibtisch inzwischen verblasst und grau aussah.

»Die Lampe hat einen Kreis hinterlassen.«

»Ja, wir sollten vielleicht einen neuen Tisch kaufen«.

Talbot wusste, dass eine Chemikalie namens Silbernitrat extrem licht-empfindlich war. Er bestäubte ein Blatt Papier mit etwas Silbernitrat. Dann platzierte er ein großes Laubblatt darauf und legte das Papier mit dem Blatt in die Sonne. Eine halbe Stunde später hob er das Blatt hoch. Darunter zeichnete sich wie von Zauberhand seine Form auf dem Papier ab. Das Sonnenlicht hatte das Papier schwarz gefärbt, das Laubblatt konnte es jedoch nicht so leicht durchdringen. Wo das Blatt gelegen hatte, war ein perfekter, blasser Umriss zu sehen.

»Was meinst du?«, er zeigte das Bild seiner Frau.

»Du bist viel besser geworden, das muss ich sagen.«

»Oh nein, meine Liebe, das habe nicht ich gezeichnet.«

»Wer dann?« Sofern sie wusste, hatten sie derzeit keine Gäste im Haus.

»Wir haben einen Künstler unter uns!«

»Einen Künstler? Ich wusste gar nicht, dass jemand gekommen ist. Ver-rate mir, wer er ist …!«

»Sein Name ist Mr. Licht! Diese Zeichnung ist einzig durch das Licht entstanden, ohne jemandes Zutun!«

Constance starrte das Laubblatt auf dem Bild an. In feinsten Details waren die Adern des Blattes zu sehen. Es war wunderschön. Sie hatte etwas Derartiges noch nie gesehen.

Talbot hatte eine Idee. Er legte ein Papier mit speziellem Überzug in eine Kiste mit einem kleinen Loch an der Seite, durch das Licht eindringen konnte. Dann stellte er die Kiste vor ein hohes Fenster. Wie ein Blatt hatte das Fenster viele kleine Unterteilungen mit Trennlinien dazwischen. Das

Sonnenlicht schien durch das Fenster und das Loch in die Kiste und darin auf das Papier.

Als er das Papier herausnahm, erkannte er ein Bild von dem Fenster. Nur war es umgekehrt, mit dunklen Flächen, wo das Licht einfiel, und hellen Formen, wo der Fensterrahmen das Licht blockiert hatte. Nach weiteren Experimenten wusste Talbot, wie er das umgekehrte Bild in eines verwandelte, das genau wie die Wirklichkeit aussah, nur in Schwarzweiß. Aber ein Problem gab es. Weil es so lange dauerte, bis das Sonnenlicht mit den Chemikalien reagierte, konnte er kein Foto von etwas machen, was sich bewegte.

Aber war das wirklich ein Problem? Er liebte die Gemälde von Vermeer und anderen holländischen Malern des 17. Jahrhunderts. Vermeers Haus muss immer in Bewegung gewesen sein – er hatte elf Kinder! – in den Gemälden war jedoch alles still. Ein Krug auf dem Tisch, ein Bild an der Wand. Und jedes Objekt war mit derselben Sorgfalt gemalt. »Das Auge des Malers bleibt häufig an Dingen hängen, die normale Menschen gar nicht als besonders wahrnehmen«, dachte Talbot.

Unruhig lief er durch sein großes, altes Haus und in den Stallhof. Die Knechte spannten die Pferde in den Wagen ein. Der Geruch von frischem Gras wehte von den Wiesen herüber. An der Stalltür hielt er inne. Jemand hatte einen Besen im Gang liegen gelassen. Er nahm ihn auf und lehnte ihn an die Wand. Diese Szene war viel zu gewöhnlich, als dass sie es wert war, aufgezeichnet zu werden. Vermeer jedoch – er hätte ihren Charme verstanden. Talbot war aufgeregt. Er konnte sich das neue Meisterwerk genau vorstellen, das bald mit dem Pinsel des Lichts gemalt werden würde.

Schneesturm auf dem Meer
1842

42

Euch zeige ich's!

Joseph Mallord William Turner

Selbst im Hafen, direkt an der Mole, wogte das Wasser im Sturm auf und ab. Die Flanken des Dampfschiffes schrammten an der Hafenmauer ab. »Vorsicht, Sir!«, rief der Maat einem alten Mann zu, der an Bord kommen wollte. »Pass lieber auf dich auf!«, antwortete der Alte übel gelaunt und griff nach einem Seil. Mit einem merkwürdigen Plumps sprang er an Deck. Er richtete seinen Regenmantel auf den Schultern und zog den Hut mit beiden Händen fest.

»Gib dein Schlimmstes!«, rief er den dunklen Wolken am Himmel entgegen.

Er atmete tief ein. Salzige Gischt, Seegras, Fisch, Teer. Der uralte Hafengeruch. Und Kohlenruß. Fettiger, schwarzer Kohlenruß, gemischt mit heißem Dampf. Dieser Geruch war neu, als er vor sechzig Jahren selbst noch ein Junge war. Jetzt traf man ihn überall. Am Meer, in den Städten, selbst auf offenen Feldern entlang der neuen Eisenbahnstrecken, die aus den Städten in alle Richtungen führten.

J. M. W. Turner – Professor Turner an der Royal Academy in London – war ein großartiger Maler, da waren sich die meisten einig. Seine neuen Gemälde waren allerdings nicht immer sofort zu erkennen. Früher war das anders, als er Szenen malte, bei denen man sofort sagen konnte, was es war – eine Kirche in einem Tal zum Beispiel oder eine Küstenlandschaft mit Fischerbooten. Turner war berühmt dafür, wie er Atmosphäre malte. Er konnte einfangen, wie die Morgensonne durch Nebel schien, oder die dunstige Luft eines heißen Sommerabends. Das Problem war, auf Turners neuen Gemälden schien es außer Atmosphäre nichts weiter zu geben – fast gänzlich ohne erkennbare Formen.

Der Maat betrachtete den alten Mann, der sich auf einer Seilrolle niedergelassen hatte. »Sir, ich würde an ihrer Stelle nach unten gehen. Es wird sicher heftig, wenn wir aufs offene Meer gelangen.«

Als das Dampfschiff entlang der Küste von Essex auf die Nordsee tuckerte, wurden die Wellen größer und größer. Eine Welle trug es nach oben, bevor es ins Tal fiel, umgeben von riesigen Wellengebirgen. Der Wind frischte auf. Eisiger Graupel verdichtete sich zum Schneesturm.

Professor Turner von der Royal Academy saß auf einem zusammengerollten Seil und starrte hinaus. Wohin? fragte sich der Maat. In den dicken Schneeflocken gab es sicher nichts zu sehen. Zum Glück dauerte die kurze Fahrt entlang der Küste zum nächsten Hafen nicht lang.

Als junger Mann war Turner Kulissenmaler in einem Theater. William Shakespeares Stück *Der Sturm* hatte er immer gemocht, in dem der Zauberer Prospero einen fürchterlichen Sturm auf dem Meer heraufbeschwor, um das Schiff seiner Feinde zu zerstören. Weil es jedoch ein magischer Sturm war, wurde niemand verletzt. Vom Wind getrieben, biss der eisige Schnee in Turners Gesicht und entfachte seine Fantasie. Er würde diesen Sturm malen. Die salzige Gischt, den Schnee, den Qualm und das kleine Boot, das zwischen den Wellen herumschaukelt. Es sollte ein Bild sein, in dem sich zwei erstaunliche Kräfte gegenüberstehen – die Kraft der Natur und die des Dampfschiffes, das scheinbar unaufhaltsam durch den Sturm tuckert.

Als Turner sein Gemälde von dem Dampfschiff im Sturm 1842 an der Royal Academy präsentierte, hatten die Betrachter Probleme, es zu verstehen. »Soll dieser dunkle Klumpen in der Mitte ein Boot sein? Turner ist angeblich ein Genie, warum malt er dann nicht ordentlich? Man sieht gar nicht, welche weißen Flecken Wellen und welche Himmel sein sollen.«

»Das ist doch nichts als Seifenschaum und Tünche!«, rief jemand.

»Seifenschaum und Tünche!«, grummelte Turner, als ihm ein Freund von diesem Kommentar berichtete. »Ich frage mich, wie die sich das Meer vorstellen. Ich wünschte, sie wären mittendrin gewesen.«

Turner erzählte gern die dramatische Geschichte vom Dampfschiff. »'Bindet mich an den Mast,' befahl ich der Crew, 'ich will den Sturm in seiner ganzen Macht erleben.' Anfangs hörten sie nicht auf mich, dann aber gaben sie nach. Ganz ehrlich, ich hatte nicht gedacht, da lebend herauszukommen.« Jedes Mal, wenn er die Geschichte zum Besten gab, wurden der Sturm stürmischer und die Wellen wilder.

»Turner ist natürlich ein Genie«, tuschelten die Leute. »Aber er ist einfach – naja – ein bisschen verrückt.«

Turner erriet natürlich, was die Leute redeten. Was kümmerte es ihn? Er lebte ruhig und gelassen in seinem Haus im Dörfchen Chelsea an der Themse. Er skizzierte die Schiffe auf ihrem Weg nach London. An der Royal Academy gab es einen Vortrag über einen Mann namens Talbot. Er hatte eine neue Wissenschaft erfunden, bei der er mit Licht zeichnete. Wie nannte er das? Foto-gummi-irgendwas? Das würde sich nie durchsetzen!

An diesem Abend hing die Sonne rot an einem klaren, kalten Himmel. Turner ging zum Fluss hinunter. Plötzlich war er wütend. »Seifenschaum und Tünche!«, schrie er in die frostige Luft. »Ich werde es euch zeigen!«

Seine Worte waren begleitet von kleinen Dampfwölkchen.

London

England (frühes 19. Jh.)

Zu Beginn des 19. Jahrhunderts wurde Großbritannien von der industriellen Revolution verändert. Zur Lebenszeit Turners verdoppelte sich die Größe Londons. Das Dorf Chelsea an der Themse, wo Turner achtzehn Jahre lang gelebt hatte, wurde ein Teil der großen Stadt.

Schneller!

Um 1797 zeichnete Turner die Old Battersea Bridge, die letzte Holzbrücke über die Themse. 1844 malte er einen Dampfzug bei der Überfahrt über den Fluss. Das Leben wurde schneller!

Dampf statt Segel

Die industrielle Revolution wurde von der Dampftechnik getrieben. Pferdekutschen wurden durch Dampfzüge ersetzt, Dampfschiffe traten an die Stelle von Segelbooten.

Die große Stadt

Immer mehr Menschen siedelten vom Land in die Stadt über, um in den Fabriken Arbeit zu finden. Die Städte wurden noch überfüllter und schmutziger. Nur wenige Künstler malten das Stadtleben, wie es wirklich war.

Schöne Aussicht

Mit der Industrialisierung Großbritanniens verließen immer mehr Menschen die ländlichen Gegenden. Für Fischer und Bauern war das Leben schwer, aber Touristen konnten die schöne Aussicht genießen.

Zeit des Umbruchs

Das erste Dampfschiff befuhr 1815 die Themse. Turner war fasziniert vom Kontrast zwischen Segel und Dampf, zwischen Alt und Neu.

Inspiration durch die Natur

Turner und viele seiner Zeitgenossen reisten viel und füllten ihre Skizzenblöcke mit Zeichnungen und Aquarellen von Flüssen, darunter die Themse, Bergen, Küsten, Burgruinen und atemberaubenden Ausblicken.

Die Begegnung
1854

43
Der Plan
Gustave Courbet

Die Schatten der Bäume entlang der staubigen Straße werden kürzer. Das Blau des Himmels wird heller, härter. Am Beginn eines heißen Tages kann Gustave Courbet spüren, wie die Felder an der Straße bereits ihre Hitze abstrahlen. Er hat versucht, die richtigen Worte für das zu finden, was er Alfred Bruyas zu sagen hat. Immer wieder geht er sie im Geist durch.

Meine Gemälde sollen von der Zeit erzählen, in der wir leben. Nein, das trifft es nicht genau. Wie wäre es mit *Ich will die Menschen malen, wie sie wirklich sind*? Vielleicht. Er kickt einen Stein beiseite und schaut zu, wie er ins trockene Gras rollt. *Ich möchte lebendige Kunst schaffen. Das ist mein Ziel!*

»Guten Morgen!«, ruft Courbet einem alten Mann zu, der einen Esel an ihm vorüberführt. Der Mann nickt nur kurz. Er und sein Esel sind auf dem Weg zum Markt in der nahen Stadt Montpellier in Südfrankreich. Beide sehen müde aus.

Courbet eilt weiter, während sein dichter, dunkler Bart vor Aufregung wippt. Sie haben so viel zu besprechen, sein Freund Alfred Bruyas und er. Sein neuer, reicher Freund, zufällig ein enthusiastischer Kunstsammler. Gemeinsam werden sie die französische Öffentlichkeit schockieren. Sie werden die allgemeine Meinung über Kunst für immer verändern.

Das ist ihr Plan – zumindest Courbets Plan, den Bruyas anscheinend unterstützt. Sie werden einen großen Pavillon mieten und mitten in Paris aufstellen. Darin wird Courbet seine Gemälde ausstellen. Bruyas kann seine eigene Kunstsammlung zeigen, die bereits einige grandiose Werke von Courbet enthält. Eine perfekte Kombination!

Courbet hat ein triumphierendes, schelmisches Glänzen in den Augen. Er kann die Kommentare der reichen Pariser über seine Gemälde von Bauern und Arbeitern bereits förmlich hören. »Oh, wie abscheulich!«, werden sie ausrufen. »Sieh nur das hässliche, rote Gesicht dieses Mannes! In einer Kunstgalerie möchte ich schöne Bilder sehen. Nicht diese grobschlächtigen, abstoßenden Armen. Igitt!«

Ist das in der Ferne Bruyas, der auf ihn zukommt? Courbet schreitet voran und schwingt seinen Spazierstock. Es freut ihn, mit seinen Gemälden die aufgeblasenen Städter zu schockieren, das muss er zugeben. Aber warum sind sie eigentlich schockiert? »Ich male doch nur die Wahrheit«, denkt er. »Schwer arbeitende Bauern können sich nicht mit Puder und Lockenstab aufhübschen. Echte Menschen haben Hängebäuche und fette Hinterteile. Sie sehen nun mal nicht aus wie griechische Götter aus Porzellan.«

Hah! Diese verwöhnten Pariser werden noch mehr geschockt sein, wenn sie von dem Plan erfahren. Courbet und seine Freunde glauben,

durch ihre Kunst und ihre Schriften den Weg für eine bessere und vor allem gerechtere Welt zu ebnen. In dieser Welt werden Bauern und Fabrikarbeiter angemessen entlohnt. Außerdem werden die eleganten Menschen, die den ganzen Tag in Cafés und Geschäften umherstolzieren – und … oh, auch in Kunstgalerien natürlich – nun, sie werden begreifen, dass sie bei weitem nicht so wichtig sind, wie sie denken. Courbet und Bruyas, der Bauernsohn und der Bankierssohn, werden diese Revolution anführen, wie Soldaten, die sich um den ersten Feindkontakt streiten. Jawohl!

»Oder man könnte es auch so sehen«, denkt Courbet. »Ich, der Künstler, reise wie ein Handwerker von Stadt zu Stadt und verbessere mit meinem Können die Welt. Ich arbeite viel, aber ich bin frei. Ich habe keinen Meister, der mir Befehle gibt.« Auf seinem nächsten Bild wird er sich selbst als reisenden Maler mit seinem Handwerkszeug auf dem Rücken auf einer staubigen Straße darstellen, beschließt er. Er wird Bruyas malen, der ihn begrüßt – die Begegnung zweier großer Köpfe! Bruyas wird gut gekleidet sein, nachdenklich, darauf bedacht, von Courbet neue Ideen zu erfahren. Auch sein Diener wird dabei sein, etwas unbeholfen in seiner besten Kleidung, aber ebenso Teil des Gemäldes wie sie beide.

Er wird das Bild schnell malen, wie immer. Vielleicht kann er es schon diese Woche fertigstellen und Bruyas zeigen.

»Ein lebendes Kunstwerk!« Courbet schwingt seinen Stock, als zöge er in den Kampf.

Zwei Mädchen gehen zum Markt, Arm in Arm, sie kichern über den verrückten Maler. »Meine Damen!« Courbet zieht seinen Hut und verneigt sich. »Ich hoffe, Sie eines Tages porträtieren zu dürfen!«

Die Mädchen gaffen ihn an und gehen schnell weiter.

»Sie werden zu lebenden Kunstwerken!«, ruft er ihnen nach.

Wie viel kostet der Pavillon   fünfzigtausend Francs? Wenn er Bruyas überreden könnte, sagen wir … dreißigtausend beizusteuern … Hmm. Courbet rechnet das schnell im Kopf durch. Wenn er die meisten seiner Gemälde verkaufte, käme ein guter Gewinn heraus. Das wird die Pariser erschüttern. Das Merkwürdige ist nur, sie sind geschockt, aber dann … kaum zu glauben … kommen sie wieder und verlangen mehr …

Niagara
1857

44
Jeden Cent wert
Frederic Edwin Church

Die Menschenschlange windet sich am Lower Broadway um einen ganzen Häuserblock und kommt nur langsam voran. New York schwitzt im schönen Maiwetter. Jeder vorüberfahrende Wagen wirbelt Staub von der Straße auf und bringt die Leute zum Husten.

Wir warten alle geduldig auf unsere Chance, endlich Frederic Edwin Church zu Gesicht zu bekommen. *Niagara* wird in einer Galerie entlang der Straße gezeigt. Mr. Church ist noch jung, dennoch aber schon einer der berühmtesten Künstler Amerikas. Er ist viel gereist und hat dabei unser Land gemalt – unglaubliche, inspirierende Szenen von Bergen, Flüssen und Orten, die zu besuchen wir kaum zu träumen wagen. In diesem Moment im Frühling 1857 habe ich mich entschieden, später auch Künstler zu werden. Natürlich habe ich schon Bilder von Mr. Church in einer Zeitschrift gesehen, aber zum ersten Mal werde ich eines in echt vor mir haben.

An einer Wand verkündet ein Plakat, dass ein Eintrittspreis von 25 Cent erhoben wird – für das Privileg und die Freude, sein Bild *Niagara* betrachten zu dürfen. Vor mir wartet ein Junge mit seinen Eltern. Er zwickt seine Mutter in den Arm. »Fünfundsiebzig Cent! Davon könntest du eine Kiste Soldaten kaufen!«

»Es wird jeden Cent wert sein, junger Mann!«, beharrt sein Vater streng. »Mr. Church ist ein Held. Er reiste in die Anden. Er kämpfte sich durch Wälder und Dschungel – und das mit nichts als einem Skizzenbuch als Abwehr gegen Bären und Schlangen. Seine Gemälde machen mich stolz,

Amerikaner zu sein. Drüben in Europa haben sie ihre alten Kathedralen, aber Mr. Church hat bewiesen, dass unsere großartigen Naturwunder nicht weniger beeindruckend sind.«

Während der Vater seinem Sohn eine Lektion erteilt, bemerke ich einen Mann neben mir, der leicht amüsiert dreinschaut. Er trägt einen buschigen Backenbart und einen lockeren Schlips. Irgendwo habe ich ihn bereits gesehen, da bin ich mir sicher. Dann fällt es mir ein. *Er* ist es – von dem Foto in der Zeitschrift. Ich hatte das Bild sehr eingehend betrachtet, denn ich musste alles wissen, was es über das Künstlersein zu wissen gab – wie sich ein Künstler kleidet, wie er aussieht. »Sie sind Mr. Church, stimmt's?«, flüstere ich. Der Mann presst seinen Zeigefinger an die Lippen, damit ich ihn nicht verrate.

Als wir die überfüllte Galerie betreten, geht Mr. Church weit nach hinten. Ich passe auf, dass ich bei ihm bleibe. »Weißt du«, sagt er zu mir, obwohl er eigentlich mit sich selbst spricht. »Wenn ich in New York bin, gehe ich jeden

Tag in mein Atelier. Da bin ich mit meinen Bildern allein, den ganzen Tag. Heute Morgen dachte ich also, 'Mal sehen, wie mein Bild allein in der Welt zurechtkommt'.«

Über die Köpfe der Besucher hinweg kann ich *Niagara* sehen. Jedes Detail ist scharf wie ein Foto – nur viel größer als jede Fotografie – und die Farben leuchten, als schiene ein Licht durch sie hindurch. Das Wasser, das über die Kante der Wasserfälle stürzt – prickelnd weiß, grün wie Glas – lässt den muffigen Raum frischer und kühler wirken. Ich weiß nicht, wie Mr. Church das geschafft hat. Der regenbogenfarbene Nebel fühlt sich so luftig an. Das ist mehr als real.

Ich nehme meinen ganzen Mut zusammen. »Wie war es an den Niagarafällen, Sir?«, frage ich ihn.

»Unbeschreiblich!«, antwortet er. »Stell dir vor, das Wasser donnert so laut, dass du deine Gedanken nicht mehr hören kannst. Diese großen beweglichen Wasservorhänge – sie machen dich so klein!« Er zeigt mit der Hand, wie sich Daumen und Zeigefinger fast treffen. »Die Gischt fliegt in Wolken auf und durchnässt deine Kleidung. Das war sicher eine der erbaulichsten Erfahrungen meines Lebens. Es war …« Er schüttelt den Kopf. »Es war, als wäre Gott bei mir!«

In meinem Kopf vermischt sich das Rumpeln der Wagenräder vor dem Haus mit dem tiefen Grollen der Wasserfälle und der gigantischen Kraft des fließenden Wassers. In der Warteschlange war ich ungeduldig. Jetzt ist es umgekehrt. Ich vergesse völlig die Zeit. Ich betrachte die anderen Besucher – die Männer und Frauen mit ernsten, erleuchteten Gesichtern wie die von Menschen in einer Kapelle.

Viel später gehe ich selbst auf Reisen. »Wenn du ein Künstler sein willst«, sagten die Leute, »reise nach Paris.« Dorthin fahre ich also. Ich kann nicht glauben, dass hier keiner von Frederic Edwin Church gehört hat. Und ich stelle fest, dass alles, was ich an *Niagara* so bewundert habe – seine Größe, seine erstaunlichen, leuchtenden Details, seine edle Sicht auf die Natur – all das gilt unter jungen Künstlern in Paris als altmodisch. Ich schäme mich zu sagen, dass ich mein Loblied auf Church aufgegeben habe. Aber weißt du, ich bin nie wieder von einem Gemälde so beeindruckt gewesen wie an jenem Tag beim ersten Anblick von *Niagara*.

Mit anderen Augen sehen

1860–1900

Von allen Maschinen und Geräten, die während der industriellen Revolution neu entwickelt wurden, brachte die Kamera die größten Veränderungen für Künstler mit sich. Zum ersten Mal seit den Höhlenmalern gab es eine Möglichkeit, Dinge so aufzuzeichnen, wie sie wirklich aussahen. Und was die Details angeht, brauchte die Kamera nur eine Sekunde um dasselbe darzustellen, wofür ein Maler Tage oder Wochen brauchte – eine Wimper, einen Ohrring, einen Grashalm. Als van Eyck oder Dürer diese Details gemalt hatten, waren alle von ihrem unglaublichen Können begeistert. Nun konnte das plötzlich jeder Fotograf.

Die ersten Fotografen konnten aber noch keine lebendigen Farben oder die Stimmung an einem Sommernachmittag am Fluss einfangen. Die Malerei schlug eine neue Richtung ein. Statt das Aussehen der Dinge im Bild festzuhalten, wollten Künstler zeigen, was die Menschen beim Betrachten fühlten. Ein Gemälde konnte mehr sein als nur ein Bild von etwas wie einer Blumenvase. Das Gemälde an sich konnte schon eine Erfahrung sein, die sich aus der Farbe ergab – all die Tupfen und Farbstriche, die Strukturen und Formen.

Künstler wollten den Akt des Anschauens so spannend, fremd und schön gestalten, dass die Menschen ihre Welt mit neuen Augen sahen. Maler experimentierten mit allen möglichen Pinselstrichen und verschiedenen Farbkombinationen. Bildhauer arbeiteten mit traditionellen Materialien wie Stein und Ton, um neue Visionen der menschlichen Form zu gestalten.

Die Wiege
1872

45

Die Wiege der Kunst

Berthe Morisot

Welche Bilder soll ich in der Ausstellung zeigen?« Berthe Morisot wollte die Meinung ihrer Schwester hören. Edma wusste das besser als sonst jemand. Sie hätte selbst auch Malerin werden können. Wie schade, dass sie jetzt nie mehr zu Pinsel und Farbe griff.

Die Ausstellung, die Berthe und andere junge Künstler im April 1874 planten, würde sich völlig von der offiziellen Ausstellung, dem sogenannten jährlichen Salon de Paris, unterscheiden. Wie jeder wusste, akzeptierten die Kuratoren des Salons nur bestimmte Arten von Gemälden. »Langweilige Bilder für Dickköpfe«, so formulierte es Berthes Freund Édouard Manet. Für die Lieblingskünstler der Kuratoren fand er noch härtere Worte.

»Ich bin nicht sicher, ob ich das gutheißen soll, Monsieur Manet.« Für Berthes und Edmas Mutter sollten junge Männer lieber höflich und amüsant sein. Vor allem durften sie »keinen Staub aufwirbeln«. Madame Morisot lud gern höfliche, junge Männer zum Essen ein in der Hoffnung, einer von ihnen würde Berthe heiraten. Nach Edmas Hochzeit wurde von Berthe dasselbe erwartet. Noch dazu hatte Edma bereits zwei hinreißende Kinder!

Was stimmte nicht? Berthe war so hübsch. Nur sollte sie aufhören, die Stirn zu runzeln, wenn sie malte. Laut Madame Morisot wünschten Männer sich Frauen, die nicht zu ernst dreinschauten. Oder zu künstlerisch. »Kunst ist schön und gut«, pflegte sie zu sagen. »Aber im Gegensatz zu den Freuden der Mutterschaft hat sie für gut erzogene, junge Frauen keine Zukunft.«

Edma war sich sicher, was auch immer Mama dachte: Berthe tat Recht, dass sie weiter malte. Sie war so talentiert. Monsieur Corot, der letzte Lehrer ihrer Schwester, hatte erkannt, dass Berthe eine echte Künstlerin war und es ernst meinte. Wie schnell sie von ihm gelernt hatte, mit diesen federleichten Strichen zu malen. Welch genaue Vorstellung sie von ihren Motiven hatte – die Orte, die sie und Edma gemeinsam besucht hatten, ihre Familie und ihre Freunde.

Berthes Gemälde gaben dir das Gefühl, sich über dieselben Dinge freuen zu können wie sie. Ein Picknick im Freien, im Schatten sitzen und lesen, Kindern beim Spielen zuschauen. Die Bilder zeigten Momente, in denen du dich des Lebens freust, wenn das Leben fließt und dich einfach mitreißt.

»Du kennst mein Lieblingsbild.« Edma lächelte. »Das von Blanche in ihrer Wiege.«

Edmas kleine Tochter Blanche war jetzt zwei Jahre alt. Doch schien es fast gestern gewesen zu sein, als Berthe sie als Säugling gemalt hatte, der ruhig schlief, während Edma zuschaute. An jenem Tag trug ihre Schwester eine wunderschöne Seidenjacke, um auszugehen und Freunde zu besuchen. Der Wagen wartete bereits, aber Edma konnte ihre Augen nicht von der Wiege lösen. Sie hatte keine Angst, Blanche zurückzulassen. Überhaupt nicht. Sie konnte nur nicht aufhören, sie anzuschauen, als wollte sie keinen Atemzug oder die kleinste Regung im Gesicht des schlafenden Kindes verpassen.

Manet bewunderte Berthes Gemälde. »Mir gefällt, wie du deine Schwester und ihr Kind so verschieden gemalt hast«, sagte er. »Edmas Porträt ist voll ausgeformt, während das Kind wie eine Skizze wirkt. Wie neues Leben, ganz zart. Und Edmas Hand an der Wiege – du lässt sie aussehen, als wären selbst ihre Finger in Gedanken verloren! Weißt du«, er lachte, »es tut gut, mal ein Porträt einer schönen Frau zu sehen, die nicht im geringsten an sich selbst denkt.«

»Oh, nicht wie ich, meinst du?« Berthe hatte nichts gegen seine kleinen Scherze. Manet

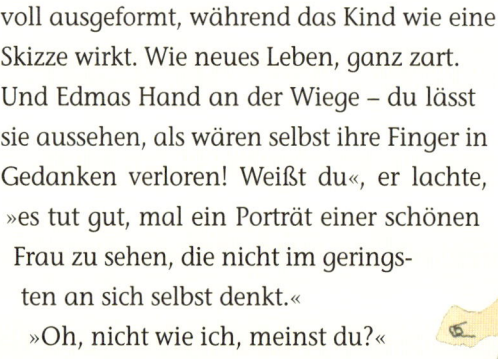

hatte Berthe vor kurzem selbst gemalt, in einem tollen, schwarzen Kleid mit einem Veilchenstrauß. Anders als in Edmas Porträt ruhten Berthes Augen aus dem Bild direkt auf dem Betrachter. »Ich vermute«, meinte Manet, »die Kunstwelt wird dir sehr bald zu Füßen liegen.«

Ungefähr zu der Zeit, als Berthe *Die Wiege* malte, bat der Kunsthändler Paul Durand-Ruel, ihre Bilder in seiner Galerie ausstellen zu dürfen. Sie konnte nicht glauben, welche hohen Preise er für ihre Gemälde ansetzte. Sie waren höher als die der anderen Künstler der Galerie – und das waren alles Männer. »Siehst du?«, sagte sie zu ihrer Mutter. »Du hattest nicht Recht.« Madame Morisot hatte immer behauptet, Berthes Malerei sei zwar ein schönes Hobby, es würde ihr aber nie Geld einbringen.

Berthe und die anderen Künstler, die gemeinsam die Ausstellung planten, hatten vieles gemeinsam. Sie wollten die Stimmung einer Szene einfangen, und nicht alle winzigen Details in Kleidung und Gesicht der Menschen aufzeichnen. Wenn es nur um Details geht, könnte man doch ein Foto machen, oder? Wie Berthe wollten sie, dass ihre Gemälde einen Eindruck des Moments hinterließen, voller Leben, in dem das Sonnenlicht die Farben aufwirbelt und sich die Luft zu bewegen scheint.

»Du meinst, ich soll *Die Wiege* ausstellen?«, drang Berthe weiter auf ihre Schwester ein.

»Ich glaube«, Edma äffte Manets Stimme nach, »du wirst sehr bald …«

»Hör auf!«, rief Berthe und errötete.

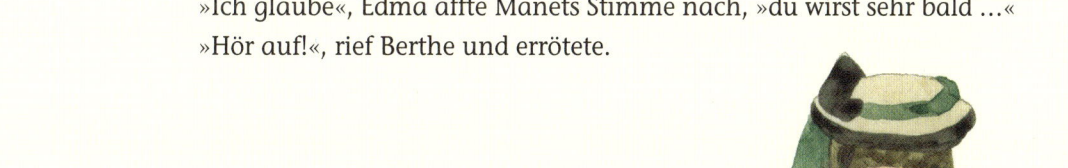

Bahnhof Saint-Lazare in Paris
1877

46

Die freie Natur

Claude Monet

Jetzt, da du über mich Bescheid weißt, will ich dir von meinem Freund Claude Monet erzählen. Heute kennt natürlich jeder Monet. Und es war ihm auch sehr wichtig, einen bleibenden Eindruck zu hinterlassen. Eines Morgens im Jahr 1877 marschierte er zum Beispiel in das Büro des Bahnhofsvorstehers in Paris Saint-Lazare. Er trug seinen besten Anzug und schwang einen goldenen Spazierstock. Äußerst selbstbewusst! Der arme Vorsteher wurde förmlich überrannt. Monet überredete ihn, die Züge unter großen Dampfwolken so ankommen und abfahren zu lassen, dass er die Szene malen konnte. Stell dir das vor – auf einem der größten Bahnhöfe in Paris!

Selbst wenn Monet etwas übertrieb, ich muss trotzdem immer an diese Geschichte denken, wenn ich eines seiner Gemälde von Saint-Lazare sehe. Er arbeitete wie verrückt und malte elf Bilder. An diesem hier gefällt mir, wie er den Dampf dargestellt hat, der leicht unter das hohe Bahnhofsdach schwebt, dazu der Himmel und die hohen Gebäude im Hintergrund – diese Ruhe vor dem Durcheinander des Bahnhofs. Schau mal, wie er die glänzenden Schienen gemalt hat, das Glitzern von Stahl und Glas

– nur mit ein paar Pinselstrichen. Unter freiem Himmel an einem ruhigen Flussufer zu malen, ist nämlich die eine Sache. Monet musste jedoch beweisen, dass er das auch an einem geschäftigen Bahnhof beherrschte. Ein wirklicher Maler der Moderne – ein echter Impressionist!

Was ein Impressionist ist? Ich erkläre es dir. Als wir – Monet, ich und noch 28 weitere Maler – mit unserer Gruppe 1874 unsere erste Ausstellung organisierten, rümpften die Menschen bei unseren Bildern die Nase. Einige verstanden jedoch unsere Arbeiten und warum unsere Ausstellung sich so sehr vom offiziellen Salon unterschied. Unsere Gemälde erzählten keine Geschichten. Wir füllten sie nicht mit auf Hochglanz polierten Details. Stattdessen wollten wir das Gefühl malen, das sich beim Anblick des Motivs einstellte – das Gefühl eines einzigen Moments, wenn Formen, Farben und Bewegungen, Licht und Schatten in einer Impression zusammenkommen. *Impression, Sonnenaufgang* – diesen Titel gab Monet seinem Gemälde eines Nebelmorgens am Hafen in Le Havre, an dem sich die rote Sonne im Meer spiegelt. Kunstkritiker begannen, uns alle als 'Impressionisten' zu bezeichnen, und der Name ist haften geblieben.

Es gab noch einen Unterschied zwischen uns und den Salon-Malern. Sie gehen vielleicht mit dem Skizzenblock los und zeichnen unterwegs, ihre Bilder malen sie jedoch im Atelier. Wir aber malen häufig draußen. Monets Gemälde vom Bahnhof Saint-Lazare wäre nicht genauso gelungen, wenn er sich später daran hätte erinnern müssen, statt es vor Ort in der Mitte des Geschehens zu malen. Keiner war so fanatisch, wenn es ums Malen unter freiem Himmel ging, wie Monet. Vermutlich würde er behaupten, er sei der erste Impressionist gewesen – er hätte den ersten Pfahl eingeschlagen!

Noch eine Geschichte. 1866, als Monet noch ein unbekannter junger Künstler war, schaute seine Frau aus dem Fenster und sah, wie er im Garten einen Graben aushob. 'Was machst du denn da?', rief sie. 'Rate mal!', antwortete er. 'Das wird ein Gemälde.'

Was Monet vorhatte, hatte noch kein Maler vor ihm gewagt – er wollte ein riesiges Bild unter freiem Himmel malen. Seine große Leinwand sollte in dem Graben stehen. Er befestigte einen Flaschenzug, um es anzuheben oder abzusenken, sodass er jede Stelle erreichen konnte, ohne auf die Leiter steigen zu müssen. Er malte vier Frauen in modischen Sommerkleidern

im Garten und war überzeugt, das Bild würde die Kuratoren des Salon de Paris beeindrucken – schließlich mochten sie große Gemälde voller Personen. Die Jury konnte *Frauen im Garten* jedoch nichts abgewinnen. Auf großen Gemälden erwarteten sie eine inspirierende historische Szene. 'Abgelehnt!', war ihr Urteil.

Mancher Künstler hätte aufgegeben, nicht jedoch Monet. Als Jüngling in Le Havre erhielt er Malunterricht von Eugène Boudin, einem Maler, der unter freiem Himmel im brillanten Licht der Küste malte. Für Monet ging es bei der Malerei um nichts anderes. 1870 malte er seine Gattin am Strand mit Madame Boudin. 'Wie nachlässig! Er hat Sandkörner in der Farbe!' Das waren die normalen Reaktionen.

Heute ist das ganz anders. Monet ist einer der berühmtesten und erfolgreichsten Maler in Frankreich. Er hat ein wunderschönes Haus auf dem Lande gekauft, bei Giverny an der Seine nordwestlich von Paris. Und erst kürzlich hat er nebenan etwas Land mit einem Flüsschen erworben. Monet plant einen Wassergarten mit einem Teich und einer Brücke im japanischen Stil. Ich kann mir gut vorstellen, wie er stundenlang die Reflexionen auf dem Wasser beobachtet, den gespiegelten Himmel und die schwingenden Äste der Weiden. Ich kann mir vorstellen, wie er die Lilien malt wie grüne Wolken – im Moment schwebend wie die Qualmwolken auf dem Bahnhof Saint-Lazare. Dieser Garten ist sein Traum. Aber Monet wird sicherlich genauso viel Zeit mit dem Spaten dort verbringen wie mit dem Pinsel!«

Paris

Frankreich (spätes 19. Jahrhundert)

1888 bereitete sich Paris auf die Weltausstellung vor, bei der französische Erfindungen und Kunstwerke den Besuchern aus der ganzen Welt präsentiert werden sollten. Frankreich war zwar nicht die weltweit führende Industrienation, aber Paris war durchaus das Zentrum neuer Ideen in Kunst, Design und Mode.

Freizeit

Der Jardin des Tuileries, der bis an den Louvre reicht, ist eine große, elegante Parkanlage. Dort traf man sich in der Freizeit – und Künstler saßen hier gern und beobachteten das Leben.

große Designs

Der Eiffelturm wurde von Gustave Eiffel als Eingangstorbogen für die Weltausstellung 1889 entworfen. Zu Beginn fürchteten die Künstler, der Turm würde Paris verschandeln – allerdings tauchte er sehr schnell in ihren Gemälden auf.

• Eiffelturm

Am Fluss entlang

Der Fluss Seine fließt durch Paris in Richtung Argenteuil, Giverny und zu anderen Wirkungsstätten der Impressionisten. Häufig sind Szenen vom Flussufer auf ihren Bildern zu sehen.

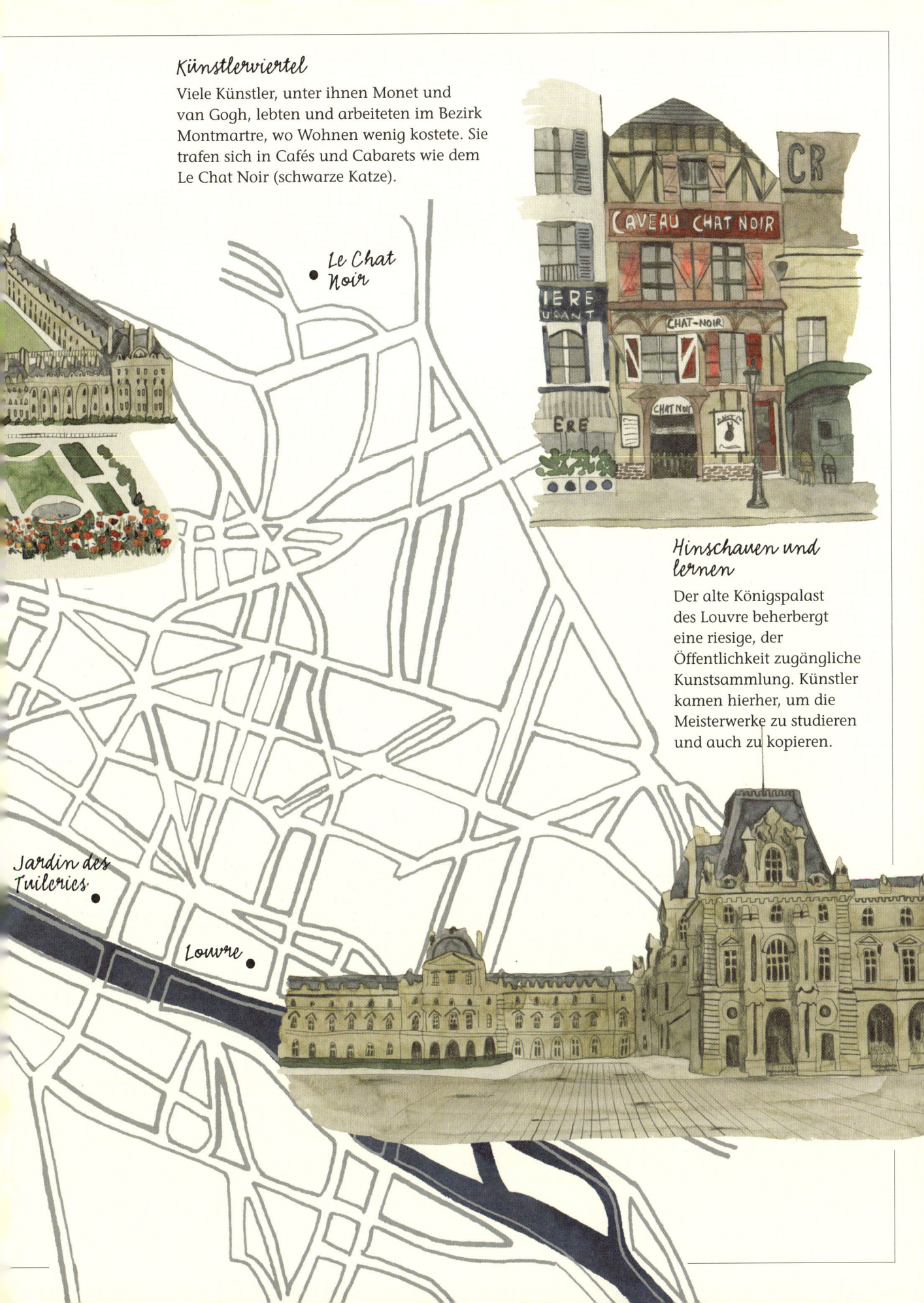

Künstlerviertel

Viele Künstler, unter ihnen Monet und
van Gogh, lebten und arbeiteten im Bezirk
Montmartre, wo Wohnen wenig kostete. Sie
trafen sich in Cafés und Cabarets wie dem
Le Chat Noir (schwarze Katze).

Le Chat
Noir

Hinschauen und
lernen

Der alte Königspalast
des Louvre beherbergt
eine riesige, der
Öffentlichkeit zugängliche
Kunstsammlung. Künstler
kamen hierher, um die
Meisterwerke zu studieren
und auch zu kopieren.

Jardin des
Tuileries

Louvre

Das Pferd in Bewegung
1878

47

Sekundenbruchteile

Eadweard Muybridge

Gut, alles gut! Ruhig jetzt! Ruhig!« Der Jockey hat Mühe, Sallie zur Ruhe zu bringen. Warum ist sie so nervös? Während der Jockey die Zügel zu sich heranzieht, tanzen ihre Hufe auf der Stelle. Irgendetwas stört sie.

Es ist wohl der Fotograf, Mr. Muybridge. Er spricht zu laut. Sein gewaltiger Bart wabert auffallend umher. Er wedelt mit den Armen. Und er hat eine Pistole in der Hand. Sallie mag keine Pistolen. Und Bärte übrigens auch nicht.

»Mr. Muhbridge, ich glaube, Sie machen das Pferd nur nervöser. Es ist bereit, wenn Sie es sind.«

»Muybridge,« der Fotograf fuchtelt mit der Pistole. »*Eadweard My-Bridge.* Bitte sehr!«

Eadweard Muybridge schreitet zur Rennbahn, wo Mr. Stanford ihn erwartet. Vor sechs Jahren, 1872, hatte Mr. Stanford sein Pferd Occident im Trab fotografieren lassen. Das waren besondere Fotos, wie sie nur Muybridge machen konnte. Er hatte seine Kamera umgebaut, sodass ihr Verschluss viel schneller reagierte als der anderer Kameras. Er konnte ein trabendes Pferd ablichten und das Bild war klar und deutlich, kein bisschen unscharf.

Was Leland Stanford – ehemaliger Gouverneur Kaliforniens, Kunstsammler und Rennpferdbesitzer – herausfinden wollte, war Folgendes: Gibt es bei einem Pferd im Trab einen Moment, in dem alle vier Beine in der Luft sind? Er vermutete es, aber niemand war bisher in der Lage gewesen, das oder das Gegenteil zu beweisen. Das menschliche Auge konnte diesen Sekundenbruchteil nicht erfassen. Wohl aber Muybridges Kamera.

Sein erstes Foto vom trabenden Occident war eine Sensation. Es bewies, dass kein Maler oder Bildhauer in der gesamten Menschheitsgeschichte je Recht hatte. Wie sie die Pferde in Bewegung dargestellt hatten, war fantastisch, aber die Position der Beine stimmte nicht. Ausnahmslos.

Stanford hatte wohl auf den Richtigen gesetzt. Er hatte so eine Vorahnung gehabt, dass dieser exzentrische, englische Fotograf, berühmt-berüchtigt für seine Gewaltausbrüche, eine Antwort auf seine Frage finden würde. Stanford hatte seine Fotos von den Naturwundern im Yosemite-Tal bestaunt. Es war gar nicht lange her, da konnten Menschen solche Wunder nur als Ölgemälde von Künstlern wie Thomas Cole und Frederic Edwin Church anschauen. Jetzt brauchte man sich nur ein Album mit Muybridges Fotos zu kaufen.

Allerdings konnte nur ein starker Mann wie Leland Stanford mit Muybridge umgehen. Vor Jahren war der Fotograf in einen Kutschenunfall in Texas verwickelt, bei dem er aus der Kutsche und mit dem Kopf auf einen Stein fiel. Seitdem tut und sagt er verrückte Dinge. Man möchte lieber nicht in seiner Nähe sein, wenn er die Pistole in der Hand hat.

Der Jockey beobachtet, wie Stanford und Muybridge gemeinsam an einer Reihe von 24 Kameras warten, die seitlich von der Rennbahn aufgebaut sind. An jeder Kamera ist ein Stolperdraht befestigt, der dann quer über die Rennbahn gespannt ist. Dieses Mal hat Muybridge die Verschlüsse auf 1/1000 s eingestellt. Wenn Sallie an den Kameras vorbeigaloppiert, lösen ihre Beine die Verschlüsse aus. Klick, klick, klick – alle 24 nacheinander. Es wird also 24 Fotos von den verschiedenen Bewegungen eines galoppierenden Pferdes geben.

Muybridge hebt einen Arm. Bumm! Mit dem Schuss aus der Pistole startet Sallie. Als sie die Kameras erreicht, ist sie bereits auf Höchstgeschwindigkeit. Die Drähte stören sie kein bisschen. Im Handumdrehen läuft sie vorbei. Stanford hat, was er wollte. Die Fotos zeigen genau, wie sich die Beine eines Pferdes im Galopp bewegen, manchmal berührt nur ein Huf, manchmal aber auch keiner den Boden. Wer hätte gedacht, dass Action-Fotos wie dieses je möglich wären?

Von jetzt an kann niemand mehr Muybridge aufhalten. Er fotografiert Menschen – im Gehen, beim Hopsen und Springen, beim Froschhüpfen …

in jeder möglichen … und unmöglichen Bewegung. Er fotografiert Vögel im Flug. Die Flügel sehen ganz anders aus als die der Vögel auf gemalten Bildern. Das beweist, dass sich die ganze Wahrheit nicht mit einem einzigen Bild erzählen lässt. Wenn jemand fragt: »Wie sieht ein galoppierendes Pferd aus?«, braucht man viele Bilder, um die Frage zu beantworten.

Ohne den Unfall wäre Muybridge vielleicht nie auf solch brillante Ideen gekommen. Wer weiß? Bald hat er eine neue Idee. Er setzt Bilder eines galoppierenden Pferdes auf den Rand einer runden Glasplatte. Die Platte schiebt er in eine Maschine, die sie mit einem Lichtstrahl durchleuchtet, während sie sich dreht. Das Licht projiziert die Bilder auf eine Leinwand. Man sieht, wie ein Schattenriss eines Pferdes galoppiert – das erste Bewegtbild der Welt.

Wie soll Muybridge seinen Projektor nennen? »Eine tolle Maschine, um sich lebende Dinge in Bewegung anzuschauen«? Klingt nicht sehr spannend. »Zoopraxiskop« klingt wissenschaftlicher. Er zieht an einem kleinen Hebel und die Glasplatte dreht sich. Die Öllampe im Projektor wirft einen goldenen Strahl. In einem Lichtfleck an der Wand galoppiert der schwarze Geist eines Pferdes – schnell wie der Wind.

Ein Sonntagnachmittag auf der Insel La Grande Jatte
1884–86

48
Woraus besteht Farbe?
Georges Seurat

Nach der ersten Ausstellung der Impressionisten im Jahr 1874 wurde sie regelmäßig durchgeführt und zog viele Besucher an. Im April 1879 öffnete die vierte Ausstellung der Impressionisten in Paris. Unter den jungen Studenten, die ganz erpicht darauf waren zu sehen, was sie von den Künstlern lernen konnten, war auch der 19jährige Georges Seurat. Er studierte Malerei an der Hochschule für Kunst. Doch hatte er die Nase voll, dass ihn seine altmodischen Lehrer Tag für Tag angestaubte alte Statuen zeichnen ließen. Ihm gefielen die farbenfrohen Freiluftszenen der Impressionisten. Man konnte die Wärme der Sonne und die Luft voller Licht förmlich spüren.

»Das ist schon eher etwas für mich!« Seine Augen leuchteten. »Am liebsten möchte ich nach Hause gehen und gleich zu malen anfangen.«

Bevor Seurat jedoch Künstler werden konnte, musste er seinen Wehrdienst in der französischen Armee ableisten. Überallhin nahm er ein Notizbuch mit und skizzierte die Soldaten im Marinehafen von Brest. Zum Malen hatte er zwar keine Gelegenheit, aber er las viel über Kunsttheorien und vor allem über Farbe.

Ein Jahr später war Seurat wieder zurück in Paris. Jetzt konnte er endlich ans Werk gehen. Vor allem wollte er seine Farbideen in die Tat umsetzen. Gab es überhaupt so etwas wie »reine« Farbe, fragte er sich? Zum Beispiel Rot – wenn man ein rotes Hemd neben etwas Blaues legt und dann neben etwas Grünes, dann schien sich der Rotton zu ändern, obwohl das Hemd natürlich immer dasselbe blieb.

Seurat war von den Impressionisten begeistert, aber wussten sie wirklich, woraus Farbe bestand? Er studierte, was Wissenschaftler zu diesem Thema geschrieben hatten. Und dann entschied er, er könnte einfach sagen: »das Gras ist grün«. In Wirklichkeit hat Gras viele Farben – brillante, weiße Reflexionen, violette, blaue und schwarze Schatten und orangefarbene, trockene Stellen, ebenso frische, grüne Blätter vermischt mit gelben, weißen und rosa Blumen. Erst unsere Augen fügen das alles zu dem zusammen, was wir als »grünes Gras« bezeichnen. Seurat begann ab sofort, alles auf seine eher ungewöhnliche Weise zu sehen.

Einigen Freunden Seurats wurden seine Theorien langsam zu kompliziert. »Du kannst kein Bild malen, indem du deine Nase in Bücher steckst,« hielten sie ihm entgegen. Aber 1884 stellte er ein Gemälde aus, das alle überraschte. Es war zwei Meter hoch und drei Meter breit. Es zeigte eine Gruppe von Männern und Jungen beim Sonnenbaden am Ufer der Seine und beim Baden im Fluss. Eine Szene, wie sie den Impressionisten gefallen könnte, sollte man glauben.

Aber Seurats Gemälde war anders. Er hatte mit einer völlig neuen, von ihm selbst entwickelten Methode gemalt.

Statt verschiedene Farben zu mischen und die Mischung dann auf die Leinwand aufzutragen, malte er tausende kleine Punkte, Linien und Flecken ungemischter Farbe – grün, rosa, weiß und blau – alle direkt nebeneinander. Und es funktionierte! Ganz aus der Nähe betrachtet, konnte man die unterschiedlichen Farbtupfer erkennen. Stand man jedoch weiter weg, vermischten sich die Farben zu einer Impression eines warmen, graswachsenen Flussufers, über dem der blaue Sommerhimmel durch einen Dunstschleier zu sehen war.

Seurat arbeitete inzwischen bereits an einem weiteren, riesigen Gemälde. Er hatte sich entschieden, einen typischen Sonntagnachmittag auf einer Insel in der Seine namens La Grande Jatte zu malen. Dieses Mal arbeitete er sehr genau und nur mit winzigsten, leuchtenden Farbpunkten. Er kombinierte unzählige Punkte, um die Damen und Herren beim Entspannen im Schatten der Bäume zu zeigen, ein Mädchen im roten Kleid beim Seilspringen, ein Ruderboot, einen Affen an der Leine. So viel geschah auf seinem großen, stillen, mysteriösen Bild.

Seurat war stolz auf seine neue Art zu malen. Er nannte sie »Chromo-Luminarismus«, was etwas hochgestochen war. Sehr bald setzte sich jedoch der Begriff »Pointillismus« durch, abgeleitet vom französischen Wort für Punkt, *point*. Seurat malte weiterhin Zirkusszenen und Meerlandschaften, einige seiner Künstlerfreunde wurden jedoch langsam des Leuchteffekts dieser vielen Farbpunkte müde.

»So sehen unsere Augen Farbe in Wirklichkeit«, beteuerte Seurat.

»Vielleicht hast du Recht«, sagten sie, »aber für *unsere* Augen sieht deine Malerei eher unwirklich aus.« Seurat war verärgert. Er überwarf sich mit einigen der Impressionisten, die er einst so bewundert hatte.

Dann starb Seurat im September 1891 plötzlich an einer unbekannten Krankheit. Vielleicht war es eine Lungenentzündung oder ein Herzinfarkt, niemand war sich da sicher. Er war nur 31 Jahre alt und dennoch führend in einer neuen Kunstrichtung. Nach Seurats Tod führte kein Künstler den Pointillismus so konsequent weiter. Dennoch regte seine Erfindung viele Künstler zum Nachdenken an. »Ein Bild ist eine Sammlung von Farben. Rot, grün, blau, gelb. Das sind die Tasten auf unserem Klavier, die Saiten unserer Gitarre. Mal sehen, welche Melodien wir auf ihnen spielen können!«

Sternennacht
1889

49

Vincents Sternennacht

Vincent van Gogh

Es klopft an seiner Tür. Die Schwester ruft: »Zeit fürs Bett, Monsieur van Gogh.« »Moment noch«, ruft er zurück, »ich schreibe noch schnell den Brief an meinen Bruder zu Ende.« Die Schritte der Schwester entfernen sich.

In einem anderen Zimmer schreit ein Patient und trommelt an die Wand. Die Nervenklinik kann ein lauter Ort sein, und Vincent van Gogh braucht Ruhe. Ruhe! Wenigstens hat er ein Gemälde, an dem er arbeiten kann. Und die Schwestern und Ärzte sind nett. Sie ermutigen ihn zum Malen. Van Gogh hat das Gefühl, einzig die Malerei kann ihn vom Wahnsinn abhalten.

Er legt den Stift nieder. Er ist so müde! Heute ist er noch vor der Dämmerung aufgewacht. Er stand auf und trat ans Fenster. Da waren die große Zypresse, der hoch stehende Mond und der Himmel, noch immer voller Sterne. Der Wind blies von den Bergen herab. Die Zypresse bog sich im starken Wind, lehnte sich wieder auf, und bog sich wieder, als wäre sie lebendig. Dünne Wolken jagten über den Himmel. Was hielt ihn davon ab, dort hinauf zu gehen? Zu den Sternen? Als er nach oben sah, fühlte sich van Gogh den Sternen näher als dem Dielenfußboden in seinem Zimmer. Er fühlte sich der Vergangenheit näher als der Gegenwart. Da unten, war das die kleine Kirche aus seiner alten Heimat in den Niederlanden? Nein – unmöglich. Dies hier ist Frankreich. Das ist jetzt. Die Sterne schwirrten wie Gedanken durch seinen Kopf.

»Wie ich mein Leben doch zugerichtet habe«, überlegt van Gogh. »Ich bin 36, lebe in einer Nervenklinik und male Bilder, die keiner haben will. Ein Chaos nach dem anderen.«

Anfangs arbeitete er bei einem Kunsthändler, bis er gefeuert wurde. Dann wurde er Prediger und verschenkte seinen gesamten Besitz an arme Menschen. Wieder wurde er entlassen. Schließlich, vor ein paar Jahren, dämmerte es ihm – er war zum Künstler bestimmt!

Er fürchtete, nie wirklich gut zu sein. Es gab so vieles zu lernen. Aber der beste Ort dazu war sicher Paris. Er musste dorthin ziehen! Zuerst hatte van Gogh mit Braun- und Grautönen und stumpfem Grün gemalt, als ob die Sonne niemals schiene und niemand glücklich wäre. In Paris merkte er, er konnte so nicht weitermachen. Die lebendigen Farben der Impressionisten hoben seine Stimmung. Und Seurat – van Gogh liebte seine Bilder. Farben erregen Gefühle, wenn er also Farben auf bestimmte Weise anordnete, könnte er – vielleicht – den Menschen gewisse Gefühle schenken. Freude, Ruhe, Hoffnung … er untersuchte Seurats Methode noch genauer.

Die Aufregungen in Paris waren überwältigend – Künstler zu treffen, neue Kunstrichtungen zu entdecken, viel zu arbeiten, in Cafés herumzusitzen. Van Gogh träumte vom Erfolg, aber beim Blick in den Spiegel sah er einen heruntergekommenen, mittellosen Künstler. Paris funktionierte nicht. Er musste weiter.

Van Gogh war von den japanischen Drucken verzaubert, die er in Läden und Galerien gesehen hatte. Japanische Künstler wie Hokusai stellten Alltagsszenen in satten, tiefen Farben dar. Wenn er doch nach Japan reisen könnte! Aber dazu war er viel zu arm. Der nächstbeste Ort, entschied er, war Südfrankreich. Im Februar 1888 nahm er den Zug nach Arles.

Der Frühling kam, dann der Sommer. Um die alte Stadt blühten die Kirschbäume. Den ganzen Tag zeichnete und malte van Gogh draußen.

Er arbeitete schnell, nicht mit winzigen Farbpunkten wie Seurat, sondern viel impulsiver. So fühlte er das Feld mit den Sonnenblumen mit ihren starken, hohen Stängeln und den flammend gelben Köpfen. Nicht geduldig, sondern unglaublich begeistert! Wenn du einer Sonnenblume direkt gegenüber stehst, ist ihr intensives Gelb …Ah! Er konnte es nicht in Worte fassen, aber er konnte versuchen, es zu malen.

Manchmal vermisste van Gogh die Gesellschaft anderer Maler. Er lud Paul Gauguin zu sich ein, einen ebenso armen Maler, den er in Paris getroffen hatte. Er bereitete das Gästezimmer vor und hängte seine Sonnenblumen-Gemälde an die Wände, um Gauguin mit einer Fanfare aus Gelb zu begrüßen. Und dann? Dann könnten die beiden Seite an Seite arbeiten und einander anspornen.

Eine Zeitlang ging das gut. Aber Gauguin war ein hochnäsiger, komplizierter Mensch – nicht der beste Freund für van Gogh. Es kam zu bitteren Streitereien. An einem Winterabend, nach einem besonders heftigen Streit, war van Gogh so außer sich, dass er sich einen Teil seines linken Ohres abschnitt. »Ich muss hier raus!«, dachte Gauguin und packte seine Sachen. Wieder einsam, fürchtete sich van Gogh vor dem, was er als Nächstes tun würde. Sicherheitshalber ließ er sich freiwillig in eine Nervenklinik aufnehmen. Ja, das war das Beste für ihn. Die Ärzte würden auf ihn achtgeben …

Van Gogh ist zu müde, um den Brief fertigzustellen. Er wollte beschreiben, was er heute Morgen unter den Sternen gefühlt hatte. Aber das ließ sich nicht in Worte fassen. Nein – morgen wird er es malen. Er wird die Sternennacht malen.

Die Welle
1897

50

In ihren Händen

Camille Claudel

Was ich arbeite? Ich bin Kunstkritiker. »Wer braucht schon Kritiker?«, sagst du vielleicht. »Wir dürfen uns doch alle über Kunst eine eigene Meinung bilden.« Natürlich – von mir aus gern. So lange du nicht dasselbe denkst wie alle anderen!

Nehmen wir unser tolles französisches Publikum. Heute, 1898, sind wir offensichtlich eine Nation von Kunstliebhabern. Warum sollten sonst so viele Tausende jedes Jahr den Salon de Paris besuchen? Und wer ist laut Meinung aller der beste Bildhauer Frankreichs? Natürlich Auguste Rodin. Rodin, Rodin, Rodin. Diesen Namen wirst du hören, denn jeder wiederholt ihn ständig.

Ich will es ja nicht bestreiten. Rodin ist ein großartiger Bildhauer. Aber weißt du was? Ich frage manchmal: »Sag mir, warum Rodin so ein Genie ist.« Und alle sagen: »Schau auf die Hände der Statue. Die sind so ausdrucksstark. Nur Rodin kann die menschliche Hand so sprechen lassen.«

»Aha!«, sage ich. »Weißt du, wer diese Hände geschaffen hat? Das war gar nicht Rodin selbst, es war Camille Claudel.« Ungläubig starren sie mich an, denn von Claudel haben sie noch nie etwas gehört. Oder falls doch, merken sie nicht, welch eine begabte Bildhauerin sie ist, und wie viel Rodin ihr zu verdanken hat.

Ich kenne Claudel ziemlich gut und bin überzeugt, dass sie eines Tages den Ruhm bekommt, den sie verdient. Als junges Mädchen stellte sie bereits Skulpturen aus Lehm, Erde oder so etwas her. Mit 16 überredete sie ihre Eltern, sie in Paris studieren zu lassen. Sie teilte ein Atelier mit anderen Mädchen. Dann verließ sie ihr Lehrer und Rodin trat an seine Stelle.

Er erkannte Claudels Talent auf den ersten Blick – sie war begabter und entschlossener, als er es von einem so jungen Menschen erwartet hatte. Um es kurz zu machen, Rodin arbeitete an einem großen Projekt für die Regierung, einem riesigen Denkmal mit Dutzenden Figuren. Und er lud Claudel ein, als seine Assistentin zu arbeiten.

Sie arbeitete auch an ihren eigenen Skulpturen weiter. »Welch eine vielversprechende junge Künstlerin«, sagten die Leute. »Aber man kann Rodins Einfluss genau erkennen.« Was sie nicht sahen, war, wie Rodin von ihr beeinflusst wurde. Sie konnten nicht glauben, dass eine unbekannte, junge Frau ihre Ideen an den berühmten, französischen Bildhauer weitergab. Ich kann mir nicht helfen, aber ich glaube, wäre Camille Claudel ein Mann gewesen, wäre die Geschichte anders ausgegangen.

Claudel liebte Rodin, aber es ärgerte sie, dass die Menschen glaubten, sie hätte allein ihm alles zu verdanken. Du weißt doch, Rodins Figuren sind immer nackt wie bei Michelangelo. Claudel begann, bekleidete Figuren zu schaffen, damit sie anders aussähen als seine. Sie ging fort und blieb monatelang mit einem Freund in London. Rodin sei untröstlich, wurde mir erzählt. Aber er würde immer noch nicht zugeben: »Ich habe Camille Claudel viel zu verdanken!«

Warum ich eine so hohe Meinung von Claudel habe? Ihre Figuren drücken die innersten Gefühle eines Menschen aus. Du vergisst, dass du einen Marmorblock oder einen Haufen Bronze anschaust. Das ist, als könntest du mit der Figur fühlen. Sie schafft eine Skulptur mit zwei tanzenden Figuren. Du kannst die Liebe spüren, die die beiden zusammenhält, den Rhythmus der Musik, die sie tanzen lässt. Und doch ist es nur eine kleine Skulptur, wie so viele ihrer Arbeiten. Klein, aber voller Bewegung und Emotion.

Als ich Claudel das letzte Mal in ihrem Atelier besucht habe, bearbeitete sie ein Stück Alabaster. Es wurde eine kleine Skulptur von einer Welle, die sich in einer kraftvollen Bewegung zusammenrollt, um gleich zu brechen und in sich zusammenzufallen. »Kennst du *Die große Welle* von Hokusai?«, fragte ich sie. »Wer kennt die nicht«, erwiderte sie lachend. Und auch wenn sie Hokusais Bild dabei vor Augen gehabt hätte, ihre Welle war ganz anders. Sie hatte ein Modell aus Gips hergestellt, das zeigte, wie die Skulptur am Ende einmal aussehen würde. Da waren drei junge Frauen, die unter dem Wellenkamm spielten oder tanzten. Der schien sie zu beschützen, obwohl er gleichzeitig wild und gefährlich wirkte. Ich konnte spüren, wie sie diesen sorgenfreien Moment miteinander genossen. Die Welle ließ sie sich in gespannter Erwartung zusammenkauern, begeistert und gleichzeitig verängstigt.

Claudel schwärmte davon, welchen Kontrast das wunderschöne, wässrige Grün des Steins zu den Figuren der Mädchen bildet, die in Bronze gegossen werden sollten. Die Figuren wirkten so lebendig, so feingliedrig – ganz anders als Rodins Figuren.

»Camille, ich glaube, du bist ein Genie«, sagte ich.

Sie schenkte mir ein schiefes Lächeln, vermutlich dachte sie, ich wolle ihr nur schmeicheln. Hätte ich dasselbe zu Rodin gesagt, er hätte wohl keine Sekunde daran gezweifelt.

Jedenfalls hoffe ich, ich habe dich nun überredet, dir die Arbeiten von Camille Claudel noch einmal genauer anzuschauen. Gibt es da weitere Künstler, die ich empfehlen kann? Ah ja, du musst dir unbedingt Monets neue Gemälde von den Wasserlilien anschauen.

Montagne Sainte-Victoire mit großer Pinie
um 1887

51

In der Hitze des Tages

Paul Cézanne

Sehr geehrter Monsieur Bernard, vielleicht werden Sie verstehen…
Was verstehen? Paul Cézanne legt den Stift nieder. Er wollte auf den enthusiastischen Brief von Emile Bernard antworten. Dieser junge Künstler schien ein glühender Verehrer zu sein. »Meister!«, so sprach er Cézanne an. Meister! Noch nie hatte ihn jemand so genannt. Er seufzte und kratzte sich am Bart. Wie konnte er dem jungen Mann seinen Malstil erklären? Er hatte ein ganzes Leben dazu gebraucht, sich ihn zu erarbeiten, und er war noch immer nicht mit dem Ergebnis zufrieden …

Cézanne war ein Experte darin, missverstanden zu werden. In der Anfangszeit der Impressionisten-Ausstellungen, bei denen er einige seiner Gemälde präsentiert hatte, hielten die anderen Künstler seine Arbeiten für unbeholfen. Erst vor kurzem hatte sein Schulfreund Emile Zola ihn als Romanfigur verarbeitet. Zola konnte es nicht leugnen. Dieser traurige, gescheiterte Künstler in diesem Roman baute auf ihm selbst auf, Paul Cézanne. Das konnte jeder sehen! »Wie schade, dass Cézanne ein Versager ist«, tuschelten sie hinter seinem Rücken. »Er hat erst mit 56 seine erste richtige Ausstellung bekommen!«

Aber jetzt interessierten sich plötzlich junge Künstler für seine Arbeit. Sie wollten etwas anderes schaffen als die Impressionisten, auch anders als van Gogh und Gauguin. Auf ihrer Suche nach einer neuen Kunstrichtung stießen sie auf ihn. Oh, er wünschte, er wäre noch nicht so alt. Wie toll wäre es, jetzt jung zu sein und noch alles vor sich zu haben, in dieser Phase der Geschichte, da so viel in der Kunstwelt passiert …

Für einen Künstler, der durch seine Augen lebt, kann es schwer sein, Dinge in Worte zu fassen. Cézanne schrieb noch ein paar Worte, aber was er fühlte, schrieb er nicht auf. Er zerknüllte den Brief und begann von vorn.

Der eigentliche Weg des Künstlers ist das Studium der Natur. Gehen Sie in eine Galerie und studieren Sie die großen Maler der Vergangenheit, aber dann … Dann müssen Sie hinausgehen und die Formen der Natur untersuchen …

Wie oft war er aus Aix, der wunderschönen Stadt mit Brunnen und dicht bewachsenen Alleen, aufs Land hinaus gegangen? Er dachte an seinen Lieblingsort, von wo aus er über das Tal des Flusses Arc zum Berg Sainte-Victoire schauen konnte. Die Pinienbäume boten ausreichend Schatten, um den ganzen Tag hindurch zu malen.

Er erinnerte sich besonders an einen Tag, das muss fünfzehn Jahre her sein oder länger. Er hatte seine Staffelei aufgebaut. In dreizehn Kilometern Entfernung schien sich der Berg aus der Ferne zu ihm zu neigen. In der

brütenden Sonne waren seine Flanken grau, braun und blau. Die Farben verschwammen in der flirrenden Hitze. Er malte kleine Farbflecken, die Pinselstriche verliefen alle in eine Richtung – rüber, hoch, runter – nochmal und nochmal. Er baute das Bild aus Farbflecken auf, als schaffe er etwas Festes – wie den Berg, still, massiv und weit weg. Leicht, schnell fügte er dunkle Linien für die Felder, Häuser und die Brücke hinzu, die Dampfzüge nach Aix und wieder zurück brachte. Ein heißer Windhauch trieb den Geruch von Pinien und wildem Thymian zu ihm, der zwischen den Felsen wuchs. Wenn er seinen Kopf nach links wendete, folgten die Äste der Silhouette des Berges. Er malte sie, kurze, schwarze Striche, ein Hauch Rot, Blau. Die Pinie und der Berg wussten nichts voneinander, dennoch gehörten beide zu seinem Bild.

Monet hätte die schimmernden Farben des Sonnenlichts gemalt, das in den Zweigen tanzt. Ein Augenschmaus! Aber die Natur war mehr als Licht und Farbe. Sie hatte ein Wesen, folgte einer Struktur, wie Bausteine. Cézanne malte einen winzigen, roten Fleck auf das Dach eines Bauernhauses. Er konnte es mit Worten nicht erklären, aber wenn er malte, fühlte er, wie die verschiedenen Teile der Natur zusammenpassten. Er konnte sie fast *verstehen* …

Wie sollte er Bernard die Struktur der Natur erklären, wie der Berg, das Tal und die Felder zusammenhingen wie verschiedene Noten in einer Melodie? Cézanne wollte sich nicht mehr dafür interessieren, was die Leute über ihn redeten. »Ein Versager! Ein Einsiedler, der sich unter Bauerntölpeln in Südfrankreich versteckt.« Und *doch* interessierte ihn, was Bernard dachte, und auch die anderen Künstler, die seine Arbeiten angeblich so bewunderten. *Ich stelle mir die Natur als dreidimensionale Formen vor, wie Kegel und Kugeln …*

Nein! Nein! Bernard würde ihn für verrückt halten. Er zerriss den zweiten Brief. Es gab nur eine Lösung. Bernard musste ihn besuchen. Dann würden sie zusammen an seinen Lieblingsort gehen. Die Natur würde ihnen zu Füßen liegen. Und die Natur würde zu ihnen sprechen, wie es nur die Natur vermag.

Krieg und Frieden

1900–1950

Wenn sich Künstler, Wissenschaftler oder eine andere Gruppe Gleichgesinnter an einem Ort treffen, ihre Entdeckungen teilen, Ideen vergleichen oder den Besten unter sich ausmachen – dann geht es schnell voran. Paris war ein solcher Ort.

Um 1900 erwartete man dort fast, dass jeder Künstler, der einen bleibenden Eindruck hinterlassen wollte, zuerst etwas schockierend Neues täte. Wie zum Beispiel die Kubisten mit ihren rätselhaft unterbrochenen Bildern und Konstruktionen oder, etwas später, die Surrealisten mit ihren verrückten Traumgemälden und Skulpturen, die aus allem Möglichen zusammengebastelt waren.

So anstoßerregend Kunst auch sein konnte, nichts schockierte so sehr, wie sich plötzlich mitten im Krieg wiederzufinden. Zwischen dem Beginn des Ersten Weltkriegs 1914 und dem Ende des Zweiten Weltkriegs 1945 wurden viele Millionen Menschen getötet und noch viel mehr vertrieben – das Leben aller änderte sich völlig.

Künstler auf der ganzen Welt reagierten unterschiedlich auf diese katastrophalen Ereignisse. In Russland taten sich Maler mit Designern, Architekten und Technikern zusammen, um Alltagsgegenstände zu entwerfen und mit ihrer Arbeit einer besseren Gesellschaft zu dienen. Andere Künstler wollten mit ihrer Kunst etwas Schönes und Beruhigendes schaffen, während wieder andere Schrott, Abfall oder zerstörte Fragmente aus der vom Krieg gepeinigten Welt in Kunst verwandelten.

Violine
Anfang 1914

52

Ausschneiden und Einfügen

Georges Braque

Skizzenbuch. Socken. Zahnbürste. Hatte er etwas vergessen? Ah ja – Cézanne! Das Foto von Cézannes Gemälde vom Montagne Sainte-Victoire war zerknittert und abgegriffen. Es hatte Löcher, weil er es an den Atelierwänden befestigt hatte. Nun würde es Georges Braque auf sein neuestes und gefährlichstes Abenteuer begleiten. Er zog in den Krieg.

Er verstaute das Foto in seinem Koffer und schloss den Deckel. Dann schaute er sich im Atelier um, vielleicht zum letzten Mal. Seine an die Wände gelehnten Gemälde starrten zu ihm zurück. Darüber hingen weitere Bilder und merkwürdige Gegenstände, die Braque auf Märkten und in Trödelläden gesammelt hatte – Musikinstrumente, afrikanische Masken. Auf dem Tisch lag eine seiner vielen Collagen aus diesem Jahr. Er hatte Tapetenstücke ausgeschnitten, aufgeklebt und mit einem Stück Holzkohle das Bild einer Violine geschaffen. Er fand es sehr befriedigend, verschiedene Formen und Linien zusammenzuführen, als wären sie Fragmente von etwas Zerstörtem, um es in etwas Neues zu verwandeln.

Neben dem Bild von der Violine lagen Zeitungsreste und die Tapete, die er ausgeschnitten hatte – für die nächste Collage. Braque zögerte. Vielleicht konnte er diese Kleinigkeiten mit in die Kaserne nehmen?

»*Soldat* Braque!«, stellte er sich vor, wie ihn der Offizier anbrüllt. »Wir sind im Krieg! Willkommen in der Realität, Sie Künstler!«

Im August 1914 herrschte plötzlich Krieg in Europa. Braque würde der französischen Armee beitreten. Sein spanischer Freund Pablo Picasso blieb in Paris. Oft hatten sie gemeinsam gescherzt, sie wären Banditen im Wilden Westen, furchtlose Abenteurer, die alle Gesetze der Kunst brechen. »Willkommen in der Realität!« Braque lächelte in sich hinein. War das nicht genau das, was Picasso und er die letzten sechs oder sieben Jahre versucht hatten? Die Realität?

In ihren Gemälden und Collagen verwendeten sie echte Zeitungen und Tapete. Picasso nutzte sogar ein Stück Seil und etwas gemusterten Stoff, der wie ein Stuhlkissen aussah. Immer wieder in der Geschichte hatten Künstler versucht, die Menschen davon zu überzeugen, dass die Dinge in ihren Gemälden echt waren – Äpfel, die aussahen, als wollte man direkt hineinbeißen, Porträts, von denen man fast erwartete, sie würden zum Betrachter sprechen. Man gab vor, das Bild wäre ein Fenster in eine andere Welt hinter dem Bilderrahmen. Bei genauerem Hinsehen war jedoch das Einzige, was wirklich real an einem Bild war, das Bild selbst – die Leinwand und die Farbe oder die Papierfetzen und die Spuren von Holzkohle und Bleistift, aus denen es gemacht war. Alles andere entstand in der Fantasie des Künstlers oder des Betrachters. Braque und Picasso hielten sich für die ersten Künstler, die das verstanden hatten.

Was bedeutete es schon, ein Objekt oder eine Person zu sehen? Menschen sind keine Kameras – ein kurzes »Klick«, und schon gibt es das Bild. Bei einem normalen Krug erkennt man den geschwungenen Griff. Dann bemerkt man den Lichtreflex auf der Seite. Schließ ein Auge, dreh den Kopf ein wenig, und der Krug hat eine andere Form. Du ertappst dich dabei, eine Tischplatte oder eine Lampe anzustarren. Ein einzelnes Bild nimmt viele verschiedene Sichtweisen in sich auf.

Cézanne wusste von diesen verschiedenen Arten des Hinschauens. Nach seinem Tod 1906 gab es eine große Ausstellung seiner Gemälde in Paris. Und genau dort stellte Braque zum ersten Mal fest, dass er keine »Blick aus dem Fenster«-Bilder mehr malen wollte.

Ungefähr zu dieser Zeit traf er Picasso, einen jungen Künstler, der von Barcelona nach Paris gezogen war und sich schnell einen Namen gemacht hatte. Die meisten Künstler legten sich auf einen Kunststil fest. Picasso jedoch konnte in jedem Stil brillant malen. Als Braque in Picassos Atelier kam, malte dieser gerade an einem merkwürdigen Bild von fünf nackten Frauen. Manche hatten Gesichter wie afrikanische Masken oder Schnitzereien. Der Tisch und die Vorhänge waren in eckige Formen aufgebrochen wie zerbrochenes Glas. Picasso bemerkte, dass Braques Mund nicht aus purem Unverständnis offen blieb wie der seiner anderen Besucher.

Für die nächsten Jahre waren Braque und Picasso wie »aneinander angeseilte Bergsteiger«, wie es Picasso formulierte. Sie malten völlig neuartige Bilder und stellten viele Collagen her. Ihre Gemälde wirkten wie fremde, eckige Puzzles von Linien und Formen mit versteckten Schlüsseln, zum Beispiel ein Fragment einer Gitarre oder ein Schnurrbart oder eine Weinflasche. Sie waren kein Blick aus dem Fenster. Sie waren wie ein Gang durch ein Spiegelkabinett – Tausende Blickwinkel und alle gleichzeitig.

»Du willst nicht im Ernst behaupten, das wäre Kunst? Wie kann das ein Bild von einer Violine sein?« Ständig hörten sie solche Kommentare. Gleichzeitig erfanden die Kunstkritiker sehr gern neue Namen für ihre Kunstrichtung. Die Gemälde und Collagen von Braque und Picasso bezeichneten sie als »Kubismus«. »Okay«, die Künstler waren zu beschäftigt, um einen Gedanken darauf zu verschwenden. »Wenn ihr unsere Kunst Kubismus nennen wollt, dann bitte.«

Braque schaute auf die Uhr. Der Zug zur Kaserne fuhr in einer halben Stunde. Das deutsche Heer war in Belgien einmarschiert. Frankreich ist wohl als Nächstes dran. Nach kurzem Zögern öffnete er den Koffer noch einmal und legte die Papierreste hinein.

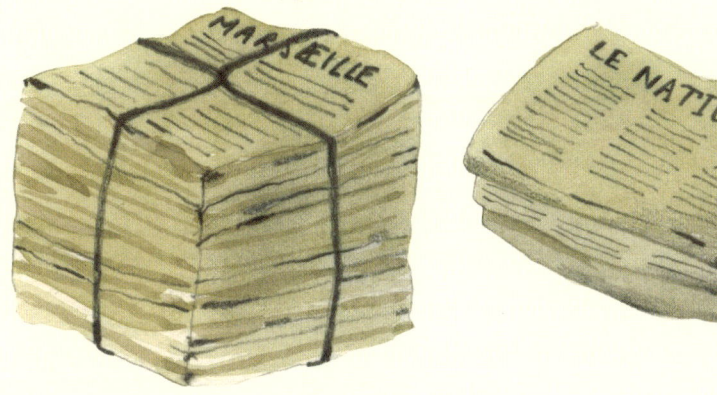

Der Geburtstag
1915

53

Happy Birthday!
Marc Chagall

Vier Jahre! Vier ganze Jahre ist es her, seit sich Marc Chagall und Bella Rosenfeld zum letzten Mal begegnet waren. Nun war Chagall zurück in Witebsk und malte, er malte die ganze Zeit. »Ich habe dich noch nie ohne deine Farben gesehen!« Bella lachte.

1910 verließ Chagall Russland und reiste nach Paris. Dort mietete er ein Atelier. Er besuchte Galerien mit den Gemälden von Courbet, Manet und vielen anderen Künstlern. So vieles geschah in Paris! Da waren die Kubisten, deren Bilder aussahen, als jongliere ein Zauberer mit aufgebrochenen Formen. Die *Fauves* oder »wilden Bestien«, die das Gesicht einer Frau in leuchtendem Grün malten oder einen Baumstamm feuerrot. Er traf Dichter und Musiker, Sänger in Straßencafés, Flugzeuge wie fliegende Bücherregale am Himmel. »In Paris habe ich alles gesehen«, erzählte er Bella.

Im alten russischen Zarenreich war es für einen jungen, jüdischen Künstler schwer zu reisen. Die Behörden des Zaren gestatteten es Juden normalerweise nicht, die Städte oder Dörfer zu verlassen, in denen sie leben durften. Chagall hatte Glück. Und sein Glück verließ ihn nicht. Er hatte eben 40 Gemälde und viele Zeichnungen in einer Galerie in Berlin ausgestellt. So langsam begannen die Menschen, seine Arbeiten wahrzunehmen. »Chagalls Kunst ist einzigartig!«, sagten sie.

»Da haben sie Recht«, Chagall grinste, nahm seinen Hut und ging hinaus in den Sommerabend. »Ich muss zugeben, ich bin ein ziemlich einzigartiger Künstler.«

»Du bist ein einzigartiger Angeber, wenn du mich fragst, Marc Chagall!«, neckte ihn Bella.

Und selbst wenn … Bella liebte ihn dennoch. Und er liebte sie. Sie war sogar noch schöner, als er sie in Erinnerung hatte. In Paris hatte Chagall mit intensiven, satten Farben gemalt und die Welt um sich mit einer magischen, verträumten Stimmung gefüllt. Eine Katze mit Menschengesicht, die den Eiffelturm anmiaut. Ein Dampfzug, der an einer umgekehrten Stadt vorüberfährt. Männer und Frauen, die über Gebäuden schweben. Dächer und Mauern, Erde und Himmel, Tiere und Menschen schienen auseinanderzubrechen und sich zu Bildern zusammenzufügen wie in einem Kaleidoskop. In Witebsk malte er Porträts von Bella und sich. *Das Liebespaar in Grau, Liebespaar unter Lilien, Die Liebenden im Flieder* … »Vermisst du Paris?«, fragten seine Freunde. Was sollte er sagen?

Manchmal ging er aus, um Großvater Chagall zu besuchen, den Rabbi eines Dörfchens auf dem Lande. Hühner stolzierten über die Straße. Eine Kuh lag vor dem Haus des Großvaters. Jemand musste sie dort vergessen haben. Wie konnte man eine Kuh vergessen? Chagalls Pariser Freunde hätten sich nie vorstellen können, dass ein Künstler in einer solchen Gegend arbeiten konnte, umgeben von schiefen Bauernhäusern, unbefestigten Straßen, Kuhfladen – und ständigen Familienstreitereien! Chagall war froh, weit entfernt von zu Hause ein Atelier gefunden zu haben.

Bellas Familie besaß drei Juwelierläden. Frau Rosenfeld gefiel die Vorstellung nicht besonders, ihre gebildete, wunderschöne Tochter würde den Sohn eines Mannes heiraten, der in einer Fischfabrik arbeitete.

»Marc ist ein netter Junge. Aber er ist ein solcher Traumtänzer. Kennst du einen Künstler, der von seiner Kunst leben kann? *Einen* … Bella! Warum hörst du nicht auf deine Mutter?«

»Nach der Hochzeit«, versprach Chagall Bella, »reisen wir nach Paris.«

Das war im Juli 1914. Im August brach der Erste Weltkrieg aus. Deutschland bekämpfte Frankreich im Westen und Russland im Osten. Für Liebende gab es keine

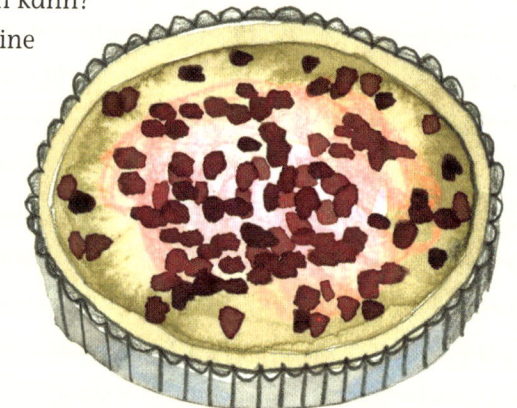

Chance, nach Paris zu gelangen. Aber heiraten konnten sie immer noch. Der Termin wurde auf Juli 1915 festgelegt.

Bella wollte ihrem Zukünftigen etwas Besonderes zum Geburtstag schenken, am 6. Juli, drei Wochen vor der Hochzeit. Sie buk einen Honigkuchen und eine Johannisbeertorte, pflückte einen Strauß Rosen und Wildblumen und wickelte die Geschenke in zwei mit wunderschönen Mustern bestickte Schals ein. Dann zog sie ihr bestes Kleid mit dem Spitzenkragen an. Chagall vergaß nie den Moment, als Bella mit den Geschenken ankam. »Blaue Luft, Liebe und Blumen schwebten mit ihr durch die Tür!«, erinnerte er sich später.

Verliebt sein – das war wie Fliegen. Für alle anderen mag die Szene ganz gewöhnlich gewirkt haben. Bella stellte das Essen auf den Tisch. Sie suchte nach einer Vase für die Blumen. »Gefallen dir deine Geschenke?«, fragte sie. »Natürlich gefallen sie mir. Sie sind wunderschön. Aber über einen sauren Hering hätte ich mich noch mehr gefreut!« Chagall wusste, er musste diesen Moment malen – die leuchtenden Blumen, die gemusterten Stoffe, vor allem aber das Gefühl der Leichtigkeit. Und Bellas Blick, als sie dachte, er stünde hinter ihr, und plötzlich schaute sie in seine Augen, als wäre er von der anderen Seite des Zimmers unbemerkt zu ihr geflogen. Und als Chagall auf den Tisch und den Holzfußboden schaute, wurden beide rot! Rot! *Krasnyi!* – sehr ähnlich dem russischen Wort für »schön«!

»Happy Birthday!« riefen beide wie aus einem Mund.

Fahrrad-Rad
1951 (Kopie des verschollenen Originals von 1913)

54
Eine Geschichte spinnen
Marcel Duchamp

Paris war voller Fahrräder. Sie ratterten über das Kopfsteinpflaster, lehnten an Wänden. Keiner schien zu bemerken, was für ein wunderschönes Objekt ein solches Fahrrad-Rad war. Ein perfekter Kreis! Eine Blume aus feinen, straff gespannten Metallspeichen. Marcel Duchamp fand das Rad von einem kaputten Fahrrad. Er stellte es auf den Kopf. Er steckte das eine Ende der Metallgabel, die das Rad hielt, durch den Sitz eines Holzhockers. Er setzte sich in seinen Sessel und betrachtete es.

Es war perfekt. Da gab es nichts, was er hinzufügen wollte. Nichts wegnehmen. Das Rad war in einer Fabrik hergestellt worden, mit Tausenden anderen Rädern. Aber wenn er es im neuen Licht sah … »Na gut«, dachte er. »Wenn ich das als Kunst bezeichne, wer kann mir das Gegenteil beweisen?«

Das war im Jahr 1913. Als er ein Jahr darauf pleite war, versuchte er, in die Armee einzutreten. Aber die Militärärzte sagten: »Du bist untauglich. Du hast ein schwaches Herz.« Doch er konnte ja nicht herumsitzen und nichts tun, während seine Freunde kämpften und ihr Leben gaben. Er bestieg ein Dampfschiff

nach New York. Und da saß er nun auf einer schneebedeckten Bank im Central Park und las einen Brief von seiner Schwester Suzanne. Der Krieg in Europa tobte weiter. Die amerikanischen Zeitungen behaupteten, Präsident Wilson plante eine Friedenskonferenz. Hoffentlich war das wahr! Duchamp sorgte sich um seine Familie. Suzanne arbeitete als Krankenschwester in Paris, sein Bruder Raymond war in der Armee.

Suzanne schrieb, sie hätte sein altes Atelier fertig ausgeräumt. Warum hatte sie es nicht für sich selbst behalten? Wie ihre drei Brüder war auch Suzanne Künstlerin. Sicher hätte sie ihren Vater um Unterstützung bei der Miete bitten können. Duchamp wollte wissen, was sie mit dem Fahrrad-Rad getan hatte. Hatte sie es etwa weggeworfen? Er musste den Brief sofort beantworten.

Noch vor recht kurzer Zeit war Duchamp Maler gewesen – ein moderner Maler, der neue Ideen wie den Kubismus ausprobierte. Er interessierte sich dafür, wie Braque und Picasso verschiedene Sichtweisen in ihren Bildern kombinierten. Er war von Eadweard Muybridges Fotos von den galoppierenden Pferden, laufenden, tanzenden und springenden Männern und Frauen fasziniert. 1912 malte Duchamp ein Bild von einer Frau, die eine Treppe hinabstieg. Es ähnelte Muybridges Fotos und ein bisschen einem kubistischen Gemälde.

Dieses Gemälde und drei weitere wurden für eine Ausstellung in New York ausgewählt. »Schockierend! Nonsens!« Welch charmante Kommentare die amerikanischen Kritiker zu seinen Gemälden abgaben! Keiner war mehr überrascht als Duchamp selbst, als er hörte, dass alle vier verkauft waren. Als er also im Hafen von New York von Bord ging, war er bereits ein kleiner Star. Die Menschen wollten den »exzentrischen französischen Künstler« treffen.

»Es ist mir egal, ob sie meine Ideen für verrückt halten.« Duchamp zuckte mit den Achseln. »Ich bin sicher nicht das, was *sie* sich unter einem Künstler vorstellen.« Für die meisten war ein Künstler jemand, der Farben, Linien und Formen zu einem schönen Bild zusammensetzte. Aber ein Kunstwerk sollte doch eigentlich mehr tun, als dem Auge zu gefallen, oder? Duchamp beschloss, das wirklich wichtige an der Kunst wäre, interessante Ideen zu haben, die den Menschen einen anderen Blick auf die Dinge bieten.

Manchmal sprach ihn ein Gast auf einer eleganten Gesellschaft an und sagte: »Ich war überwältigt von Ihren Gemälden!« »Danke!«, entgeg-

nete Duchamp. »Vielleicht können Sie mir helfen? Ich frage mich schon
die ganze Zeit, was ein Gemälde von einem Fahrrad-Rad unterscheidet.«
Häufig bekam er dieselbe Antwort. »Ein Gemälde ist einzigartig. Es wurde
von einem Künstler gemalt, und kein Gemälde ist wie das andere. Ein
Fahrrad-Rad wurde von Maschinen in einer Fabrik hergestellt. Es ist mit
anderen Rädern identisch.«

»Ich bin der Künstler, nicht du«, dachte Duchamp. »Ich entscheide,
was Kunst ist.« Wenn man es genau überlegt, kommt Ölfarbe in Tuben
aus einer Fabrik. Maler drücken die Farbe aus der Tube und verteilen sie
mit einem Pinsel auf der Leinwand oder auf Papier und behaupten: »Das
ist ein Kunstwerk.« Statt Farbe in einem Spezialgeschäft für Malerbedarf
zu kaufen, könnte Duchamp etwas anderes in einem normalen Laden
erwerben. Zum Beispiel könnte er in einen Eisenwarenladen gehen und
»Moment mal …«

Kratz. Kratz. Kratz. Ein Mann schaufelte den Schnee vom Weg neben der
Bank, auf der Duchamp saß.

»Eine Schneeschaufel, genau! Und wenn ich die als Kunst
bezeichne, werden die Leute sie mit völlig neuen Augen sehen.«

Er stellte sich Suzanne in seinem Sessel vor, wie sie sein Fahrrad-Rad anstarrte, so als säße sie direkt vor ihm und nicht
auf der anderen Seite des Atlantiks. Der Gedanke machte
ihm Hoffnung. Für einen
Moment konnte er den
Krieg vergessen.

РАБОТЫ СТЕПАНОВОЙ

Проэкты спорт-одежды

Entwürfe für Sportkleidung
1923

55

Genossen!
Warwara Stepanowa

Steh still, Alexander! Hör auf zu lachen, sonst piekse ich dir noch eine Nadel in den Hals!«

Warja balanciert auf einem Hocker mit einem roten Blatt Papier in der einen und einer Nadel in der anderen Hand. Sie versucht, das rote Papier an einem weißen um den Hals ihres Mannes festzustecken. Er steht da wie ein verrückter Zauberer, Augen starr geradeaus, beide Arme zu den Seiten ausgestreckt. Sein Gesicht ist ernst, aber seine Schultern zucken vor Lachen. Das Papier – ein Schnittmuster, das Warja ausgeschnitten hat – fällt auf den Boden.

»Es ist hoffnungslos!« Nun kichert auch sie. »Reiß dich zusammen. Stell dir vor … stell dir vor, du hörst einer Rede von Genosse Lenin zu!«

Warja – oder Warwara Stepanowa, um ihren vollen Namen zu nennen – entwirft Sportkleidung. Völlig neuartige Sportkleidung – nicht weiß und langweilig und seriös wie die Sommerkleidung reicher Leute. Nein. Warjas Designs haben starke, farbenfrohe Muster, die wie ein bewegtes Bild aussehen, wenn die Athleten laufen und springen. Dicke rote, weiße und schwarze Streifen, ein roter Stern. Wie Fahnen im Wind, die die Zuschauer begeistern.

Ihr Gatte, Alexander Rodtschenko, ist auch Künstler. Er gestaltet Plakate, Flugblätter, Bücher – all die Dinge, die Russlands Revolutionsregierung benötigt. Wenn er nach seiner Arbeit gefragt wird, erklärt er: »Ein Ingenieur arbeitet mit Maschinen, ein Architekt arbeitet mit Beton, Stahl und Glas. Künstler arbeiten mit Formen, Farben und Linien und schaffen eine neue Welt!«

Warja ist seiner Meinung. »Heutzutage«, sagt sie, »arbeiten wir Künstler nicht mehr für uns allein in unseren Ateliers vor uns hin. Wir arbeiten mit Designern zusammen, mit Architekten, Technikern, Lehrern und politischen Führern. Wir verfolgen alle dasselbe Ziel – wir wollen ein modernes Land errichten. Es wird Zeit, den altmodischen Begriff 'Künstler' abzuschaffen. Wir sind Konstruktivisten!«Stepanowa traf Rodtschenko beim Kunststudium in Kasan. Zu jener Zeit wollten beide Maler werden. Beide kamen aus ärmlichen Verhältnissen und es war ein riesiger Erfolg, einen Platz an der Kunstschule von Kasan ergattert zu haben. In Russland waren das aufregende, turbulente Zeiten. Der uralte Stil der Regierung mit dem Zaren an der Spitze hatte sich nicht an die moderne Welt der Fabriken und Großstädte angepasst. »Eine Revolution wird kommen«, flüsterte man sich zu. 1917 riefen alle: »Die Revolution ist da!«

Stepanowa und Rodtschenko waren auf der Seite der Revolutionäre. Ihr Führer, Lenin, verkündete, Russland sei jetzt eine neue Nation, wo alles anders werde. Fabriken und Landwirtschaft gehörten ab sofort dem Volk, nicht mehr den Herren. Niemand müsste bezahlen, um eine Schule zu besuchen oder zum Arzt zu gehen. Vor der Revolution waren Aktivitäten wie Sport und Theaterbesuche nur einigen wenigen Reichen vorbehalten. Nun sollten auch sie für alle sein.

Warja erinnerte sich, wie sie das erste Mal vor der Revolution nach Moskau kam, an den tiefen, hallenden Klang der Kirchtürme mit den goldenen Mützen. Heute gab es keine Kirchenglocken mehr. Stattdessen hörte man auf den Straßen laute Reden durchs Megafon: »Genossen! Genossen!« Es gab so viel Hoffnung. Aber auch Angst. Außerhalb Moskaus, in den fernen Ecken des russischen Reiches, kämpfte die Rote Armee im Bürgerkrieg gegen die sogenannten Weißgardisten, die sich gegen die Revolution stellten. Soldaten schufen die neue Welt mit Gewehren und töteten die Feinde des Umbruchs. Warja warf einen Blick auf ihre Zeichnungen für die Sportbekleidung. Rot, weiß – lebendige, unruhige Muster. Die Arbeit des Künstlers ist besser …

»Die Kunst ist ein edles Geschäft«, pflegte ihr Professor an der Kunstschule zu sagen. Sie wusste, dass er weder von ihr noch von den anderen Mädchen erwartete, dass sie professionelle Künstler würden. Vermutlich dachte er, sie würden heiraten und vielleicht in der Freizeit ein wenig malen.

Wie anders die Zeiten sind! Die Revolutionsführer sagen, alle sind gleich. Das heißt, eine Frau ist als Künstlerin ebenso angesehen wie ein Mann. Wichtig ist nur, dass etwas Nützliches geschaffen wird – Arbeitskleidung, Stoffe mit Mustern so klar und hell wie neue Ideen.

Endlich hat sie alle Teile des Papieranzugs zusammengesteckt. Sie muss den V-Ausschnitt etwas ändern, bevor sie das Muster an die Schneiderin zum Nähen weitergibt. Der Stoff wird schließlich in einer Fabrik gedruckt und Tausende dieser Hemden werden produziert. Rodtschenko baut in der Zwischenzeit seine Kamera auf. Ihr galt seine neue Begeisterung.

»Die Kamera ist eine Maschine«, sagte er. »Ich mache damit Fotos, genau wie Maschinen in Fabriken nützliche Dinge wie Waffen oder Traktoren herstellen.«

»Na gut, Alexander«, Warja setzt ihr Kameralächeln auf. »Mach, dass ich so schön bin wie ein Traktor!«

Moskau

Russland (1930er Jahre)

Nach der Revolution wurde aus dem alten, russischen Zarenreich die Sowjetunion mit der Hauptstadt Moskau. Um mit dem neuen Zeitgeist Schritt zu halten, entwarfen Architekten moderne, neue Gebäude, die sich gänzlich von den alten im historischen Stadtzentrum unterschieden.

Der Rote Platz

Der Rote Platz ist das Zentrum Moskaus, an dem die ältesten Gebäude der Stadt stehen, darunter die Basilius-Kathedrale und der Kreml. Diese Bauwerke waren für die herrschende Klasse gedacht – für die reiche Elite. Die sowjetische Regierung hielt hier Appelle und Paraden ab, genau wie die Zaren zuvor.
Der Name ist vom russischen Wort für »schön« abgeleitet.

Tor zur Regierung

Den Haupteingang zum Kreml bildet der Spasski-Turm (Turm des Erlösers) eines italienischen Architekten aus dem 15. Jahrhundert.

Festung in der Stadt

Die Zaren regierten Russland aus der Festung im Kreml. Innerhalb der langen Mauern stehen vier Kathedralen und fünf Paläste.

Heilige Geschichte

Die Basilius-Kathedrale ist ein Wahrzeichen Moskaus. Sie wurde im 16. Jahrhundert unter Zar Iwan dem Schrecklichen erbaut. Nach der Revolution wurde sie zum Museum umfunktioniert.

Suew-Arbeiterklub

Dieser Klub öffnete im Jahr 1928. Der Architekt war Ilja Golosow. Wie für Warwara Stepanowa gehörten Kunst und Design zu seinem Alltag. Sein ultramodernes Gebäude bot Klub- und Versammlungsräume für die Fabrikarbeiter Moskaus sowie einen großen Hörsaal.

Suew-Arbeiterklub

Roter platz

Bildung und Unterhaltung

Bis in die 1920er Jahre bestand ein Klub in Russland aus Privaträumen, die nur den Reichen und Adligen zugänglich waren. Arbeiterklubs wie der Suew waren neu, ein Ort, wo sich einfache Menschen nach der Arbeit treffen, Bücher lesen, Filme anschauen, Vorträge hören und Versammlungen abhalten konnten. Klubs wurden in der Nähe der Arbeiterwohngebiete errichtet.

Neue Gesellschaft, neue Gebäude

Nach der Revolution betrachteten sich Künstler, Architekten und Designer als Aufbauhelfer einer neuen Gesellschaft. Die Architekten entwarfen neue, moderne Gebäude aus Glas und Beton statt aus traditionelleren Materialien wie den Ziegelsteinen, die zum Bau der Basilius-Kathedrale verwendet worden waren.

Einige Kreise
1926

56

Kreise des Lebens

Wassily Kandinsky

Eiskristalle glitzerten an den Fensterscheiben, aber drinnen sah es warm aus. Als Wassily und Nina Kandinsky in ihr neues Haus einzogen, strichen sie die Wände an – eine andere Farbe in jedem Raum mit einem leuchtend roten Geländer an der Treppe. Das Haus stand in einem Kiefernwäldchen nahe der Stadt Dessau. Das Bauhaus war nebenan, die berühmte Schule für Design, an der Kandinsky als Professor für Malerei arbeitete. Auch das war ein brandneues, modernes Gebäude mit Flachdach und riesigen Fenstern.

»Alles Gute!« Nina reichte ihrem Mann seinen Frühstückskaffee und seine Geburtstagskarte.

»Ach bitte, Schatz, erinnere mich nicht daran.« Kandinsky starrte düster in die dampfende, schwarze Flüssigkeit. Die Jahre hatten ihm zugesetzt. Und jetzt, im Dezember 1926, war er 60 Jahre alt. »Wenn du mir etwas zum Geburtstag schenken willst, dreh die Zeit zurück!«

»Ich will sehen, was ich für dich tun kann.« Nina lächelte. »Vielleicht können diese jungen Genies in den Ingenieurwissenschaften helfen. Aber *wohin* möchtest du die Zeit denn zurückgedreht haben?«

Kandinsky verstummte. Er schob seinen Kaffeelöffel auf der glänzenden Tischdecke umher, als zeichnete er eine unsichtbare Landkarte seines Lebens. Würde er wirklich noch einmal von vorn beginnen wollen? In Odessa aufwachsen, Jura studieren in Moskau, schließlich die Kunstschule in München – vor 30 Jahren! Es hatte etwas gedauert, bis er seinen Weg als Künstler eingeschlagen hatte. Viel Zeit hatte er bei Landschaftsmalereien südlich von München verbracht. Tiefblaue Berge, rosig-gelbe Wolken, rote Häuser. Um 1910 herum musste er festgestellt haben, dass ihm beim Malen die Farben und Formen wichtig waren und seine innersten Gefühle wiedergaben. Diese Farben und Formen mussten nicht wie Bäume, Seen, Straßen oder gar wie Menschen aussehen.

Farben sind wie Töne, dachte Kandinsky. Zitronengelb ist ein schriller Trompetenton. Tiefes Rot klingt satt wie ein Cello. Und bestimmte Farben sind auch bestimmten Formen zugeordnet. Für ein tiefes Blau ist eine rundliche Form am besten. Für eine grelle Farbe wie Zitronengelb funktioniert eine winklige Form besser als eine geschwungene. 1912 veröffentlichte Kandinsky ein Buch über seine Ideen. Er sah alles so klar. Künstler können nicht einfach losgehen und alles kopieren, was sie vor sich sehen. Sie müssen die puren Materialien der Kunst einsetzen – Farben, Formen und Linien.

Das war eine spannende Zeit. Aber vielleicht musste er gar nicht so weit zurückgehen. Neun Jahre würden ausreichen. Dann wäre er wieder in Russland, kurz nach der Revolution, als Genosse Kandinsky mit seinen Freunden Stepanowa und Rodtschenko arbeitete. Er wurde zu einer recht wichtigen Persönlichkeit und half dabei zu entscheiden, wie die Kunst eine gerechte Welt für alle aufbauen konnte. Aber hinter seinem Rücken wurde getuschelt. »Auch Kandinsky verpackt seine verrückten Ideen so, dass sie der Revolution dienen.« Zeit, weiterzuziehen.

Hier in Dessau war das Leben besser, entschied er. Die Studenten waren seinen Ideen aufgeschlossen und hörten ihm zu. Er lehrte sie, Bilder mit Farben, Formen und Linien zu gestalten. Pferde und Dampfzüge mussten gar nicht dabei sein. Die Menschen bezeichneten seine Gemälde zuweilen als »abstrakt« und behaupteten, sie wären schwer zu verstehen. Wenn er ihnen nur die Augen öffnen könnte! Kandinsky schob die blaue Untertasse so lange auf dem Tisch herum, bis sie den Rand des weißen Umschlags mit Ninas Geburtstagskarte berührte. Über den Umschlag legte er das silberne Buttermesser mit dem orangefarbenen Griff …

Das Bauhaus war keine gewöhnliche Kunstschule. Es war ein Ort, an dem Maler, Designer, Drucker, Ingenieure, Tänzer und alle möglichen, anderweitig begabten Menschen zum Lernen und Lehren zusammenkamen. Einige von Kandinskys Studenten würden Maler werden. Andere würden vielleicht Möbel entwerfen, oder Häuser, Bücher, Kaffeetassen …

Seine Ideen würden ihren Weg in Kunstgalerien, Fabriken, Geschäfte und die Häuser der Menschen finden.

»Vergiss, was ich gesagt habe, Liebes.« Er blickte zu seiner Frau auf. »Ich bin heute überglücklich.«

»Oh gut! Endlich ein Lächeln! Lass uns ausgehen.« Nina half ihm in den Mantel.

Auf dem freien Platz vor dem neuen Bauhaus-Gebäude lieferten sich die Studenten eine Schneeballschlacht. Auch das war exzellent am Bauhaus. Die Studenten wurden zum Spaß ermutigt – zum Spielen, Tanzen und Feiern. Als sie den Professor kommen sahen, hielten einige inne und riefen: »Alles Gute zum Geburtstag, Professor!«

Bumm! Ein Schneeball traf Kandinsky direkt auf der Brust. Er sah an sich herab. Auf dem glänzenden schwarzen Stoff schmolz bereits ein weißer Kreis.

»Na warte!«, rief er. Er setzte sein »Böser-Professor-Gesicht« auf, beugte sich etwas steif hinunter und nahm eine Handvoll Schnee.

Selbstbildnis auf der Grenze zwischen Mexiko und den USA
1932

57

Mädchen zwischen den Welten

Frida Kahlo

Nur ein Stück Blech, ein kleines Rechteck. Ein Blech, wie es die Maler in Mexiko für ihre Heiligenbilder, die *Retablos,* verwenden.

Frida Kahlo hat diesen Malern in ihren kleinen Läden zugesehen. Immer und immer wieder malen sie dieselben Figuren. Sie tun das meisterhaft, mit so viel Geduld. Jesus breitet seine Arme aus oder Maria, seine Mutter, schaut auf ihr Kind hinab. Die *Retablo*-Maler verdienen nicht viel, aber ihnen müssen die glücklichen Gesichter ihrer Kunden gefallen, wenn sie ein Bild gekauft haben. Es ist, als hörten sie Jesus sagen: »Keine Sorge, so lange du dieses *Retablo* hast, bin ich bei dir und passe auf dich auf.«

Frida sitzt im Bett, das kleine Blech an ihre Knie gelehnt, die Malfarben auf dem Nachttisch. Dies ist der einzige Ort, an dem sie sich wohlfühlt. Stehen ist schmerzhaft. Sitzen tut weh. Manchmal wird der Schmerz schwächer. Aber morgens ist es schlimm. Eines Tages, als sie 18 war, sprang sie morgens wie sooft in einen Bus. Aber der Bus stieß mit einer Straßenbahn zusammen und Frida wäre fast gestorben. Die Ärzte retteten ihr das Leben, aber ganz gesund wurde sie nie wieder.

Damals begann Frida zu malen. Monatelang war sie ans Bett gefesselt. Das Malen half ihr, die Schmerzen zu vergessen. Als sie ihr Selbstporträt malte, war es, als setzte sie sich selbst wieder neu zusammen. Und dennoch, bei jedem Selbstbildnis setzten sich die Stücke anders aneinander. »Wer bin ich?«, fragte sie sich. »Ich bin viele Fridas. Welche davon ist die wahre? Eigentlich sind sie alle irgendwie wahr.« Manchmal mag sie ihr Gesicht. Manchmal kann sie den Anblick nicht ertragen – ihre großen, dunklen Augen, die kein Gefühl verbergen können, ihre dicken, buschigen Augenbrauen, die in der Mitte zusammenwachsen.

Als sie heute Morgen erwachte, hatte sie eine Idee für ein weiteres Selbstbildnis. Dieses Mal würde sie ein hübsches Kleid tragen, als ginge sie zu einem Ball. Mit kleinen Farbtupfern auf dem glatten Blech malt sich Frida im blassrosa Kleid.

»Du bist Cinderella!«, ruft ihr Gatte Diego, als er sich verabschiedet und sie ihm das Bild zeigt.

»Ich wünschte, das wäre so!«, entgegnet Frida. »Wenn nur mein Prinz bei mir bleiben und nicht immer fortlaufen würde.«

»Ruh dich aus.« Da steht er, den Hut auf dem Kopf und den Koffer in der Hand. »Wir sehen uns nächste Woche.«

Diego Rivera ist ein starker Mann. Er malt riesige Wandbilder auf Schulen, Regierungsgebäude und Fabriken. In Mexiko können noch immer viele Menschen nicht lesen, aus Riveras Bildern erfahren sie jedoch mehr über die Geschichte ihres Landes. Sie lernen, dass die Revolution gut war. Die alte Regierung hat die Menschen ausgebeutet. Die neue Regierung kümmert sich um sie. Das ist die Botschaft in Riveras Wandbildern.

Rivera wurde auch gebeten, Wandbilder in Amerika zu malen. Wenn es ihr gut genug geht, begleitet ihn Frida. Sie kennt Mexikaner, die gern in die USA auswandern würden. Sie träumen von einer Arbeit in einer Fabrik, davon, sich ein Auto zu kaufen und zu Hause elektrisches Licht statt Öllampen zu haben. Ihre mexikanischen Freunde sagen: »Unser Land muss moderner werden! Wir leben in der Vergangenheit. Amerika ist die Zukunft!«

Sie schaut auf ihr kleines Bild und denkt: »In meinem Cinderella-Kleid gehe ich zum Ball. Die Tänzer wiegen sich im Rhythmus der Maschinen. Der Rauch aus einer Autofabrik riecht nach Geld.«

Das Mädchen im rosa Kleid wendet sich von den stinkenden Fabriken ab, hin zu den Ruinen des Aztekentempels und der zerstörten Statue eines Skeletts. Sie wendet sich der mehrwürdigen, nackten Gottheit zu, den Wildblumen und Kakteen, die überall in Mexiko wachsen, zum Mond und der Sonne mit dem Blitz dazwischen. Aber wer ist sie, diese Frida – das Mädchen mit der mexikanischen Flagge und der Zigarette?«

Rechts von ihr die neuen Fabriken und Wolkenkratzer Amerikas. Links das alte Mexiko. Fridas Bild ist wie eine Waage. Welche Seite wiegt schwerer? Für welche wird sie sich schließlich entscheiden? Sie mischt orange-rote Farbe mit etwas Gelb und Weiß, um ihre Korallenkette zu malen, die ihr Rivera auf dem Markt gekauft hat.

Aua! Wie Nadelstiche fühlt sich der Schmerz in ihrem Rücken an. Frida atmet tief durch und zählt bis zehn. Eins, zwei, drei …

Im Spiegel an der Wand gegenüber sitzt eine junge Frau im Bett. Diese kranke Person starrt Frida an, als könne sie in sie hineinsehen, wie ein Röntgengerät – ihr Herz, ihre Knochen, ihre geheimen Gedanken. Frida legt den Pinsel nieder. »Kopf hoch, meine Liebe«, sagt sie leise.

Die Frau im Spiegel mit dem interessanten Gesicht lächelt sie an. Sie hat verstanden.

Hirondelle Amour
1933–34

58

Meer der Träume

Joan Miró

Goodbye, England! Joan Miró lehnte sich über die Reling und schaute aufs Wasser, als die Fähre auf den Kanal hinausdampfte. Seine Gedanken kehrten nach Hause zurück. Jeden Tag konnte in Spanien ein Bürgerkrieg ausbrechen, sagte man. Und im Rest von Europa, was würde da passieren? Die Reden des deutschen Führers, Adolf Hitler, wurden immer aggressiver. Die deutsche Armee hatte bereits nahe der Grenze zu Frankreich Stellung bezogen.

Miró wendete seinen Blick vom brodelnden Fahrwasser ab. Eine Schwalbe zog vorüber, mit ihren schnellen Flügelschlägen berührte sie fast das Deck, bevor sie wieder zum Land zurückflog. »Das bringt Glück«, dachte er, ohne zu wissen warum. Wie nannte man diesen Vogel auf Englisch? Auf Französisch hieß er *Hirondelle*. Er hatte den Namen im Titel seiner vier riesigen Gemälde für Madame Cuttoli verwendet, *Hirondelle Amour*. Diese Gemälde waren Designs für Wandteppiche. Madame Cuttoli betrieb in Paris ein erfolgreiches Modeunternehmen und bat Künstler häufig, Dinge für sie zu entwerfen.

Ein Wort hat eine eigene Atmosphäre, wie eine Farbe. *Hirondelle* war ein wunderschönes Wort, klingend wie ein Glöckchen. *Amour*, das französische Wort für Liebe, war tief und leuchtend wie das Meer unter ihm. Miró stellte sich merkwürdige Kreaturen vor, die zur Oberfläche schwimmen oder zu ihren eigenartigen Höhlen auf dem Meeresgrund abtauchen könnten.

Er ging auf dem Deck auf und ab. Insgesamt war sein Besuch in London gut verlaufen. Ob es den Leuten gefiel oder nicht, die Ausstellung der Surrealisten, die 1936 eröffnet worden war, hatte Aufsehen erregt. Nun jedoch konnte er es kaum erwarten, in sein Atelier zurückzukehren.

Fast ein Jahrhundert war vergangen, seit Gustave Courbets Gemälde in Paris Furore machten. Dann kamen die Impressionisten, dann van Gogh und Gauguin, dann die Kubisten. Die neuen Kunstrichtungen aus Paris schienen kein Ende zu nehmen. Nun waren die Surrealisten dran.

»Halten Sie mich für einen Surrealisten?«, fragte Miró Madame Cuttoli. »Ich bin mir nicht sicher, ob ich überhaupt ein '-ist' sein will.«

»Wenn ein Surrealist ein Maler der Träume ist, dann sind Sie definitiv einer.«

»So einfach ist das nicht«, seufzte Miró. Der französische Schriftsteller André Breton hatte das Wort Surrealist erfunden. Er hatte umrissen, was ein surrealer Künstler tun sollte. Zu Beginn war Miró von Bretons Ideen begeistert. Nun schienen es ihm zu viele Regeln zu sein.

Dennoch, er glaubte es stimmte – wie Breton sagte –, dass sich unsere tiefsten Wünsche und Gefühle in Träumen ausdrücken. Wenn Künstler das Wesen der Träume einfingen, hätten sie auch die tiefsten Tiefen des menschlichen Geistes erfasst. Das Wichtige daran war, die Traumbilder nicht von unseren praktischen Alltagsgedanken verdunkeln zu lassen.

Miró hielt *Hirondelle Amour* nicht direkt für ein Traumbild. Rot, gelb und grau – dies waren keine imaginären Farben, sie waren real. So real wie eine Streichholzschachtel oder eine Zeitung! Miró zerriss eine Zeitung manchmal in alle möglichen groben Formen, die er dann auf Pappe aufklebte. Reale Formen, reale Pappe. Aber ein paar Tage später, wenn er sich das erneut ansah, schienen sich die Formen in Vögel zu verwandeln, ein Mann mit ausgestrecktem Arm, ein Stern, der vom Himmel fällt.

Konnte er erklären, woher diese Bilder kamen? Nein! Es ist nicht die Aufgabe eines Künstlers zu erklären. Ebenso wenig konnte Miró erklären, warum ganz einfache Dinge zuweilen ein Eigenleben zu führen schienen. Eine Streichholzschachtel oder eine Axt schienen ihm manchmal ebenso lebendig wie ein Mensch. So fühlte er Objekte schon immer, seit er ein Kind war. Was sollte er dazu noch sagen?

»Fühle den Weg vor dir«, hatte sein Lehrer an der Kunstschule gesagt. Er gestand Miró einen gewissen Sinn für Farbe zu, obwohl er seine Linienzeichnungen eher merkwürdig fand. Der Lehrer ließ ihn Objekte mit verbundenen Augen befühlen, um sie zu zeichnen, statt sie anzuschauen. Vielleicht hatte er deshalb immer das Gefühl, seine Bilder seien wie Träume – leuchtende Farben und freie Linien, die er mit geschlossenen Augen klar erkennen konnte.

Die Küste Englands verblasste zu einer neblig grauen Linie am Horizont. Miró suchte im Süden nach der Küste Frankreichs. Er wollte schnell zurück nach Paris, wo er die letzten Jahre gelebt hatte. Weiter im Süden, auf dem Landsitz der Familie in Tarragona, würden die Schwalben bereits in den Nestern unter dem Dach ihre Jungen füttern.

Wenn die Schwalben im nächsten Jahr zurückkehren, sehen sie dann ein friedliches Land unter sich? Oder brennende Häuser und Bombenkrater?

Dicker Rauch zog vom Schornstein des Schiffs wie dunkle Schrift über den Himmel. In der Ferne löste er sich auf, bevor er die Antwort entziffern konnte.

Guernica
1937

59

Eine Lüge sagt die Wahrheit

Pablo Picasso

Es war im April 1937. Ich saß mit Pablo Picasso in einem Straßencafé beim Frühstück. Ein Mann am Nachbartisch beugte sich zu uns herüber und wedelte mit einer Ausgabe der *Times*.

»Haben Sie die schlimmen Nachrichten aus Spanien gehört?«, fragt er auf Englisch und zeigt auf einen Zeitungsartikel.

»Was steht drin?« Picasso sprach kein Englisch, hatte aber das Wort »Spanien« verstanden. Täglich gab es Nachrichten über den Bürgerkrieg, der vor einem Jahr in Picassos Heimatland ausgebrochen war, als sich die Armee unter General Franco gegen die Regierung wandte. In Paris war Picasso sicher, aber er hatte noch viele Freunde in Spanien. Die Stadt Barcelona, wo er Kunst studiert hatte, war Schauplatz schwerer Kämpfe gewesen.

Ich nahm die Zeitung und übersetzte den Artikel, so gut ich konnte. Er beschrieb einen Luftangriff zwei Tage zuvor auf die Stadt Guernica im Norden Spaniens. Der Reporter hatte die Zerstörungen mit eigenen Augen gesehen. »Guernica wurde von Lufteinheiten angegriffen und dem Erdboden gleichgemacht«, übersetzte ich langsam. »Die Bombardierung dauerte drei Stunden. Tief fliegende Kampfflugzeuge schossen auf die Flüchtenden. Unter den Opfern sind viele Frauen und Kinder.« Unterstützt von Hitlers Luftwaffe probierte General Franco eine neue Art der Kriegsführung aus, berichtete der Reporter.

Auf dem Rückweg ins Atelier war Picasso sehr still. Ich ahnte, dass er über Guernica nachdachte und sich die Panik allerorts vorstellte. Er verspürte brennende Wut, aber wie konnte er helfen?

Zu jener Zeit war Picasso bereits der berühmteste lebende Künstler. Seine Arbeiten erfreuten sich immenser Nachfrage. Die Regierung hatte ihn gebeten, ein Wandgemälde für den spanischen Pavillon bei der Weltausstellung anzufertigen, die demnächst in Paris beginnen sollte. Sie hoffte, indem sie Picasso und andere bekannte Künstler einbezog, würde die Welt auf die Kriegsleiden in Spanien aufmerksam.

Nach den Nachrichten aus Guernica wusste Picasso, was er malen würde. Er würde ein Bild malen, so schockierend, dass sich keiner abwenden konnte. Niemand würde mehr behaupten können: »Wir wissen eigentlich nicht genau, was in Spanien vor sich geht. Geht uns eigentlich auch nichts an, oder?« Die Menschen würden über die Geschichte von Guernica so empört sein, dass der Gewalt sicher bald Einhalt geboten würde.

Picasso spannte eine riesige Leinwand durch das ganze Atelier, von einer Seite zur anderen, vom Boden bis zur Decke. Sie war mehr als drei Meter hoch und sieben Meter breit. Es schien undenkbar, dass ein einzelner Maler ein Bild dieser Größe bis zur Weltausstellung schaffen würde, die schon in einem Monat begann.

Auf den Straßen und in den Parks war Paris fantastisch, jetzt, da der Frühling in den Sommer überging. Die Welt im Atelier war eine andere. Picasso arbeitete wie besessen. Bevor er mit dem riesigen Gemälde begann, machte er viele Zeichnungen und probierte verschiedene Anordnungen von Figuren aus. Dann begann er zu malen. Er verwendete keine leuchtenden Farben – nur schwarz, weiß und grau. Er stieg hinauf auf die Leiter und wieder hinab. Immer wieder. In der Mitte der Leinwand malte er den Kopf eines schreienden Pferdes. Auf der linken Seite zeichnete er einen Bullen und eine Frau, die ihr totes Kind in den Armen hielt. Ein verwundeter Mann lag am Boden. Schreiende Gesichter tauchten aus den Schatten auf wie Geisterbilder.

Manchmal bat mich Picasso: »Dora, kannst Du mir hier helfen? Hier in der Ecke?« Aber meistens sah ich nur zu. Ständig veränderte er das Bild beim Arbeiten. Er verwandelte die gleißende Sonne in eine Glühlampe, und verschob den Kopf des schreienden Pferdes aus Bodennähe weit nach oben. Selbst wenn mir Picasso den Rücken zuwandte, spürte ich die Intensität seiner Konzentration. Ein solch riesiges Wandbild hätte zehn Künstler auf Trab gehalten, doch hier stand Picasso, allein und ganz Herr der Lage.

Doch was tat er? Als das Bild fertig war, sah es nicht im Geringsten aus wie ein Kriegsfoto, mit zerbombten Gebäuden und Toten auf den Straßen. Diese kreischenden, gebrochenen Figuren trafen mein Herz. »Warum ist der Bulle da?«, fragte ich Picasso. »Wem gehört der Arm, der die Lampe hält?«

Auf Fragen wie diese antwortete Picasso nie direkt. »Du solltest das inzwischen wissen, Dora«, sagte er. »Kunst, die lügt, sagt die Wahrheit.«

Als ich *Guernica* im spanischen Pavillon auf der Weltausstellung sah, war seine Wirkung noch beeindruckender als im Atelier. Ich dachte, wie einfach es für einen Piloten doch ist, die Klappe zu öffnen, und schon fallen Bomben auf die hilflosen Menschen in der Tiefe. Aber wer konnte schon ein solches Bild schaffen, eine riesige dunkle Explosion aus Wut und Mitgefühl? Nur Picasso!

Drei Figuren schlafend:
Studie für 'Shelter Drawings'
1940–41

60
Kieselsteine und Bomben
Henry Moore

Der Stein stammt von einem Strand in Norfolk. Er ist ganz glatt wie ein riesiges Ei, aber flacher und vor allem schwerer. Er hält ihn mit geschlossenen Augen gern in beiden Händen. Fühlt die Form. Fühlt das Gewicht. Wie lange hat es gedauert, bis das Meer diesen Stein geschliffen hat – Jahrtausende? Jahrmillionen? In seinem Geist hört er das Klackern der Steine, die am Strand aneinanderstoßen, bis die Welle sie wieder ins Meer reißt.

Das waren großartige Ferien, erinnert sich Henry Moore. Er fuhr mit seinen Freunden an den Strand in Norfolk – die meisten von ihnen waren ebenfalls Künstler. Zu Hause in seinem Atelier würde er eine Skulptur bearbeiten, bis sie glatt war wie ein Kieselstein. Ein Kopf, Ellbogen, Schultern, Knie. Eine Skulptur sollte aussehen, als wäre sie vom Meer geformt, vom Wind, von der Zeit an sich – nicht von winzig kleinen Schlägen und Kratzern eines Meißels. Der menschliche Körper besteht aus Bergen und Tälern. Er stellt sich das Land als schlafenden Menschen vor, als würde sich der Horizont mit jedem Atemzug leicht anheben und absenken.

Moores Vater arbeitete im Kohlebergwerk. Sie waren acht Kinder, und alle lebten in einem winzigen Haus nahe der Mine. Zwei Betten mit je vier Kindern. »Lerne gut, dann wirst du besser leben«, sagte Vater immer. Hausaufgaben. Violinunterricht. Kunstschule. Moore wurde Bildhauer.

»Ich verstehe nicht, warum sich ein Junge mit deiner Bildung mit Hammer und Meißel abrackern muss«, sagte seine Mutter. War sein Leben denn besser als das der Eltern? Anders jedenfalls.

Als Kunststudent in London besuchte Moore häufig das Britische Museum, um sich die antiken Skulpturen anzuschauen. Da war die mexikanische Statue eines Mannes – ein Krieger oder Priester – im Liegen. Seine Knie waren eingeknickt, der Kopf erhoben, wachsam und still. »Eine solche Skulptur möchte ich schaffen«, dachte Moore. »Keine Standbilder von Generälen und Premierministern.« Er füllte sein Skizzenbuch mit Zeichnungen antiker Skulpturen aus Griechenland, Italien, Mexiko und Afrika.

Moore gewöhnte sich daran, dass die Leute seine Arbeiten kritisierten. »Mein Kind könnte das besser!«, sagten sie. Oder »So etwas hätte auch ein Höhlenmensch schnitzen können!« Das nahm er als Kompliment. Er hatte die Höhlenmalereien in Altamira in Spanien besucht und die wunderschönen, starken Figuren der Wisente im Fackelschein des Höhlenführers bewundert.

Und es gab Schlimmeres, als sich über Kunstkritiken zu ärgern. 1939 brach Krieg aus in Europa. Hitlers Wehrmacht überfiel Polen, dann Belgien und Frankreich. Im September 1940 begann Hitlers Luftwaffe mit dem Bombardement Londons, jede Nacht, immer und immer wieder. Es war wie Guernica, nur noch viel größer. Es gab nicht genügend Luftschutzbunker, darum gingen die Londoner jeden Abend in die U-Bahn und hofften auf Bahnsteigen und tief in den Tunneln auf Sicherheit.

Moore legt den Stein zurück aufs Fensterbrett. Er schaut in seiner Tasche, ob er auch nichts vergessen hat: Skizzenbuch, Stifte, Farbkasten. Heute Nacht wird auch er da sein, in der U-Bahn, wo die Menschen versuchen zu schlafen, während die Bomben weit oben in den brennenden Straßen dröhnen und einschlagen. Die Regierung hat Künstler wie Moore gebeten, aufzuzeichnen, wie die Menschen inmitten von Angst und Zerstörung weiterleben.

Es ist jede Nacht dasselbe. Kinder, Eltern, Großeltern – alle versammeln sich in der U-Bahn. Sie suchen sich einen Platz auf dem Bahnsteig oder in den Doppelstockbetten, die die Regierung begonnen hat aufzustellen. Spielzeug, Bücher, Decken, Speisen, Getränke – alle tun ihr bestes, sich den Aufenthalt möglichst angenehm zu machen. Oft hört man Musik. Jemand singt oder spielt Akkordeon oder Banjo. Säuglinge weinen, Menschen schnarchen, husten, pupsen. Das stickige, muffige, zugedeckte Land des Schlafs. Vergiss die Bomben. Vergiss, was du vorfindest, wenn du morgen wieder auf die Straße trittst.

Moore versucht, nicht zu lange und zu intensiv hinzustarren. Er will keine Aufmerksamkeit erregen, während er seine Skizzen zeichnet, schnell, still und manchmal mit kleinen Notizen neben einem Bild. Später im Atelier wird er diese schnellen Skizzen in richtige Zeichnungen verwandeln, mit allen Linien und Schattierungen. Vor Tausenden von Jahren sahen Höhlenmenschen im Schlaf schon genauso aus wie wir. Manche legen ihre Arme über ihr Gesicht oder verschränken sie hinter dem Kopf, andere rollen sich auf der Seite zusammen und umarmen ihre Kinder – in allen möglichen Positionen.

Etwas Staub fällt von der geschwungenen Bahnhofsdecke. Sie sind doch sicher hier unten, oder? Moore starrt in den Eingang eines unbenutzten Tunnels und kann im Dunkel Menschen und die Lichter von Zigaretten wie Glühwürmchen erkennen. Es ist, als könnte er seinen Vater mit seinen Freunden sehen, die in die Mine einfahren. Plötzlich fühlt er sich an diesem fremden Ort zu Hause.

Merzbau
Hannover, um 1923–33 (zerstört 1943)

61

Alles Müll!

Kurt Schwitters

Achtung! Die elektrischen Pyjamas niesen morgen. Hunde müssen in acht Farben telefonieren.

Kurt Schwitters schreckte aus dem Schlaf auf. Er hatte im Traum gelacht. Schon wieder. Immer wieder träumte er von diesen verrückten Gedichten. Es war schon 25 Jahre her, dennoch schlichen sich die Worte in seine Träume, als zaubere er sie hier und jetzt aus einem Hut.

Ja, aus dem Hut. Eigentlich war es die Idee von Tristan Tzara – seinem rumänischen Freund und Miterfinder bizarrer Kunstformen. Du schneidest einen Artikel aus der Zeitung aus. Du zerschneidest ihn in einzelne Wörter, steckst sie in einen Hut und vermischst sie etwas. Dann nimmst du die Wörter eines nach dem anderen heraus.

»Jedes Mal entsteht ein Gedicht!«, versicherte Tzara. Nun, vielleicht nicht jedes Mal. Aber die guten Gedichte waren brillant. Schwitters hatte fast alle Gedichte vergessen, die er in der Schule lernen musste, aber an die elektrischen Pyjamas konnte er sich erinnern, selbst im Schlaf. Wenn du Reste und Fragmente zusammenbaust, egal wie alt, ohne darüber nachzudenken, was du tust, dann kommt etwas Erstaunliches dabei heraus.

Schwitters wischte mit der Hand über die beschlagene Fensterscheibe. Ein weiterer feuchter Morgen im Lake District. Irgendwo da draußen waren die Berge. Er konnte Schafe im nebligen Regen blöken hören. Der Geruch von angebranntem Toast strömte aus der Küche zu ihm herauf. Als er 1940 in Großbritannien ankam, wurde er direkt ins Lager gesteckt. Schließlich war er Deutscher und Großbritannien befand sich mit Deutschland im Krieg. Es war sinnlos zu erklären, dass Hitler Künstler wie Schwitters ausrotten wollte, die ungewöhnliche Kunst schufen, die zum Denken anregte. Im Lager arbeitete er mit allem, was ihm in die Hände fiel. Selbst aus Haferbrei und Toast hatte er Skulpturen gebaut …

Reste und Fragmente. So war es in Deutschland nach dem Ende des Ersten Weltkriegs 1918. Soldaten wie Schwitters kehrten nach Hause zurück und sammelten die Einzelteile so gut wie möglich zusammen. Vorher war Schwitters Kunststudent in Dresden gewesen. Danach fand er nichts, was ein Künstler malen wollte. Blumen in einer Vase? Eine Obstschale? Nein – alles, was man auf der Straße sah, waren verwundete Soldaten und hungrige, abgerissene Menschen. Es kam ihm vor, als läge das Deutschland, das er aus seiner Kindheit kannte, in Trümmern, und übrig war nur ein Haufen Müll.

Schwitters begann, Collagen aus Papierstückchen herzustellen – Preisschilder, Lebensmitteletiketten, was immer er fand. Und warum nur Papier? Da war ein Stückchen bemaltes Holz. Er konnte das ans Bild nageln. Hier ein Holzrad von einem Kinderspielzeug, ein Stück von einem Netz.

Wenn Schwitters gefragt wurde, was er da gerade tat, antwortete er: »Ich bin Maler. Der Unterschied ist nur, ich nagele meine Bilder zusammen.«

»Aber Maler nageln ihre Bilder nicht zusammen!«

»Ah, das kommt, weil ich der einzige bin, der *Merz* macht.«

Merz? Was bedeutete das? Schwitters hatte das Wort erfunden. Nur er konnte die Frage beantworten.

»Das ist *Merz*.« Er hob eine zerrissene Straßenbahnfahrkarte vom Gehweg auf. »Das ist auch *Merz*. Und das. Und das.« Eine kaputte Holzkiste vor einem Laden. Ein verbogener Löffel.

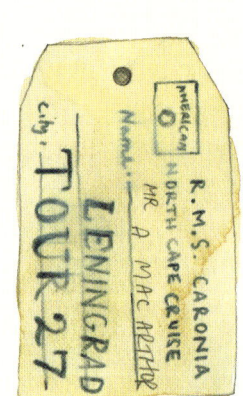

Schwitters kehrte in sein Elternhaus in Hannover zurück. Dort war reichlich Platz. Und der *Merz,* den Schwitters nach Hause brachte, nahm kein Ende. Ein Stuhl mit zwei Beinen. Ein alter Schuh. Eine leere Bierflasche. Welch Schande, dass es kein Papier oder keine Leinwand gab, die stark genug war, um all diesen *Merz* darauf anzubringen.

Was konnte er machen? Er konnte die Räume benutzen – Fußböden, Wände, Decken, Treppenhäuser. Im Haus seiner Eltern baute Schwitters noch ein Haus aus *Merz.* Er nannte es *Merzbau.* Aus Holz und Karton baute er Höhlen und Bögen, geheime Absätze und spitze Dächer. Darin versteckte er seine Schätze – eine Bonbondose mit dem Bild einer Katze, eine Locke einer Freundin. Der *Merzbau* wuchs und wuchs. Inzwischen wäre er vermutlich groß wie eine Kathedrale, wäre er nicht geflohen, bevor ihn Hitlers Schergen abholen wollten. Schwitters war in England, als ihn die Nachricht erreichte, dass alles zerstört war – der *Merzbau,* das Haus und die Straßen in der Umgebung, als britische und amerikanische Flugzeuge Hannover 1943 bombardierten.

Nun war der Krieg vorüber, und es war Zeit für einen Neuanfang. Nachher würde er über den Feldweg durch den Nebel zur Scheune gehen. In der Scheune hatte Schwitters etwas *Merz* an einer Wand angebracht. Er überdeckte alles mit Gips, um merkwürdige Formen zu erzeugen.

Zuerst musste er sich jedoch ankleiden, eine Tasse Kaffee trinken und die verbrannten Toastscheiben abkratzen.

Wohin die Reise geht

1950–2014

Im Verlauf der Geschichte reisten nur wenige Menschen in die Ferne und wussten über das Leben in anderen Teilen der Welt Bescheid. Nach dem zweiten Weltkrieg änderte sich das. Flugreisen und Fernsehen, Telefon und Filme, später das Internet – all das verband die Menschen auch über große Distanzen. Der Austausch von Ideen, Fähigkeiten und Erfahrungen wurde viel einfacher.

Kunst baute weiterhin auf dem Können und der Erfahrung aus alten Traditionen auf, sie nutzte und kombinierte jedoch auch Ideen aus verschiedenen Epochen und Ländern. Der amerikanische Künstler Jackson Pollock ließ sich vom merkwürdigen Stil der europäischen Surrealisten inspirieren. Die australische Aborigine-Künstlerin Emily Kame Kngwarreye kombinierte uralte Techniken mit modernen Materialien, sie malte die jahrtausendealten, traditionellen Muster ihres Volkes mit modernen Acrylfarben. El Anatsui aus Ghana fügte Objekte und Ideen aus verschiedenen Teilen der Welt zusammen und schuf aus Flaschendeckeln aus Europa und Amerika Kunstwerke, die wie afrikanische Königsroben aussehen. Wenn die Ideen der Künstler für einen Menschen zu kompliziert oder zu groß wurden, arbeiteten sie mit anderen zusammen, wie Ai Weiwei bei seinen hundert Millionen Sonnenblumenkernen.

Heutzutage helfen neue Methoden der Materialkombination und Techniken, bei denen alte Ideen mit neuen verschmelzen, Künstlern dabei, ihre Gefühle über unsere Welt zum Ausdruck zu bringen und herauszufinden, was es heißt, ein Mensch zu sein.

Full Fathom Five
1947

62

Direkt aus der Dose

Jackson Pollock

Ich drücke mein Gesicht gegen die Scheunenwand. Die Bretter riechen nach Teer und Sonne. Durch eine Ritze schaue ich hinein. Zuerst kann ich kaum etwas erkennen. Es ist so hell hier draußen. Alles, was ich durch mein Guckloch sehe, sind Jacksons Rücken und die staubige Rauchfahne von seiner Zigarette, die sich mit einem Sonnenstrahl kreuzt.

Gemälde lehnen an den Wänden, aber das, an dem er heute Nachmittag arbeitet, liegt auf dem Boden. Er hat mir erzählt, er würde von nun an immer so arbeiten. Er steckt die Leinwand auf dem Boden fest, um darauf herumlaufen zu können und aus jeder Richtung an das Bild heranzukommen.

Warum auch nicht? Wir alle stellen uns einen Maler zwar mit dem Pinsel in der Hand aufrecht sitzend oder stehend vor seinem Bild vor. Aber das muss ja nicht so sein. Jackson gefällt die Arbeitsweise der Navajo-Sandmaler, die farbigen Sand auf den nackten Erdboden streuen und so ihre heiligen Muster erzeugen.

Meine Augen gewöhnen sich an die Dunkelheit der Scheune. Jackson streut sich Nägel aus einer kleinen Kiste in die Hand. Dann verteilt er sie wie Samen auf dem gesamten Bild. Er setzt sich auf eine Kiste und starrt auf sein Gemälde. Ich stehe schon auf den Zehenspitzen, kann aber trotzdem nicht erkennen, wohin er schaut. Dann springt er auf, nimmt eine offene Farbdose vom Tisch und alles beginnt von vorn.

Vor über einem Jahr, im Herbst 1945, sind wir aus New York City raus nach Long Island gezogen, kurz nach unserer Hochzeit. Jackson wollte am Meer wohnen, Er braucht viel Platz, sagte er. Da stand eine Scheune auf unserem Land, die den Blick aufs Meer versperrte. Er nahm sie auseinander und baute sie neben dem Haus wieder auf. Jetzt ist sie sein Atelier. Elektrischen Strom haben wir keinen, er kann also nur bei Tageslicht malen.

Als ich Jackson kennenlernte, war er als Künstler völlig unbekannt. Ich traf ihn bei der Arbeit an Regierungsprojekten. Seine Gemälde wurden immer größer und gewagter, verwirbelte Linien und Farbkleckse voller Energie. Zunehmend wurde die Welt auf ihn aufmerksam. Nach seiner ersten Ausstellung hieß es: »Jackson Pollock könnte der größte amerikanische Maler unserer Zeit werden.« Und du wirst mir Recht geben, es ist tatsächlich höchste Zeit, dass wir in Amerika gute Maler bekommen. Und es ist Zeit für Europa anzuerkennen, dass Amerika die Zukunft ist.

Warum ich nicht anklopfe und hineingehe? Jackson soll nicht wissen, dass ich hier bin. Ich möchte sehen, wie er malt, wenn er in seiner eigenen Welt ist und sich unbeobachtet fühlt. Er schüttet den Topf mit Fassadenfarbe um und die Farbe klatscht direkt auf die Leinwand. Dann taucht er ein Stöckchen in einen anderen Topf, wedelt damit und verspritzt die Farbe – hier, da, zu schnell, um darüber nachzudenken. Dabei ist er die ganze Zeit auf den Beinen, schreitet an der Leinwand auf und ab wie ein Tänzer, beugt sich darüber wie ein Magier beim Zaubern.

Wenn ich anklopfe, breche ich den Zauber. Kein Künstler hat je zuvor so gemalt. Niemals. Ich gehe etwas nach links und erhasche einen Blick auf die Farbe am Boden. Die Strudel und dicken Farbkleckse leuchten – glänzendes Schwarz, Silber, Weiß. Worum geht es eigentlich? Ebenso könnte ich einen Tänzer fragen »Worüber tanzt du da?« Wenn es dir den Atem verschlägt, ist das »Warum?« nicht mehr so wichtig.

Es ist viel zu heiß hier. Ich gehe zum Fluss. Vom Wasser weht ein feines Lüftchen. Früher oder später werde auch ich ein neues Gemälde beginnen. Ich bin Lee Krasner, Künstlerin, nicht nur einfach Mrs. Jackson Pollock. Das Wasser plätschert ans Ufer und lässt die Steine wie Juwelen glänzen.

Als ich zurückkehre, schleicht Jackson vor dem Atelier herum. Er schaut zerknirscht drein, als erwarte er, gleich als Mörder verhaftet zu werden.

»Sag mir, was du denkst«, fordert er. »Ich weiß nicht, was ich tue.«

Ich gehe hinein und werfe einen ersten richtigen Blick auf das neue Gemälde.

»Ich bin fasziniert«, sage ich. Jackson steht neben mir, als versuche er, das Bild mit meinen Augen zu sehen. Es sieht aus, als wäre es lebendig, würde sich bewegen, als spritzte die Farbe noch immer und von selbst. »Ist es fertig?«, frage ich.

»Fertig?« Er starrt mich an. »Woher soll ich das wissen?« Plötzlich fordert er: »Zeig mir, was du in den Taschen hast!«

»Äh – nicht viel.« Ich finde ein paar Münzen und einen Schlüssel. Jackson nimmt sie und wirft sie in die glänzenden Farbspuren. Er taucht einen Schraubendreher in die Dose mit der Silberfarbe und wedelt wie ein Pendel über das Gemälde. Dann geht er auf die andere Seite, nimmt eine andere Dose und lässt eine lange, dünne Farbzunge herauslaufen.

»Großartig!«, rufe ich. »Wunderbar!«

Er schwankt in seinen Bewegungen, ein Mann in Trance. Falls er gehört hat, was ich sage, dann lässt er es sich nicht anmerken.

New York
USA (1950er Jahre)

Nach dem zweiten Weltkrieg wurde Paris von New York City als Welthauptstadt der modernen Kunst überholt. Amerikanische abstrakte Maler wie Jackson Pollock waren überall gefragt. Europa war durch den Krieg zerstört, die Wirtschaft in den USA boomte jedoch. Reiche Sammler wollten die Werke junger Künstler ebenso kaufen wie historische Kunstwerke.

Ein Anfang

Die Art Students League wurde 1875 gegründet. Dort konnten Studenten von professionellen Künstlern lernen. Louise Bourgeois, Lee Krasner und Jackson Pollock studierten hier.

Mutter ist unten

Louise Bourgeois zog 1938 von Paris nach New York. Sie lebte mit ihrer Familie in einem Haus auf der West 20th Street, wo sie den Keller als Atelier nutzte.

Haus von Louise Bourgeois

Hafenviertel

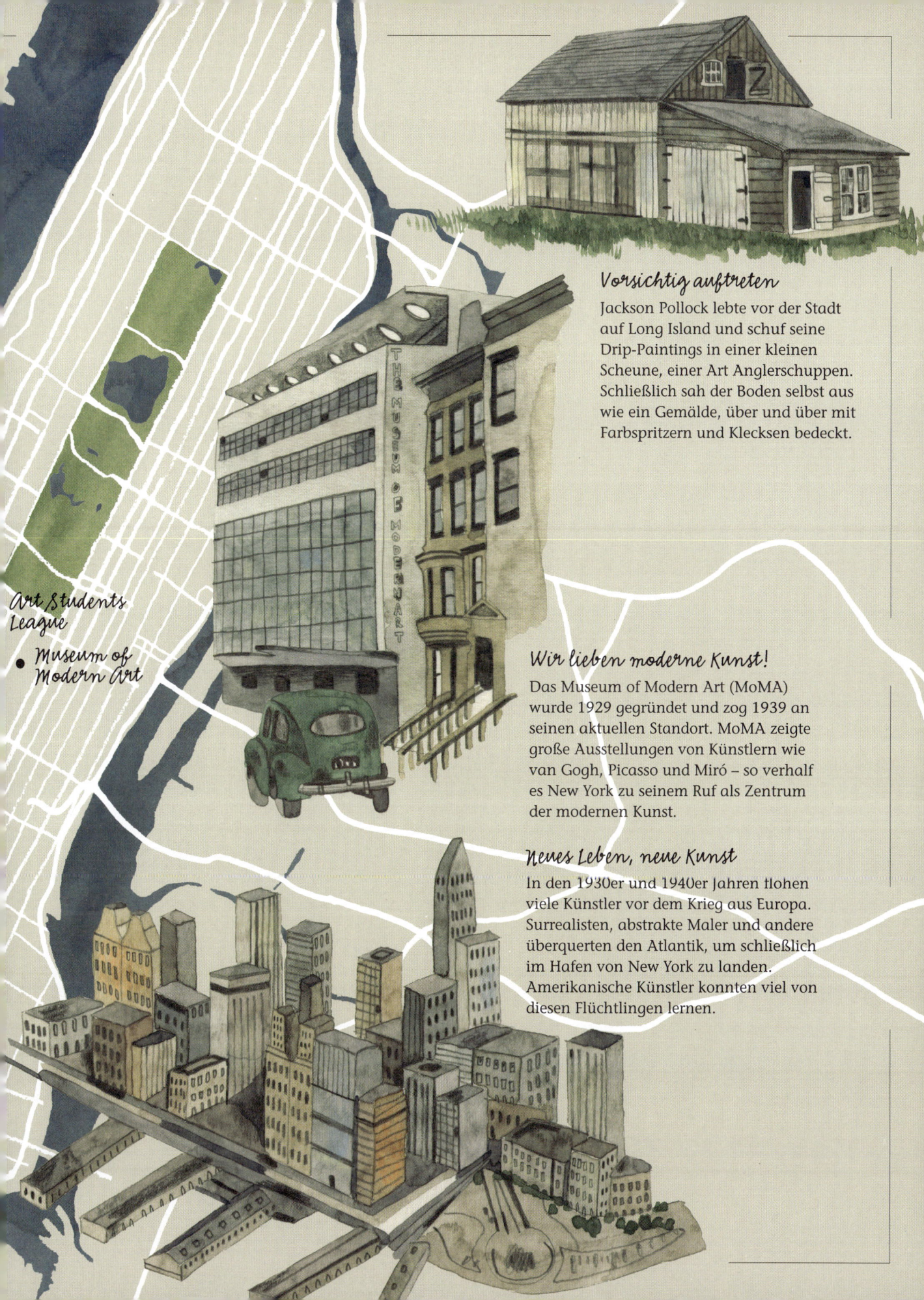

Vorsichtig auftreten

Jackson Pollock lebte vor der Stadt auf Long Island und schuf seine Drip-Paintings in einer kleinen Scheune, einer Art Anglerschuppen. Schließlich sah der Boden selbst aus wie ein Gemälde, über und über mit Farbspritzern und Klecksen bedeckt.

Art Students League

● *Museum of Modern Art*

Wir lieben moderne Kunst!

Das Museum of Modern Art (MoMA) wurde 1929 gegründet und zog 1939 an seinen aktuellen Standort. MoMA zeigte große Ausstellungen von Künstlern wie van Gogh, Picasso und Miró – so verhalf es New York zu seinem Ruf als Zentrum der modernen Kunst.

Neues Leben, neue Kunst

In den 1930er und 1940er Jahren flohen viele Künstler vor dem Krieg aus Europa. Surrealisten, abstrakte Maler und andere überquerten den Atlantik, um schließlich im Hafen von New York zu landen. Amerikanische Künstler konnten viel von diesen Flüchtlingen lernen.

Lebensbaum
1948–51

63

Ein blauer Morgen

Henri Matisse

Wie spät ist es? Henri Matisse muss endlich eingeschlafen sein. Auf der anderen Seite des Raumes, gegenüber seinem Bett zeigen zwei blasse Leitern aus lila-grauem Licht die Morgendämmerung hinter den Fensterläden an. Ein Moped knattert den langen, steilen Hügel von Nizza herauf. Dann ist es wieder still.

Das Licht wird stärker. Die Luft ist bereits warm. Matisse beobachtet, wie sich das Lila-Grau in leuchtendes Gelb-Weiß verwandelt. Das Licht schwappt an die Zimmerdecke wie die Wellen des Meeres auf den Sand. Am liebsten möchte er aus dem Bett springen und die Läden beiseite stoßen. Springen? Vielleicht besser nicht. Er erinnert sich daran, wie alt er ist. Zu viele neue Tage hat er kommen und gehen sehen …

Heute muss er Entscheidungen für die neue Kapelle treffen, die er gestaltet. Sie steht am Stadtrand von Vence, in den Hügeln nicht weit von hier. Paul Bony, der das Bleiglas für die Fenster der Kapelle herstellt, hat ihm eine Kiste mit vielen farbigen Glasscherben geschickt. Alle Schattierungen von Gelb, Blau und Grün. Matisse muss genau die Farben auswählen, aus denen das Fenster gebaut werden soll. Aber welches Gelb? Welches Blau? Und welches Grün?

Matisse ist der König der Farben. Vor langer Zeit, vor dem Ersten Weltkrieg, gehörte Matisse zu einer Gruppe junger französischer Maler, den *Fauves*, »wilde Bestien« – nicht, weil sie sich nicht benehmen konnten, sondern wegen ihres seltsames Farbgeschmacks. Eine Frau mit tiefblauem Haar. Ein Mann mit grell grüner Nase. Was kam als Nächstes?

Die Leute dachten wohl, diese Bilder wären von verwirrten Malern mit starren Augen und zerzausten Bärten gemalt. Als Matisse in seinem Maßanzug, schicker Krawatte und glänzenden Schuhen auftrat, mussten sie ihre Meinung überdenken. Auch andere Künstler malten erstaunlich neu, wie Pablo Picasso und Georges Braque. Aber jetzt, 1950, sind auch sie alt. Ihre Namen stehen in Geschichtsbüchern, die den Kubismus erklären, die Russische Revolution, die Surrealisten und den zweiten Weltkrieg.

Vorsichtig … langsam und unter Schmerzen setzt sich Matisse im Bett auf. Sein Rücken schmerzt. Der Kopf pocht. Er weiß, was viele sagen, wenn sie ihn mit Picasso vergleichen. »Matisse malt wunderschöne Bilder, aber wir leben nun mal nicht in einer schönen Welt. Denk doch an all die Kriege und Leiden in unserem Leben. Denk an Picassos *Guernica* – das kommt der Wahrheit näher!«

Er erinnert sich an seinen Besuch in Marokko vor fast 40 Jahren. Ihm gefielen nicht nur der blaue Himmel, die grünen Palmen und die merkwürdige Art der Menschen, sich zu erholen und dabei einem Goldfisch beim Umherschwimmen in einem Glas zuzuschauen. Manchmal saßen sie stundenlang da und beobachteten ihn. War es das leuchtende Zinnoberrot des Goldfischs, das ihnen gefiel? Oder eher die ruhigen, fließenden Bewegungen? Warum sollte es nicht genauso sein, sich ein Gemälde anzuschauen? Ein Gemälde sollte entspannen und erfrischen. Wenn du mehr über Krieg und Leiden sehen willst, schlag doch die Zeitung auf!

Der Schlafraum um ihn herum tritt aus den Schatten. Er kann die Blumenvase auf dem Tisch erkennen, einen Glaskrug aus Venedig und die chinesische Schüssel. Sie alle sind alte Freunde. Er hat sie so oft gemalt. Ein Gegenstand ist wie ein Schauspieler, denkt er. Derselbe Schauspieler kann in verschiedenen Stücken eine ganz andere Rolle spielen.

Er hat so viel zu tun! Er hat gigantische Zeichnungen von den Wandfiguren für die Kapelle angefertigt. Er gestaltet alle Bleiglasfenster und selbst die Roben der Priester. Wenn alles fertig ist, wird die Kapelle ein Ort sein, wo deine Gedanken friedlich und frei sein können, gestreichelt vom bunten Licht der Fenster.

Matisse hat ein Fenster mit gelben Blattformen entworfen, die sich sanft wiegen wie Seegras. Diese Formen entwirft er auf besondere Art. Er malt ein großes Stück Papier ganz gelb. Dann nimmt er eine riesige Schere und schneidet die Form aus. »Mit der Schere malen«, nennt er das. Es ist, als schaffe er eine Skulptur aus reiner Farbe. Paul Bony wird diese Formen in Bleiglas umsetzen und daraus die großen Fenster herstellen.

Er nimmt eine quadratische, blaue Scherbe vom Nachttisch und schaut hindurch. Dasselbe tut er mit einer gelben. Ein blaues Schlafzimmer, ein gelbes Schlafzimmer. Sie sehen wie völlig verschiedene Räume aus. Das Gelb ist jedoch zu zitronig. Er probiert ein anderes, aber das ist zu orange. Vielleicht das hier? Ja, genau richtig.

Und das Blau? Matisse hält eine tiefblaue Scherbe gegen das Licht. Ein wunderschönes Blau! Er könnte es stundenlang anschauen, ohne sich daran sattzusehen. Inzwischen hat er sogar seinen schmerzenden Rücken und das Kopfweh vergessen. Er fühlt sich wieder jung. Ein blauer Licht-klecks tanzt auf seiner Nasenspitze.

Landschaft mit Flügel
1981

64
Was ist hier passiert?
Anselm Kiefer

Was ist in dieser nackten, geschwärzten Landschaft passiert? Wurde die Erde vom Pflügen aufgewühlt und vom Frost aufgebrochen? Oder hatte es eine Schlacht gegeben, mit Bombenkratern, Panzerspuren und in die Erde eingewühlter Kleidung, Blut und Knochen? Anselm Kiefer arbeitet sprödes Stroh in die gesprenkelte, klumpige Oberfläche seines großen Gemäldes ein, bis die Erde so erdig ist, wie sie sein sollte. Doch die Frage steht noch immer – was ist hier passiert?

Kiefer wurde im März 1945 in Deutschland geboren. Eigentlich eine gute Zeit, um geboren zu werden. Einige Wochen später endete der Zweite Weltkrieg und endlich herrschte wieder Frieden in Europa. Aber wenn er an seine Kindheit zurückdenkt, sieht er überall Ruinen. Die deutschen Städte wurden zerbombt, bis nur noch Berge aus Steinen, Beton und verbranntem Holz übrig waren.

Später wollte er herausfinden, was während des Krieges wirklich passiert war, damals, bevor er auf die Welt kam. Er erfuhr, dass die Menschen in anderen Ländern meinten, alle Deutschen sollten sich für die Gräueltaten ihrer Führer schämen. Was war mit meinen Eltern und ihren Freunden? Hatten *sie* eine Ahnung, was mit ihren jüdischen Nachbarn geschah, nachdem sie von Soldaten abgeholt wurden? Wussten sie von den Lagern, in denen Millionen Menschen ermordet wurden?

Keiner schien diese Fragen beantworten zu wollen. »Das ist vorbei«, sagten sie. »Das ist Geschichte. Das müssen wir vergessen und weitermachen.«

Kiefer stellte fest, dass man sich beim Blick auf die Geschichte recht gut eine Meinung bilden konnte, wer gut und wer böse ist. Mittendrin ist das nicht immer so klar. Was hätte er an ihrer Stelle getan?

Leider konnte er nicht in der Zeit zurück reisen, so blieb ihm als Einziges seine Fantasie. Natürlich gab es Geschichtsbücher – aber Geschichtsbücher nahmen zu viele unwichtige und fürchterliche Ereignisse zu wichtig. Mythen wiederum können viele verschiedene Geschichten erzählen. In einem Mythos kann ein Held gleichermaßen kreativ wie destruktiv, gut wie böse sein. Kiefer malte riesige Bilder von seinem Atelier mit kargem Dielenfußboden und leeren Wänden. Auf jedem Gemälde war das Atelier leer, bis auf einen Speer, der im Boden steckte, und zwei Schwerter, die herumlagen, als wären legendäre Helden beim Kampf überrascht worden.

Der leere Raum in seinen Gemälden wirkte wie ein friedlicher Ort, an dem bis vor kurzem noch Gewalt geherrscht hatte. Es war, als wartete er auf die Rückkehr der Geister und Helden. Vielleicht war es tatsächlich so. Aus seiner Kindheit nach dem Krieg erinnert sich Kiefer an zerstörte Häuser, in denen einst Menschen lebten, an die Löcher in der Erde, wo einst Häuser standen. Aber die Menschen gaben sich zu jener Zeit große Mühe, das Leben in den Griff zu bekommen und von vorn zu beginnen. Selbst wenn dir nur ein Haufen kaputter Steine geblieben war, du fingst trotzdem an zu bauen.

Kiefer konnte sich nicht daran erinnern, als Kind Spielzeug geschenkt bekommen zu haben, wohl aber daran, dass er in den Ruinen gespielt und aus den Ziegeln Häuser gebaut hatte. Ruinen waren nicht das Ende, denkt er. Sie waren der Anfang des Neuen. Vielleicht baut er darum seine Gemälde gern aus Stroh, Teer, Sand, Erde und Zweigen auf. Kann sein. Er tritt etwas zurück, um das große, erdige Gemälde mit etwas Abstand zu betrachten. Vielleicht ist das die Erde, bevor etwas darauf passierte –

Gutes
oder Schlech-
tes. Ein Künstler kann in die
Geschichte eintauchen, immer tiefer und
tiefer, bis zum Ursprung der Welt.

Kiefer stellt einen Flügel aus Blei her.
Die Bleifolie lässt sich glatt schneiden.
Jeder Streifen ist eine flache, glatte Feder.
Er breitet die langen Metallfedern aus wie
den Flügel des Vogels im Flug. Aber der
wunderschöne Flügel ist schwer wie Beton.
Den wird er irgendwie am Bild befestigen
müssen.

Kiefer hatte über Wieland nachgedacht, den Meisterschmied aus einer
nordischen Sage. Wieland schmiedete sich selbst Metallflügel, mit denen
er der Gefangenschaft des grausamen Königs Nithud entkommen konnte.
Wieland ist der Held – aber bevor er wegfliegt, ermordet er Nithuds drei
Söhne, zerteilt ihre Schädel und macht daraus Trinkbecher. Aus ihren
Augen und Zähnen stellt er prächtigen Schmuck her.

Er wird den Flügel hier anbringen, kurz oberhalb der Mitte der erdigen
Landschaft. Ein Flügel ist das Gegenstück zur Erde. Er suggeriert fliegen,
frei sein, leicht wie Luft. Aber ein Flügel aus schwerem Blei … sicher hätten Wielands Flügel ihn hinabgezogen. Oder waren das andere Flügel?
Wir sprechen davon, dass unsere Gedanken Flügel bekommen und reisen
können, wohin sie wollen … in die Zukunft oder in die Vergangenheit.
Und die Zeit – sie hat auch Flügel. Aber wenn das ein Flügel der Zeit ist,
warum liegt er dann auf einem Feld? Kann die Zeit nicht mehr fliegen?
Wo sind wir gelandet, an diesem schwarzen, erdigen Ort zwischen damals
und heute?

Ntange Dreaming
1989

65

Mein Traum

Emily Kame Kngwarreye

Wie viel kann ein Maler in ein Bild investieren? »Das Ganze«, sagt Emily Kame Kngwarreye. »Das Ganze.«

Es ist das Jahr 1989 und sie ist 78 Jahre alt. Oder 81, sie ist sich nicht sicher. Spielt das eine Rolle? Das große Ganze kann nicht in Jahren gemessen werden. Die Zeit, alle Zeit seit ihrem Beginn, reicht nicht aus. Der Ort, von dem die Geister der Traumzeit kamen, und der Ort, wo sie jetzt sind – diese Stellen findest du nicht in deinem Geografiebuch. Leg die Landkarte weg mit ihren kleinen roten und gelben Linien für Straßen und den langweiligen grauen Punkten für Städte.

Deine Landkarte hat dich hierher gebracht, durch die heiße rote Wüste in die Mitte Australiens. Du bist von Alice Springs nach Norden gefahren, in ein Gebiet namens Utopia, um Emily Kame Kngwarreye zu treffen. Sie lebt in einer kleinen Siedlung mit ihren Verwandten, ihrem Clan. Andere Clans des Volkes der Anmatyerre leben in ihren eigenen Siedlungen in der Nähe. Dies ist ihr Land. Eine Zeitlang versuchten die weißen Bauern mit ihren Rindern, das Land zu übernehmen. Aber es ist karges, trockenes Land, wo manchmal jahrelang kein Regen fällt. Die Bauern und die meisten Rinder sind verschwunden.

Die Anmatyerre wissen, wie sie hier überleben. Sie wissen, wo die essbaren Pflanzen stehen und wie man Yamswurzeln unter der Erde findet. Wenn der Regen kommt, blühen die *ntange*-Pflanzen. Wenn du ihre winzigen Samen einsammelst, kannst du sie zwischen Steinen zermahlen. Der Saft lässt sich gut trinken, das Fruchtfleisch schneidet man in kleine Kuchen, um die Ankunft des Regens zu feiern.

Die Traumzeit hat dieses Land geformt. Sie schuf den *uturupa*, den großen Sandhügel, der Utopia seinen Namen gab, und auch die Pflanzen und die Erde, auf der sie wachsen.

Emily taucht ihre Finger in die Farbe und beugt sich nach vorn. Mit den Fingerspitzen tupft sie kleine Punkte auf die Leinwand vor ihr. Während sie arbeitet, vermehren sich die Punkte, wie Sterne, die am Nachthimmel erscheinen, oder Pollen, die von einer Blume geblasen werden. Diese bunten Punkte sind die Blüten und Samen der *ntange*. Sie verdecken ein Muster aus verästelten Linien, die Emily bereits aufgemalt hat, wie die Linien auf den Körpern der Tänzer bei der Regenzeremonie. Alles geschieht sehr schnell. Sie malt, als erzähle sie mit den Fingern eine Geschichte oder zeichne Punkte und Linien auf einer geheimen Landkarte nach. Im Schatten der struppigen Bäume trocknet die Farbe schnell in der Hitze der Wüste.

Die Leute fahren oft von Alice Springs nach Utopia in der Hoffnung, Gemälde von Emily kaufen zu können. In den Kunstgalerien der Städte werden ihre Bilder teuer verkauft. Wenn Emily sie besucht, wie sie von Leuchten angestrahlt aufgehängt sind, wirken sie so weit weg von zu Hause, von dem Ort, an dem sie die Bilder malt, mit roten Farben auf dem roten Wüstenboden im blauen Schatten der Bäume.

Sie ist berühmt geworden. Ihre Bilder wurden ausgezeichnet. Sie verteilt das verdiente Geld in ihrem Clan. Schließlich sind die Geschichten und Muster, die Emily malt, auch deren Geschichten und Muster. Das Land, wo *ntange* wächst und die Samen, die man gut essen kann – das Land teilen sich alle.

Emily Kame Kngwarreye hat erst mit über 70 mit dem Malen begonnen. Vorher stellte sie wie viele Frauen ihres Clans Batikstoffe her. Sie half, die Women's Batik Group zu gründen. Aber Batik ist schwere Arbeit, vor allem im Alter. Man zeichnet mit Wachs Muster auf Seide. Dann wird die Seide gefärbt. Die Farben dringen in die ungewachsten Bereiche ein. Schließlich kocht man die Seide, bis das Wachs schmilzt. Jedes kleine bisschen Wachs muss aus dem Stoff entfernt werden. Schwere Arbeit! Gemälde müssen nicht gekocht und gereinigt werden. Man kann sich auf die Muster und die Farben konzentrieren. Und kurz nachdem du sie auf die Leinwand aufgetragen hast, ist die Acrylfarbe getrocknet.

Vielleicht ist es gut, dass sich die Menschen in den Städten gern Emilys Bilder an den weißen Wänden der Galerien anschauen. Wenn sie die Bilder mögen, spielt es denn eine Rolle, warum? Sie werden nie in der roten Erde nach Yamswurzeln graben oder *ntange*-Samen sammeln. Und sie werden auch nicht ihre Haut bemalen und für die Geister tanzen, damit *ntange* blüht.

Ntange Dreaming, so wird Emily ihr Bild nennen. So dankt sie der Traumzeit, die das Land geformt hat und sich darum sorgt – immer. Oder es ist ein wunderschönes Muster an einer weißen Wand. Das hängt davon ab, wer du bist, denkt sie, und wo du stehst.

Könntest du hier in Utopia bleiben, würdest du Emily morgen wieder am selben Ort vor einem neuen Bild finden. Aber es ist Zeit zu gehen. Die Nacht kommt schnell in der Wüste. Plötzlich wird es kühl. Am klaren, tiefen Himmel erscheinen die Sterne, erst einer, dann drei oder vier, schließlich alle – das Ganze.

Cell (Choisy)
1993

66

Komm herein

Louise Bourgeois

Eine goldene Kindheit. Das glauben die Leute beim Anblick der Familienfotos. Schau das große Haus. Stell dir die eleganten Zimmer vor, in die der Sommerwind aus dem riesigen Garten herein weht, der sich bis hinunter an die Seine erstreckt. Und die Mädchen mit dem langen Haar und den weißen Kleidern. Sie bekommen bestimmt alles, was sie sich wünschen. Ein Pony? Natürlich! Ein neues Cocktailkleid? Warum nicht! Das elegante Haus liegt in Frankreich und heißt Choisy-le-Roi. So romantisch!

Ah! So wirkt es also für Außenstehende. Für Louise Bourgeois war es ein Albtraum. Ein Albtraum aus Sorge, Scham und Wut, den sie nie vergessen wird.

1993 war die Kindheit von Louise Bourgeois jedoch schon sehr lange her. Sie hatte sich unter dem Esstisch versteckt und beobachtete die Beine der Eltern beim Umherlaufen, während sie ihre Stimmen hörte – ärgerlich die des Vaters, traurig die der Mutter. Sie erinnert sich, wie sie mit der Mutter den im Ersten Weltkrieg verwundeten Vater besuchte. Sie erinnert

sich an die Geräusche in einem Militärkrankenhaus. Schwarz. Schwarz. In diesen Erinnerungen ist alles schwarz.

Ihr Vater kam irgendwann nach Hause, aber nicht als netter Mann. Er war verwundet und von den Kämpfen gezeichnet, außerdem hatte er viele Freunde verloren. Sie sah ihm an, was er dachte. »Was bist du? Du bist nur ein Mädchen. Ein Mädchen ist nichts!«

Louise wurde erwachsen. Sie studierte Mathematik an der Universität in Paris. Sie reiste nach Russland. Sie lernte einen Amerikaner namens Robert kennen. Sie heirateten und siedelten nach New York über. Das war 1938. Und selbst das ist schon lange her. Louise vermisste ihre Schwester und ihre Freunde in Frankreich. Sie spürte die Leere um sich herum. Diese Leere füllte sie mit Figuren aus Holz, die als ihre ersten Skulpturen in einer Kunstgalerie ausgestellt wurden.

»Eine Ausstellung von Louise Bourgeois«. Das klang gut. Aber sie glaubte zu wissen, was die Leute dachten: »Nicht schlecht. Nicht schlecht, wenn man bedenkt, dass sie ja nur eine Frau ist.« Sie schaute sich unter den anderen Künstlern in New York um, über die man sich so unterhielt, wie Jackson Pollock. Alle waren Männer. Das ärgerte sie. Vor allem aber gab es ihr ein Ziel.

Manchmal regte sie sich so sehr auf, dass sie hätte in Flammen aufgehen können. Dennoch stand ihr Körper da, atmete, gluckste und machte einfach mit dem Leben weiter, während ihre Gefühle Amok liefen. Sie schuf Skulpturen, die aussahen wie Leichenteile – Finger, Brüste, merkwürdige wabbelige Stücke aus Fett und Fleisch. Vorher hatten die meisten Skulpturen von Menschen gezeigt, wie wir von außen aussehen. Die Arbeiten von Louise Bourgeois hingegen wirkten, als kämen sie von innen. Oder als wären sie ein kleines Baby, das den riesigen Körper seiner Mutter betrachtet – einen Körper groß wie die Welt.

Vielleicht ist alles, was wir beim Aufwachsen spüren, auf unsere ersten Gefühle über die Welt zurückzuführen, in die wir hineingeboren werden – die unbekannten Formen, Töne und Gerüche. Louise erinnerte sich sehr genau daran, wie sie sich als Kind fühlte. Zuhause ist ein merkwürdiger Ort. Erwachsene sind merkwürdige Kreaturen, die entscheiden können, ob die Sonne scheint oder Donner grollt.

Mit 81 Jahren ist Louise Bourgeois für ihre Skulpturen berühmt. Überall auf der Welt wünschen sich Museen und Galerien Ausstellungen von ihr.

Aber wenn sie morgens in New York von zu Hause ins Atelier geht, starrt sie niemand an. Alle eilen vorüber, vorbei an der alten Dame mit dem langen Gesicht, den kleinen, klaren Augen und der Wollmütze. »Meine Ideen, die sind riesig!« Sie lacht. »Aber ich selbst, ich bin wie die Maus hinter dem Ofen!«

Zum Glück ist ihr Atelier für ihre Ideen groß genug. Hier sind ihre »Cells«, ihre Zellen. Sie sind wie Räume, die man nicht betreten kann. Man kann nur herumlaufen und von draußen hineinschauen. Warum sie sie »Cells« genannt hat? Aus Zellen besteht unser Körper. In Zellen denken die Geistlichen nach und beten, darin werden Gefangene eingeschlossen und von allen anderen weggesperrt.

Wer wird in dieser »Cell« mit dem Maschendraht eingesperrt? Kein Mensch, sondern ein Puppenhaus. Ein Puppenhaus aus rosa Marmor, das du nicht berühren oder betreten kannst. Es ist das Haus aus den Familienfotos, in dem Louise aufgewachsen ist. Über dem Drahtzaun hängt die riesige Klinge einer Guillotine, genau wie die, die den König bei der Französischen Revolution enthauptet hat.

»Sie zeigt, wie die Gegenwart von der Vergangenheit abgeschnitten ist«, erklärt Louise.

Sie betrachtet das Haus ihrer Kindheit. Es ist klein und weit entfernt wie ein Haus in einem Traum. Unter dem Steindach, hinter den Steinfenstern hört sie die Stimmen ihrer Eltern: ärgerlich die des Vaters, traurig die der Mutter, während sie selbst unter dem Tisch kauert.

Sacred Moon

2007

67

Deckelzauberei

El Anatsui

Die Tür geht auf. El Anatsui kommt herein. Viele Assistenten wie ich arbeiten in diesem riesigen Lagerhaus. Ja! Es mag vielleicht klingen, als unterhielten wir uns nur und machten Witze. Aber wir arbeiten! So ist El Anatsui. Er fährt zum Atelier und parkt sein Auto um die Ecke. Dann geht er leise zur Tür, damit wir ihn nicht kommen hören.

»Was soll das Geschwätz?«, fragt er. »Kunst ist etwas Spirituelles. Ihr müsst leise sein und euch konzentrieren.«

»Wir sind doch leise«, antworten wir leise. Ist er sauer? Nein! Er lächelt, denn um Kunst zu schaffen, muss man freudig dabei sein.

Hier drin ist es heiß und feucht. Die Regenzeit kommt. Der Himmel ist von einer grauen Decke verhangen. Er hängt tief über Nsukka, bereit zum Platzen – wie die großen Säcke voller Flaschenverschlüsse im Atelier. Die braucht El Anatsui für seine Arbeit – Flaschenverschlüsse und Kronkorken aus Metall von Rum-, Bier- und Whiskyflaschen. Die Flaschen wurden weggeworfen. El Anatsui sammelt nur die Metalldeckel.

Einige von uns schneiden die Verschlüsse auf und hauen sie platt. Andere nähen die kleinen glänzen-

den Metallzungen mit Kupferdraht zusammen. Wir müssen aufpassen, dass wir uns nicht an den scharfen Kanten schneiden. El Anatsui beobachtet genau, was wir tun. »Seht, ihr könnt das so machen«, sagt er. »All ihr Helfer – das ist, als würde ich ein Orchester dirigieren«, erklärt er uns.

Wir stellen Blöcke miteinander verdrahteter Flaschendeckel her, fast wie Metallmatten. Wenn genügend Blöcke fertig sind, legen wir sie auf den Boden. Silber, gold, blau, rotgestreift – all die leuchtenden Farben der Deckel. Wie sollen sie zusammenpassen? So oder so? Das entscheidet El Anatsui. Jedes Arrangement, jedes Muster hat eine andere Bedeutung. Wenn er entscheidet, fügen wir die Blöcke zu einem riesigen Bogen zusammen.

El Anatsui lebte nicht immer in Nigeria. Er wuchs in Ghana auf, mit nicht weniger als 30 Geschwistern! Am College las er Bücher über afrikanische Kunst, die jedoch nicht von Afrikanern geschrieben waren. Da klang es so, als wären die Zeichen und Formen der afrikanischen Künstler einfach hübsche Muster wie ein Hemd mit Blumen. Offensichtlich hatten die Autoren keine Ahnung von *adinkra*.

Wenn du in Ghana aufgewachsen wärst, würdest du die *adinkra*-Zeichen kennen. Du siehst sie jeden Tag, an Wände und auf Töpfe gemalt, auf Kleidung gedruckt. Da gibt es ein Zeichen, das wie ein hölzerner Kamm aussieht, ein *duafe*, das bedeutet »Schönheit«. Das Zeichen *osram ne nsoromma* ist die scheinende Sonne mit der Mondsichel darunter, wie eine Wiege. Es bedeutet »Liebe und Harmonie«. El Anatsui gefielen die großen Bedeutungen der kleinen Formen, die man auf ein T-Shirt oder ein Stück Holz drucken konnte. Er fertigte Zeichnungen von *adinkra* an und setzte sie in verschiedenen Kombinationen zusammen.

Zu dieser Zeit entdeckte er, dass Straßen, Wege, Marktplätze und Läden – wohin er auch ging –, vermüllt waren mit Dingen, die Menschen fallen gelassen hatten. Beim genaueren Hinsehen stellte er fest, dass selbst der Müll voller Zeichen war. Zwar nicht *adinkra*, aber dennoch hatten auch sie eine Bedeutung. Er hob einen Deckel auf. Er hatte einen blauen, verschnörkelten Rand um einen weißblauen Kreis. In der Mitte des blauen Kreises war ein silberfarbener Stern.

Er begann, Deckel zu sammeln. Die Namen darauf klangen wie Legenden oder Filme. Dark Sailor, King Solomon, Makossa, Top Squad. Als er viele Deckel zusammen hatte, fügte er sie mit Draht zusammen. Sie sahen wie ein glänzendes, metallenes Gewand aus, nur dass es statt einem *adinkra*-Zeichen die Namen alkoholischer Getränke trug. Tausende Flaschendeckel fügte er zu einer Art Mantel zusammen. Wenn man nicht genau aufs Material schaute, sah dieser wie ein Mantel für einen König aus.

Viele Jahrhunderte lang, erzählt uns El Anatsui, kamen die Europäer nach Afrika und trugen unsere Schätze fort. Unsere Menschen verschleppten sie als Sklaven und handelten mit Waffen und Alkohol. »Schaut euch um«, sagt er. Afrika wird mit dem Müll der ganzen Welt geflutet. Leere Flaschen, Milchdosen. Er zeigt uns, wie er aus diesem Müll etwas Schönes macht.

Lange Zeit unterrichtete El Anatsui an der Universität von Nsukka. Außerhalb von Afrika wussten nicht viele von seiner Arbeit. Heute ist er jedoch berühmt. Wir sind stolz, seine Assistenten zu sein. Immer mehr Menschen bitte ihn, neue Arbeiten für Ausstellungen anzufertigen. Darum haben wir so viel zu tun.

Plötzlich geht das Licht aus. Stromausfall! Die Luft hat die Farbe von Eisen. Die ersten schweren Regentropfen fallen. Donner grollt. Gleich wird der Generator anlaufen und die Lichter gehen wieder an. Für einen Moment leuchten für uns das Silber und das Gold – im Schatten um uns herum, auf dem Betonboden verteilt. Der Zauberschatz von El Anatsui.

Sunflower Seeds
2010

68

Saat auslegen

Ai Weiwei

Ich halte meine Augen geschlossen und versuche zu erraten, was mir meine Schwester auf die Hand gelegt hat. »Los«, fordert sie, »du erinnerst dich.«

Ist es eine Perle? Oder ein Zahn?

»Na gut, du darfst hinschauen.«

Es ist ein winziges, blasses Ding mit dünnen, schwarzen Streifen. Ein Sonnenblumenkern. »Was meinst du?«, fragt sie. »Ich habe es aus Ton modelliert und bemalt. Rate, wie lange es gedauert hat.«

Ich schüttele meinen Kopf. »Eine Stunde«, sagt sie, *»eine ganze Stunde.«* Dann erzählt sie: »Ai Weiwei steht unter Hausarrest.«

Ich will das lieber erklären. 2011 – mir kommt es vor, als wäre es ewig her –, besuchten wir mit der Schule eine Kunstausstellung. Der Künstler hieß Ai Weiwei. Das einzige, was es dort zu sehen gab, war der Boden der großen Halle, über und über bedeckt mit Sonnenblumenkernen. Nur waren es keine echten Kerne. Es waren hundert Millionen Sonnenblumenkerne, alle aus hartem, weißem Porzellan hergestellt und von Hand bemalt – jeder einzelne. Meine Schwester sagte, 1.600 Arbeiter hätten zweieinhalb Jahre gebraucht, sie alle herzustellen. Insgesamt also viertausend Jahre, um Kerne herzustellen und anzumalen. Jeder Sonnenblumenkern war anders. »Was soll das?«, flüsterte ich angesichts des riesigen, weißgrauen Teppichs aus Sonnenblumenkernen.

»Der Punkt ist …« Meine Schwester hatte auf alles eine Antwort. »Der Punkt ist, dass jeder winzige Kern ein Kunstwerk für sich ist. Schau«, sie kniete nieder und hob einen auf.

»Berühren verboten«, sagte der Verantwortliche in der Galerie.

Diese Zurechtweisung spornte meine Schwester besonders an, mehr über Ai Weiwei zu erfahren. Darum wusste sie auch so viel über ihn.

Ai Weiwei wurde in China geboren. Sein Vater war ein berühmter Dichter, darum hatte er auch seine eigene Vorstellung von der Welt. Die chinesische Regierung mochte jedoch keine Leute, die selbst nachdachten. Ai Weiweis Familie wurde in ein Gefangenenlager gesperrt, wo sie in einem entfernten Winkel Chinas leben mussten. Als Ai Weiwei 20 Jahre alt war, besuchte er die Filmhochschule. Danach reiste er nach Amerika. In New York begegnete er Dichtern und Künstlern und verdiente sein Geld mit Straßenporträts. Und er fotografierte alles. Egal wie viele Tausend Fotos er aufnahm, jedes hielt einen einzigartigen Moment fest.

1993 erkrankte Ai Weiweis Vater. Er beschloss, nach China zurückzukehren, wollte jedoch weiterhin seine Kunst und seine Ideen mit den Menschen in anderen Ländern teilen. Zu jener Zeit steckte das Internet gerade in seinen Anfängen. Ai Weiwei war einer der ersten Künstler, der andere Menschen über das Internet an seiner Kunst teilhaben ließ.

Meine Schwester hatte eine weitere Erklärung für die Sonnenblumenkerne. Sie stünden für die chinesische Geschichte, sagte sie, denn in der Stadt Jingdezhen, wo sie hergestellt wurden, produzierte man schon zweitausend Jahre Porzellan, seit der Zeit der chinesischen Kaiser. Und die Kerne standen für die Millionen und Abermillionen Menschen in der Welt, denn jeder Mensch ist ein einzigartiges Lebewesen. Und sie erzählten von Ai Weiwei, der sich gegen die Regierung wandte, die verhindern wollte, dass die Leute ihre Gedanken ausdrückten. »Er sagt ›die Samen gedeihen … und die Menschen werden ihren Weg gehen‹«, erklärte sie mir.

Ich war noch immer nicht sicher, ob ich das richtig verstanden hatte. Ich googelte »Ai Weiwei«. Ich fand ein Video, in dem er über die Zeit im Gefängnis sprach. Häufig kritisiert er die chinesische Regierung. Kurz nach der Ausstellung mit den Sonnenblumenkernen wurde er verhaftet und für 81 Tage ins Gefängnis gesperrt. Keiner wusste, was er falsch gemacht hatte. Er wurde entlassen, steht aber unter Hausarrest.

Meine Schwester zeigt mir noch einen Film über Ai Weiwei auf ihrem Laptop. Er öffnet die Tore vor seinem Haus in Peking. Die Morgenluft ist dunstig von den Abgasen. Ein Fahrrad lehnt an einem Baum. In den Fahrradkorb legt Ai Weiwei einen Blumenstrauß. Er wird von Überwachungs-

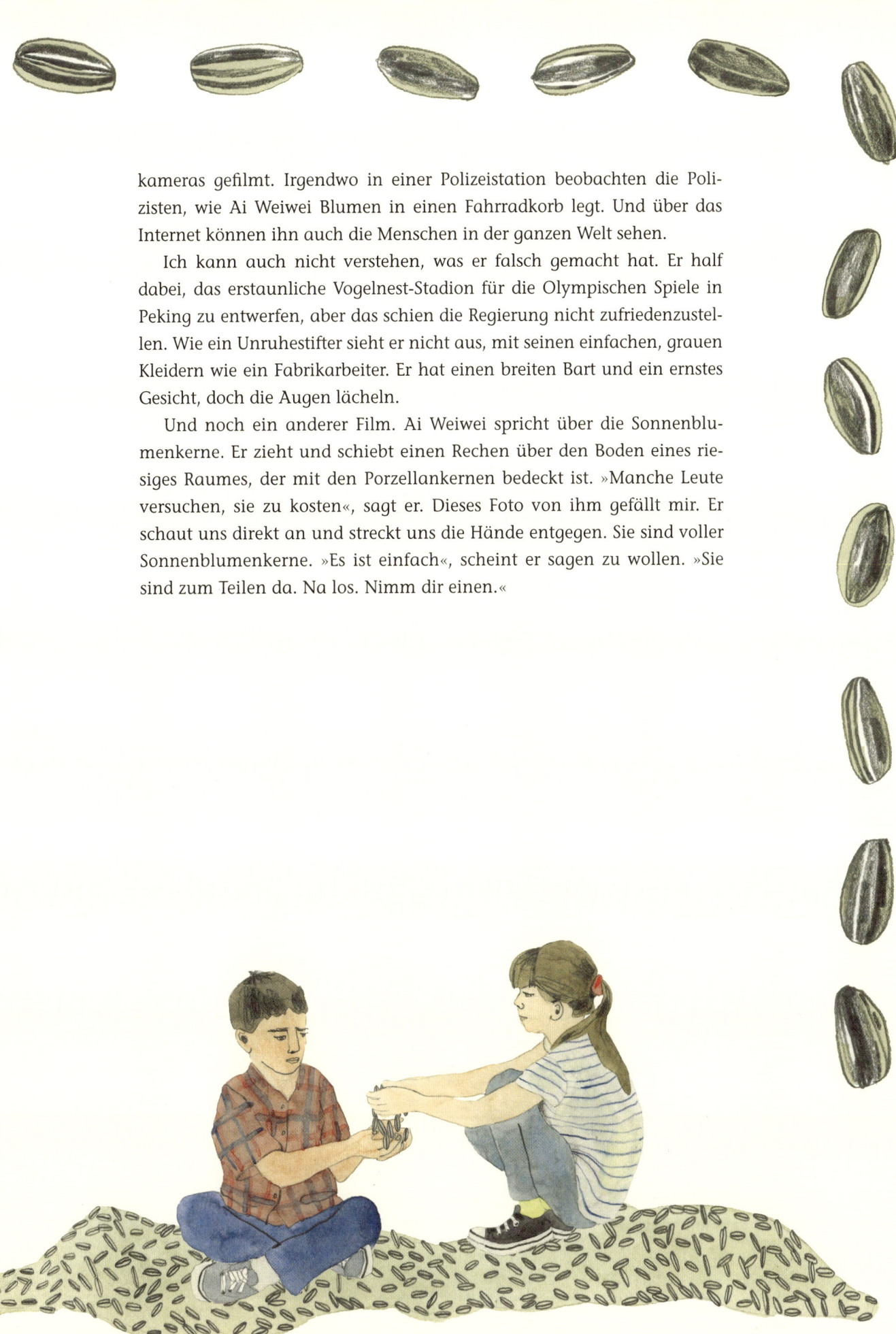

kameras gefilmt. Irgendwo in einer Polizeistation beobachten die Polizisten, wie Ai Weiwei Blumen in einen Fahrradkorb legt. Und über das Internet können ihn auch die Menschen in der ganzen Welt sehen.

Ich kann auch nicht verstehen, was er falsch gemacht hat. Er half dabei, das erstaunliche Vogelnest-Stadion für die Olympischen Spiele in Peking zu entwerfen, aber das schien die Regierung nicht zufriedenzustellen. Wie ein Unruhestifter sieht er nicht aus, mit seinen einfachen, grauen Kleidern wie ein Fabrikarbeiter. Er hat einen breiten Bart und ein ernstes Gesicht, doch die Augen lächeln.

Und noch ein anderer Film. Ai Weiwei spricht über die Sonnenblumenkerne. Er zieht und schiebt einen Rechen über den Boden eines riesiges Raumes, der mit den Porzellankernen bedeckt ist. »Manche Leute versuchen, sie zu kosten«, sagt er. Dieses Foto von ihm gefällt mir. Er schaut uns direkt an und streckt uns die Hände entgegen. Sie sind voller Sonnenblumenkerne. »Es ist einfach«, scheint er sagen zu wollen. »Sie sind zum Teilen da. Na los. Nimm dir einen.«

Weltkarte

Diese Karte zeigt viele im Buch erwähnte Orte. Die Ländergrenzen haben sich im Laufe der 40.000 Jahre zwar geändert, die Karte zeigt jedoch, wo die Orte heute liegen.

Länder

Städte

Ozeane und Meere

Gebirge

Die Niederlande
Amsterdam

Belgien

Weißrussland

Nordsee

England

Polen

London

Deutschland

Ärmelkanal

Paris

Frankreich

Alpen

Griechen-
land

Florenz

Türkei

Italien

Spanien

Mittelmeer

Athen

Russland

Moskau

China

Japan

Irak

Himalaja

Pazifischer
Ozean

Indien

Kambodscha

Angkor Wat

Indischer
Ozean

Australien

Great Dividing
Range

Zeitleiste

Datumsangaben stehen in der Form »v. Chr.« (vor Christus) bzw. »n. Chr.« (nach Christus). »n. Chr.« zählt vorwärts ab dem vorgeblichen Jahr der Geburt von Jesus Christus, während »v. Chr.« zur selben Zeit startet, aber rückwärts zählt. Normalerweise wird »n. Chr.« nicht angegeben, wenn offensichtlich ist, dass es sich um die heutige Zeit handelt. Und manchmal ist es einfacher zu sagen »vor etwa 5.000 Jahren« als »etwa 2.000 v. Chr.«. Historiker wiederum bevorzugen häufig »v. u. Z.« (vor unserer Zeitrechnung) und »u. Z.« (unserer Zeitrechnung).

Menschen, Orte und Kunstwerke, die in den Geschichten dieses Buches auftauchen, sind **fett** gedruckt.

Unterstrichene Wörter findest Du im Glossar.

108.000–10.000 v. Chr.
Die Eiszeit.

Etwa 40.000–35.000 v. Chr.
Auf dem Gebiet des heutigen Deutschlands wird aus einem Mammutstoßzahn der sogenannte **Löwenmensch** geschnitzt.

Etwa 32.000–30.000 v. Chr.
Bilder von **Pferden, Wisenten und Wollnashörnern** werden an eine Wand der Chauvet-Höhle in Frankreich gemalt.

Etwa 10.000–7.000 v. Chr.
Im Niltal, im Nahen Osten und in anderen Regionen entwickelt sich der Ackerbau, als die Menschen beginnen, Tiere zu halten und Nahrung anzubauen.

Etwa 4.000–3.000 v. Chr.
Im Nahen Osten entstehen die ersten Städte der Welt mit Stadtmauern, Tempeln und Palästen.

Etwa 3.200 v. Chr.
Um Aufzeichnungen herzustellen, wird im Irak und (vermutlich etwas später) in Ägypten das Schreiben erfunden – dort in Form einer Bilderschrift, der sogenannten Hieroglyphen.

Etwa 1390 v. Chr.
In Ägypten wird das **Grab von Menna** gebaut und mit Bildern dekoriert.

Etwa 1353–1336 v. Chr.
Ein ägyptischer Bildhauer stellt ein Relief von **Echnaton und seiner Familie** her.

Etwa 1320 v. Chr.
Die **Mumie von Tutanchamun** wird im Tal der Könige in Ägypten in einem **ausgemalten Grab** bestattet.

Etwa 575–560 v. Chr.
Der griechische Vasenmaler **Kleitias** malt Szenen aus Mythen und Legenden auf ein großes **Weinmischgefäß** des Töpfers **Ergotimos** aus Athen.

447–432 v. Chr.
Auf dem Hügel der Akropolis im griechischen Athen wird der Tempel der Göttin Athene gebaut, der **Parthenon**. Der Bildhauer **Phidias** ist für die Skulpturen auf dem Parthenon verantwortlich, darunter die **Pferde der Sonne und des Mondes**.

228–210 v. Chr.
Eine Armee lebensgroßer Terrakotta-Soldaten wird gebaut, um das Grab des chinesischen **Kaisers Qin Shihuangdi** zu bewachen.

146 v. Chr.
Die römische Armee erobert Griechenland.

27 v. Chr.
Der römische Anführer Octavian erklärt sich zum Herrscher und nimmt den Namen Augustus an.

Etwa 20 v. Chr.
In Rom wird eine **Statue des Kaisers Augustus** geschaffen. Der Speisesaal der **Villa von Livia**, Ehefrau des Augustus, wird mit Fresken ausgemalt.

Etwa 0–300 n. Chr.
Das Christentum, die auf den Lehren von Jesus beruhende Religion, gewinnt Anhänger und wird schließlich zu einer der wichtigsten Religionen des römischen Kaiserreichs.

324 n. Chr.
Kaiser Konstantin gründet die Stadt Konstantinopel (heute Istanbul).

410 n. Chr.
Rom wird von den Westgoten aus dem nördlichen Europa angegriffen und geplündert.

Etwa 400–1400
Das Mittelalter in Europa.

Etwa 400–600
Das Christentum breitet sich in Europa aus.

Etwa 610–632

Der Prophet Mohammed begründet die Religion des Islam.

867

Das Mosaik von **Maria und Jesus Christus** in der Hagia Sophia in Konstantinopel (heute Istanbul, Türkei) wird fertiggestellt.

1001

Der Kalligraf Ibn al-Bawwab stellt in Bagdad eine Kopie des Koran her.

Etwa 990–1020

Der chinesische Künstler **Fan Kuan** malt das Rollbild **Reisende unter Bergen und Strömen**.

Etwa 1120–50

Der Tempel von **Angkor Wat** in Kambodscha wird gebaut. Die Mauern sind mit Reliefs bedeckt, darunter der Szene eines **Königs, der auf einem Elefanten in die Schlacht reitet**.

1194

Die **Kathedrale von Chartres** in Nordfrankreich brennt nieder und der Bau einer neuen Kathedrale beginnt.

Etwa 1194–1250

Für die neue Kathedrale von Chartres werden mehr als 170 Bleiglasfenster hergestellt, darunter ein Fenster mit den traditionellen **Monatsarbeiten**.

1296

In Florenz, Italien, beginnen die Bauarbeiten an einer neuen Kathedrale.

Etwa 1305

Der italienische Künstler **Giotto** beendet seine Wandgemälde in der **Scrovegni-Kapelle** (auch Arena-Kapelle genannt) in Padua, darunter das Bild **Jesus vertreibt die Händler aus dem Tempel**.

Etwa 1325

Die Azteken (die sich selbst Mexica nannten) gründen die Stadt Tenochtitlán (das heutige Mexiko-Stadt).

Etwa 1325–35

Ein Schreiber und mehrere Illustratoren (Maler) in Ostengland erstellen für Sir Geoffrey Luttrell den **Luttrell-Psalter**.

Etwa 1300–1400

Yoruba-Schmiede im westafrikanischen Ife gießen den **Kopf eines Königs**.

Etwa 1400–1600

In der europäischen Kunst und Kultur kommt es zur Renaissance (das heißt »Wiedergeburt«), zuerst in Italien, dann in anderen Regionen.

1418

Der italienische Maler und Architekt **Filippo Brunelleschi** gewinnt einen Wettbewerb um den Entwurf der Kuppel der **Kathedrale von Florenz**. Zu Brunelleschis weiteren Ideen gehört eine neue Methode zur Konstruktion der Perspektive, mit der sich der dreidimensionale Raum in zweidimensionalen Bildern wiedergeben lässt.

1423–25

Donatello schafft das Bronzerelief **Das Gastmahl des Herodes** für die Taufkirche in der Kathedrale von Siena in Mittelitalien.

Etwa 1425–27

Der russische Mönch und Ikonenmaler **Andrej Rubljow** malt die **Dreifaltigkeitsikone**.

1434

Jan van Eyck malt das **Porträt von Giovanni Arnolfini und seiner Frau** in der Stadt Brügge (heute in Belgien).

1436

Die Kuppel der **Kathedrale von Florenz** ist endlich fertig, 140 Jahre nach Beginn der Bauarbeiten an der neuen Kathedrale.

Etwa 1440

Unter dem aztekischen Herrscher Moctezuma beginnt zum vierten Mal der Umbau des **Großen Tempels** in Tenochtitlán.

1450–56

Der deutsche Goldschmied Johann Gutenberg experimentiert mit beweglichen Metalllettern (einzelnen Buchstaben des Alphabets, die für den Druck beliebig angeordnet werden können). Er druckt eine zweibändige Bibel, das erste jemals gedruckte, vollständige Buch.

Etwa 1480

Terrakotta-Statuen **Adlerkrieger** werden am Großen Tempel in Tenochtitlán angebracht.

Etwa 1490

Leonardo da Vinci malt **Die Dame mit dem Hermelin (Cecilia Gallerani)** in Mailand, Italien.

1492

Der italienische Entdecker Cristoforo Colombo (Christoph Kolumbus) fährt über den Atlantik zu den Bahamas, wodurch es zum Kontakt zwischen Europa und Amerika kommt.

1495

Der deutsche Maler **Albrecht Dürer** reist zum ersten Mal nach Italien. Er malt Aquarelle von den Orten, die er zwischen Nürnberg und Venedig passiert.

1501–4
Michelangelo schafft in Florenz die *David*-Statue.

1503
Albrecht Dürer malt *Das große Rasenstück*.

1505
Michelangelo wird von Papst Julius II. nach Rom bestellt, wo er ein Grabmonument für den Papst entwirft und die Decke der **Sixtinischen Kapelle** ausmalt.

1508
Raffael wird von Papst Julius nach Rom bestellt.

1510–12
Raffael malt *Die Schule von Athen*, eines von mehreren Gemälden für die Bibliothek des Papstes im Vatikan in Rom.

1520–23
Tizian malt *Bacchus und Ariadne* für Alfonso d'Este, den Herzog von Ferrara.

1521
Tenochtitlán wird durch die Armee des Hernán Cortés, des Anführers der spanischen Expedition nach Mexiko, zerstört. Während der nächsten 50 Jahre werden Mexiko und ein Großteil von Südamerika von Spanien und Portugal erobert und kolonialisiert.

Etwa 1551
Der Maler **Pieter Bruegel** verlässt Flandern (heute Teil von Belgien) und reist nach Italien, wo er etwa drei Jahre lang die italienische Kunst studiert.

1565
Bruegel malt *Die Jäger im Schnee* als Teil einer Serie für den Kaufmann **Nicolaes Jonghelinck** aus Antwerpen (heute in Belgien).

1589
In Indien weist der Großmogul Akbar seinen Freund, den Gelehrten Abu'l Fazl, an, eine Chronik seiner Regentschaft zu schreiben, das **Akbar-Buch**.

Etwa 1590–95
Basawan und **Dharm Das** malen *Akbar jagt in der Gegend von Agra*, eine der vielen Illustrationen für das **Akbar-Buch**.

1601
Der italienische Maler **Caravaggio** malt in Rom *Das Abendmahl in Emmaus* für seinen Mäzen Ciriaco Mattei.

1602
In Amsterdam wird die Niederländische Ostindien-Kompanie gegründet; Amsterdam wird daraufhin zu einem der reichsten Handelszentren in Europa.

1606
Caravaggio ist gezwungen, aus Rom zu fliehen, nachdem er Ranuccio Tommasoni im Streit getötet hat.

1610
Caravaggio stirbt auf dem Weg von Neapel zurück nach Rom.

1623
Diego Velázquez malt sein erstes Porträt von **König Philipp IV. von Spanien**.

1631
Der niederländische Maler **Rembrandt van Rijn** verlässt seine Heimatstadt Leiden und zieht nach **Amsterdam**.

1635
Rembrandt malt ein Porträt seiner Frau, *Flora*.

1638–39
Die italienische Malerin **Artemisia Gentileschi** malt das *Selbstbildnis als Allegorie der Malerei*, wahrscheinlich während eines Aufenthalts in London.

1642–51
Englischer Bürgerkrieg. König Karl I. wird 1649 hingerichtet.

1648
In Paris wird die Königliche Akademie für Malerei und Bildhauerei gegründet.

1656
Velázquez malt *Die Hoffräulein*.

1664
Claude Lorrain malt *Landschaft mit Psyche vor dem Palast des Amor* (auch bekannt als *Das verwunschene Schloss*).

1667
Die Königliche Akademie für Malerei und Bildhauerei in Paris veranstaltet die erste Salon-Ausstellung. Der Salon findet bis zum Ende des 19. Jahrhunderts regelmäßig statt.

Etwa 1669–70
Der niederländische Maler **Jan Vermeer** malt in Delft *Der Liebesbrief*.

1670er
Antoni van Leeuwenhoek aus Delft macht mit seinen selbstgebauten Mikroskopen viele Entdeckungen.

1728
Jean Siméon Chardin wird zum Mitglied der französischen Königlichen Akademie gewählt.

Etwa 1736–37
Chardin malt *Das Kartenhaus*.

Etwa 1760–1840

Industrielle Revolution in Europa. Dampfmaschinen, große Fabriken und Eisenbahnen verändern die Lebensweise der Menschen. Die Städte wachsen rapide.

1768

In London wird die Royal Academy of Arts gegründet.

1778

Mit 19 Jahren beginnt der japanische Künstler **Katsushika Hokusai** seine langjährige Karriere als Hersteller von Holzschnitten.

1786

Der spanische Maler **Francisco de Goya** wird Hofmaler des Königs von Spanien.

1789

Beginn der französischen Revolution. Die revolutionären Kräfte stürmen die Bastille in Paris.

1793

Maximilien Robespierre fordert die Todesstrafe für König Ludwig XVI. von Frankreich. Ludwig wird in Paris hingerichtet. **Jacques-Louis David** malt *Der Tod des Marat*.

1799

Der französische General **Napoleon Bonaparte** übernimmt die Kontrolle der Regierung.

1803–15

Die Napoleonischen Kriege in Europa. Unter Napoleons Führung erobert die französische Armee Österreich, Russland, Spanien und andere Regionen. Die Kämpfe enden mit Napoleons endgültiger Niederlage in der Schlacht von Waterloo im Jahre 1815.

1807

Der britische Maler **Joseph Mallord William Turner** wird Professor für Perspektive an der Royal Academy in London.

1808

In Madrid kommt es zum Aufstand der Einwohner gegen die französischen Truppen.

1813

Napoleons Kräfte nehmen die Stadt Dresden ein. Der Maler **Caspar David Friedrich** flieht in die nahegelegenen Berge.

1814

Goya malt *Die Erschießung der Aufständischen vom 3. Mai 1808*.

Etwa 1818

Friedrich malt *Der Wanderer über dem Nebelmeer*.

1831

Hokusai stellt den Druck *Die große Welle vor Kanagawa* her, eine der *36 Ansichten des Berges Fuji*.

Etwa 1833

William Henry Fox Talbot beginnt in England, mit chemischen Prozessen zu experimentieren, was schließlich zur **Fotografie** führt. Er legt Blätter und Blumen auf lichtempfindliches Papier und fängt damit Bilder ohne Kamera ein.

1841

Mit einer Kamera macht **Talbot** in seinem Heim, Lacock Abbey, mehrere Fotografien von einer offenen Tür und einem Besen.

1842

Turner malt *Schneesturm – Dampfschiff vor der Hafeneinfahrt* und stellt es in der Royal Academy aus.

1844

Talbot fotografiert zum letzten Mal *Die offene Tür* – dies ist das berühmteste Bild der Serie.

1851

Der französische Maler **Gustave Courbet** stellt drei Gemälde im Salon de Paris aus. Die Besucher sind von den großen Gemälden schockiert, die Arbeiter und Bauern bei ihren täglichen Verrichtungen zeigen.

1853

Der amerikanische Maler **Frederic Edwin Church** reist nach Südamerika in die Anden, wo er viele Skizzen anfertigt. Nach seiner Rückkehr nach New York erschafft Church große Gemälde nach diesen Skizzen.

1854

Courbet malt *Die Begegnung*.

1857

Church malt *Niagara* und stellt das Bild in einer Galerie in New York aus, wo Leute dafür bezahlen, es zu sehen.

1861–65

Amerikanischer Bürgerkrieg.

1868

Der englische Fotograf **Eadweard Muybridge** (geboren als Edward James Muggeridge) veröffentlicht sein Buch mit amerikanischen Fotografien *Scenery of the Yosemite Valley*.

1872

Die französische Malerin **Berthe Morisot** malt *Die Wiege*.

1874

Berthe Morisot, Claude Monet und Paul Cézanne gehören zu den 30 Künstlern der 1. Impressionisten-Ausstellung in Paris. Monet zeigt sein Gemälde *Impression, Sonnenaufgang*, nach dem die Impressionisten benannt sind.

1877

Monet malt *Bahnhof Saint-Lazare in Paris*.

1878

Muybridge erschafft in den USA die Fotoserie *Das Pferd in Bewegung*.

1879

Der Kunststudent **Georges Seurat** besucht die 4. Impressionisten-Ausstellung in Paris.

Etwa 1884

Die französische Bildhauerin **Camille Claudel** beginnt, **Auguste Rodin** bei seinem Hauptwerk *Das Höllentor* zu assistieren.

1884–86

Seurat malt mit der von ihm entwickelten Technik des Pointillismus *Ein Sonntagnachmittag auf der Insel La Grande Jatte*.

1886

Der niederländische Maler **Vincent van Gogh** zieht nach Paris.

Etwa 1887

Cézanne malt *Montagne Sainte-Victoire mit großer Pinie* in der Nähe von Aix-en-Provence, Frankreich.

1889

In Paris findet die Weltausstellung statt. Hier werden kulturelle und industrielle Errungenschaften aus der ganzen Welt präsentiert. Im Mittelpunkt steht der gerade fertiggestellte Eiffel-Turm.

1889

Van Gogh malt in Saint-Rémy, Frankreich, das Bild *Sternennacht*.

1897–1903

Claudel formt *Die Welle*.

1904–6

Cézanne und der Maler Emile Bernard tauschen Briefe aus.

1905

Henri Matisse und andere junge Maler werden als »Fauves« (wilde Tiere) beschimpft, als sie ihre leuchtend farbigen Gemälde in Paris ausstellen.

1907

Georges Braque besucht das Atelier von **Pablo Picasso** in Paris, wo er von Picassos seltsamem neuem Gemälde beeindruckt ist. Die beiden Maler starten eine Zusammenarbeit. Sie entwickeln eine neue Kunstform, den Kubismus.

1909

Der russische Maler **Wassily Kandinsky** beginnt, abstrakte Bilder zu malen, in denen die Formen, Linien und Farben keine erkennbaren Objekte mehr darstellen.

1910

Nach seinem Kunststudium in St. Petersburg in Russland geht **Marc Chagall** nach Paris.

Etwa 1910–11

Warwara Stepanowa und **Alexander Rodtschenko** lernen sich beim Studium an der Kasaner Kunstschule in Russland kennen.

1912

Picasso stellt in Paris das *Stillleben mit Rohrstuhlgeflecht* her.

1913

Der französische Künstler **Marcel Duchamp** schafft sein erstes »ready-made« Kunstwerk, *Fahrrad-Rad*.

1914

Braque schafft seine Collage *Die Violine*. Im August bricht Krieg aus und er wird in die französische Armee einberufen.

1914–18

Erster Weltkrieg.

1915

In seiner Heimatstadt Witebsk, heute in Weißrussland, malt **Chagall** *Der Geburtstag*. **Duchamp** verlässt Frankreich und geht nach New York. Er kauft eine Schneeschaufel und hängt sie als weiteres »ready-made« Kunstwerk in seinem Atelier auf.

1917

Russische Revolution. Ende der Zarenherrschaft und erste kommunistische Regierung, geführt von Wladimir Lenin.

1919

In Weimar wird das **Bauhaus** als Schule für Kunst, Architektur und Design gegründet.

1920

Der spanische Maler **Joan Miró** zieht nach Paris, wo er sich später den Surrealisten anschließt.

1921

Erste Arbeitsgruppe der Konstruktivisten in Moskau eingerichtet. Zu ihren Mitgliedern gehören **Stepanowa** und **Rodtschenko**.

1922

In Ägypten wird das Grab des **Tutanchamun** entdeckt.

1923

In Russland entwirft **Stepanowa** Sportkleidung. In Deutschland beginnt **Kurt Schwitters** mit der Errichtung seines *Merzbaues* aus Erinnerungsstücken. Dieser überwuchert schließlich seine Wohnung und sein Atelier.

1924

Der französische Autor André Breton veröffentlicht *Das Manifest des Surrealismus*. Er erklärt, dass Surrealismus Kunst ist, die die innersten Gedanken und Träume einer Person ausdrückt, ohne dass diese von der Vernunft kontrolliert werden.

1925

Das **Bauhaus** zieht von Weimar in ein neues Gebäude in Dessau, das auf moderne Weise aus Glas und Beton errichtet wurde.

1926

Kandinsky malt *Einige Kreise*.

1932

Die mexikanische Malerin **Frida Kahlo** malt das *Selbstbildnis auf der Grenze zwischen Mexiko und den USA*.

1933

Adolf Hitler, Führer der Nazi-Partei, wird deutscher Reichskanzler.

1933–34

Miró malt *Hirondelle/Amour*.

1936–39

Spanischer Bürgerkrieg.

1937

Picasso malt in Paris das Bild *Guernica*.

1938

Die französische Malerin **Louise Bourgeois** zieht nach New York.

1939

In einer Höhle in Deutschland werden Fragmente einer prähistorischen Skulptur entdeckt, des sogenannten **Löwenmenschen**.

1939–45

Zweiter Weltkrieg.

1940–41

Henry Moore zeichnet während der Luftangriffe in der Londoner U-Bahn, darunter das Bild *Drei Figuren schlafend*.

1943

Bei der Bombardierung von Hannover durch britische und amerikanische Flugzeuge wird auch **Schwitters'** *Merzbau* zerstört.

1945

Von amerikanischen Flugzeugen aus werden Atombomben auf die japanischen Städte Hiroshima und Nagasaki abgeworfen.

1947

Der amerikanische Maler **Jackson** Pollock erschafft seine ersten »Drip-Paintings«, darunter *Full Fathom Five*.

1948–51

Matisse stellt das Bleiglasfenster *Lebensbaum* für die Kapelle in der französischen Stadt Vence her.

Etwa 1974

Der deutsche Künstler **Anselm Kiefer** beginnt, Blei in seinen Arbeiten zu verwenden. Später stellt er Bücher mit Bleiseiten her, die für ihn das »Gewicht der Geschichte« repräsentieren.

1975

Der ghanaische Künstler **El Anatsui** benutzt in seinen Werken traditionelle **Adinkra**-Zeichen.

1981

Kiefer erschafft *Landschaft mit Flügel*. Der chinesische Künstler Ai Weiwei zieht nach New York.

1981–88

Die australische Aborigine-Künstlerin **Emily Kame Kngwarreye** stellt Batiktextilien her.

1989

Kngwarreye malt in Utopia, Australien, *Ntange Dreaming*.

1993

Bourgeois erschafft *Cell (Choisy)*. Ai Wewei kehrt nach Peking in China zurück.

1994

In Frankreich entdecken Forscher die **Chauvet-Höhle**.

2007

El Anatsui schafft das Wandbild *Sacred Moon* in Nsukka, Nigeria.

2010

Ai Weiwei erschafft *Sunflower Seeds*. In Peking wird Ai Weiwei verhaftet. 2015 darf er China wieder verlassen und hat eine Ausstellung in London.

Glossar

abstrakt Kunst, die Formen, Linien und farbige Bereiche anstelle von erkennbaren Figuren oder Bildern zeigt.

Adinkra Traditionelle westafrikanische Zeichen mit Bedeutungen wie Willkommen, Hoffnung, Stärke und Liebe.

Ägyptisch Blau Ein blaues Pigment, das entsteht, wenn man Kupfer, Kalk und andere Mineralien mischt. Es ist seit den Zeiten des alten Ägypten in Gebrauch.

Allegorie Eine Figur oder ein Objekt drückt eine Idee aus, wie etwa die Freiheitsstatue.

Architekt Jemand, der Gebäude entwirft.

Aristokrat Ein Mitglied der Aristokratie, der erblichen herrschenden Klasse.

Ausstellung Eine öffentliche Darstellung von Kunstwerken oder anderen interessanten Objekten.

Atelier Raum oder Gebäude, in dem ein Künstler arbeitet.

Azur Ein leuchtendes, klares Blau, wie Himmelblau.

Baptisterium Bereich in einer Kirche, der für die Taufe benutzt wird, eine Zeremonie, bei der Kinder (und manchmal Erwachsene) mit Wasser besprizt oder getaucht und damit zu Christen gemacht werden.

Barbar Name für jemanden, der als unzivilisiert gilt.

Batik Methode zum Erzeugen von Mustern auf Stoff, indem dieser mit Wachs bemalt und dann gefärbt wird.

Bauhaus Eine Kunstschule Anfang des 20. Jahrhunderts in Deutschland; außerdem der Name für den modernen, geometrischen Stil der Entwürfe, der mit dem Bauhaus verbunden wird.

Bibel Das heilige Buch des Christentums.

Bildhauer Ein Künstler, der Skulpturen erschafft.

Blattgold Gold, das zu außerordentlich dünnen Blättchen gehämmert wird, mit denen Maler Bereiche aus purem Gold in ihren Bildern herstellen können.

Blei Ein sehr schweres, weiches Metall, das zum Bauen und manchmal in der Kunst verwendet wird.

Bleiglas Farbiges Glas, aus dem man Fenster herstellt, die Muster oder Bilder zeigen.

Brennen Trocknen von Tonobjekten bei hohen Temperaturen, um sie zu Töpferwaren zu härten.

Brennofen Sehr heißer Ofen zum Brennen von Töpferwaren.

Bronze Ein Metall, für dessen Herstellung Kupfer zusammen mit einer kleinen Menge Zinn und anderen Metallen wie Zink geschmolzen wird.

Bronzerelief Eine Bronzeskulptur, auf der Formen aus einem flachen Hintergrund herausragen und so ein dreidimensionales Bild formen.

Buchmalerei Dekorieren der Seiten eines Buches mit gemalten Bildern oder Mustern, oft entlang der Ränder oder als Teil der Schrift.

Christentum Eine Weltreligion, die auf dem Leben und den Lehren von Jesus basiert, die in der Bibel niedergeschrieben sind.

Collage Papierstücke oder andere Materialien werden auf eine flache Oberfläche geklebt, um ein Bild herzustellen, das Collage genannt wird.

Design Der Prozess, bei dem entschieden und geplant wird, wie etwas aussehen oder funktionieren soll. Oft werden zuerst Zeichnungen angefertigt.

Designer Jemand, der Dinge entwirft, wie etwa Möbel, Haushaltsgegenstände, Maschinen oder Kleidung.

Dreiecksgiebel Der dreieckige Bereich an der Vorder- und Rückseite griechischer Tempel und ähnlicher Gebäude unter den beiden geneigten Seiten des Daches – ein guter Platz für eine Gruppe von Statuen.

Drip-Painting Eine Malmethode, bei der Farbe, etwa aus einer Dose oder von einem Stock, auf eine flache Oberfläche getropft wird.

Druck Das Übertragen von Bildern oder Zeichen, einschließlich Wörtern, durch Drücken auf eine Oberfläche. Holzschnitte werden zum Beispiel hergestellt, indem ein flaches Holzbrett geschnitten und anschließend mit einer Schicht Tinte bedeckt wird, auf die man ein Blatt Papier drückt.

Ebenholz Hartes schwarzes oder dunkelbraunes Holz des tropischen Ebenholzbaumes.

Einbalsamierer Jemand, der Leichen für ein Begräbnis vorbereitet. Altägyptische Einbalsamierer nutzten ihre Kenntnisse, um Tote zu mumifizieren.

Elfenbein Hartes, weißliches Material aus den Stoßzähnen von Elefanten und anderen Säugetieren, das in der Vergangenheit oft zum Schnitzen verwendet wurde.

Fauvismus Eine künstlerische Bewegung im Frankreich des frühen 20. Jahrhunderts, die kräftige Formen und leuchtende, unnatürlich aussehende Farben für Figuren und Objekte verwendet. Der Name ist vom französischen Wort *fauves* abgeleitet, das »wilde Tiere« bedeutet.

Feuerstein Ein harter Stein, der behauen und geschärft werden kann, um Werkzeuge herzustellen.

Figur Eine menschliche Form, die in einem Gemälde oder einem anderen Kunstwerk dargestellt wird.

Fresko Eine Methode, bei der direkt auf feuchten Putz an einer Wand oder Decke gemalt wird, so dass sich die Farbe mit dem Putz verbindet. Das Gemälde selbst wird Fresko (Plural: Fresken) genannt, vom italienischen Wort für »frisch«.

Gießen Geschmolzenes Metall, wie etwa Bronze, wird in eine Form gegossen, um ein Objekt oder eine Skulptur herzustellen.

Goldschmied Jemand, der Schmuck oder andere Objekte aus Gold oder anderen Edelmetallen herstellt.

Guappo Italienisches Slangwort für einen Aufschneider oder Tyrannen.

Guillotine Eine Maschine mit einer schweren Klinge, die nach unten fallen kann. Diente während der französischen Revolution zum Köpfen von Menschen.

Gussform Eine hohle Form, die mit geschmolzenem Metall, flüssigem Gips oder anderem Material gefüllt werden kann, das nach dem Aushärten aus der Form entfernt wird.

Hieroglyphe Ein Bildzeichen, das eine Sache, eine Idee oder einen Ton ausdrückt.

Höhlenmalerei Ein Bild an den Innenwänden einer Höhle, meist aus prähistorischer Zeit.

Holzkohle Ein Stöckchen aus verkohltem Holz, das zum Zeichnen verwendet werden kann.

Holzstock Eine Holztafel aus Hartholz, in die man ein Bild schnitzen kann. Der Holzstock wird dann benutzt, um das Bild auf Papier zu drucken.

Ikone Ein traditionelles christliches Bild, üblicherweise auf eine Holztafel gemalt.

Impressionismus Eine Bewegung in der Malerei, die Ende des 19. Jahrhunderts in Frankreich startete. Die Impressionisten wollten statt all ihrer Details den momentanen Eindruck (»Impression«) einer Szene einfangen.

Ingenieur Eine Person, die Maschinen oder große Strukturen wie Straßen und Brücken entwirft und baut.

Islam Eine Weltreligion, die auf den Lehren des Propheten Mohammed beruht, die im Koran niedergeschrieben sind.

Jüdisch Zum jüdischen Volk oder zur Religion des Judentums gehörend.

Kalkstein Ein heller Stein, der sich gut zum Meißeln eignet und oft für Skulpturen und Gebäude verwendet wird.

Kalligrafie Die Kunst der schönen Handschrift, wird oft mit Tinte und Feder oder einem Pinsel ausgeübt.

Kamera Ein Gerät, das einen sehr schmalen Lichtstrahl auf eine lichtempfindliche Oberfläche leitet, sodass ein fotografisches Bild entsteht.

Kommission Jemand wird gebeten, gegen Bezahlung ein Kunstwerk herzustellen oder eine andere Arbeit zu verrichten.

Konstruktivismus Eine künstlerische Bewegung, die nach der russischen Revolution florierte. Künstler betrachteten sich zusammen mit Architekten, Designern und anderen als Helfer beim Aufbau einer neuen Gesellschaft.

Koran Das heilige Buch des Islam.

Kritiker Jemand, dessen Arbeit darin besteht, Kunst, Musik, Bücher, Drama und andere Kunstformen zu kommentieren oder darüber zu schreiben.

Kubismus Eine künstlerische Bewegung, die Anfang des 20. Jahrhunderts in Paris begann. Beim Kubismus werden mehrere Blickpunkte benutzt, um ein Bild oder eine Skulptur herzustellen.

Landschaft Bild einer Landschaft oder ländlichen Szene.

Lapislazuli Ein blauer Stein, der zu Pulver zermahlen werden kann und ein intensiv blaues Pigment zum Malen ergibt.

Leinwand Eine Oberfläche zum Malen, die aus einem starken Stoff besteht, der straff auf einen Rahmen gespannt wird.

Linse Ein gebogenes Glasstück, zu finden in Vergrößerungsgläsern, Mikroskopen und Kameras.

Marmor Eine sehr harte Form des Kalksteins, die seit der Antike bei Bildhauern und Architekten beliebt ist.

Mäzen Eine Person, die einen Künstler unterstützt oder bezahlt, damit dieser tätig sein kann.

Meißel Ein scharfes Werkzeug, das mit einem Hammer oder hölzernen Schlägel geschlagen wird, um Stein oder Holz zu formen.

Mikroskop Ein Instrument mit einer oder mehreren Linsen zum Betrachten sehr kleiner Objekte, die viel größer erscheinen, als sie tatsächlich sind.

Monatsarbeiten Eine Reihe von Bildern der verschiedenen Feldarbeiten und anderen Aktivitäten, die im Mittelalter mit den einzelnen Monaten verbunden wurden. Zum Beispiel sich am Feuer wärmen im Februar, Weinranken beschneiden im März und Heumachen im Juni. Die Monatsarbeiten enthielten oft Bilder der 12 Tierkreiszeichen, wie etwa Fische (März-April) und Löwe (Juli-August).

Mosaik Ein Muster oder Bild, das aus sehr kleinen Teilen harter Materialien, wie Stein, Glas und Keramik besteht.

Mumie Ein toter Körper, der gereinigt, mit Ölen und Chemikalien behandelt und mit Stoff umwickelt wird, um ihn zu bewahren.

Ölfarbe Farbe, die aus pulverisierten Pigmenten, gemischt mit Pflanzenöl hergestellt wird. Braucht lange zum vollständigen Trocknen.

Onyx Ein harter Stein mit farbigen Streifen.

Papst Das Oberhaupt der katholischen Kirche, einer der Hauptrichtungen des Christentums. Der Papst lebt im Vatikan in Rom.

Pergament Dünne Blätter aus Kalbsleder, wurden in Europa vor der Verfügbarkeit von Papier zum Schreiben benutzt.

Perspektive Eine Methode, mit der man flache Bilder dreidimensional wirken lassen und die Illusion erzeugen kann, dass der Vordergrund des Bildes tatsächlich vom Hintergrund entfernt ist.

Philosophie Das Studium von Fragen wie »Was ist Realität?«, »Was ist die Bedeutung von richtig und falsch?« und »Was ist Schönheit?« Das Wort *Philosophie* ist vom altgriechischen Begriff für »Liebe zur Weisheit« abgeleitet.

Pigment Eine Substanz, die Farbe produziert, mit der man Malfarbe herstellen, Textilien färben oder andere Dinge tun kann. Rot kann zum Beispiel aus einem Mineral namens roter Ocker hergestellt werden.

Pointillismus Malen mit vielen winzigen Farbpunkten – man setzt unterschiedlich gefärbte Punkte nebeneinander, anstatt lange Pinselstriche zu ziehen. Diese Methode wurde vom französischen Maler Georges Seurat entwickelt.

Porträt Bild oder Skulptur einer wirklichen, statt einer imaginären Person.

Porzellan Eine Art von feiner, harter, weißer Keramik, die vor mehr als 2.000 Jahren in China erfunden wurde.

Preußisch Blau Eine tiefblaue Chemikalie, die als Pigment beim Malen und Drucken benutzt wird. Preußisch Blau (auch: Berliner Blau) wurde im 18. Jahrhundert in Deutschland zum ersten Mal hergestellt.

Putz Eine pulverförmige Substanz, die mit Wasser gemischt wird und beim Trocknen aushärtet. Man benutzt ihn, um raue Wände zu glätten und manchmal auch für Skulpturen.

Quecksilber Ein silbriges Metall, das bei Zimmertemperatur flüssig ist.

Rabbi Ein Lehrer oder Anführer im Judentum.

Reibstein Ein Stein, der zum Mischen von zerriebener Tinte und Wasser zum Malen oder Schreiben dient.

Relief Ein Bild, das entsteht, indem eine flache Oberfläche so geschnitzt wird, dass Figuren und Muster sich vom Hintergrund abheben.

Retablo Ein religiöses Bild, das auf ein kleines Metallplättchen gemalt wird, beliebt in Mexiko.

Revolution Eine weitreichende Änderung der Regierung und der Art und Weise, wie die Gesellschaft organisiert ist; sie kann schnell und grausam geschehen, wie die französische und die russische Revolution. Das Wort *Revolution* kann sich auch auf große Änderungen in anderen Bereichen des Lebens beziehen, wie etwa Kunst, Technik, Landwirtschaft und Industrie.

Rondell Ein kreisförmiger Bereich, der mit einem Bild oder Muster gefüllt ist, wie etwa ein rundes Bleiglasfenster.

Salon Die offizielle Kunstausstellung der französischen Königlichen Akademie für Malerei und Bildhauerei in Paris.

Sarkophag Ein großer Steinsarg oder Behälter für einen kleineren Sarg.

Schmied Eine Person, die in der Lage ist, Dinge aus Metall herzustellen.

Schreiber Jemand, der ausgebildet darin ist, Texte von Hand zu schreiben und manchmal sogar Dekorationen oder Illustrationen hinzuzufügen.

Schrein Ein Ort oder eine Struktur, die mit einer bestimmten Gottheit oder heiligen Person verbunden ist.

Schriftrolle Ein langer Streifen Papier oder Stoff, der mit Text oder Bildern bedeckt ist und zur Lagerung aufgerollt werden kann.

Selbstbildnis Das Porträt eines Künstlers von sich selbst.

Silbernitrat Eine helle Chemikalie, die dunkel wird, wenn sie dem Licht ausgesetzt wird. Wird in der Fotografie benutzt.

Skizze Eine schnell – möglicherweise unterwegs oder zum Festhalten einer Idee – angefertigte Zeichnung. Maler bereiten sich manchmal auf ein Kunstwerk vor, indem sie eine Reihe von Skizzen zeichnen.

Skulptur Eine dreidimensionale Figur oder ein Objekt, das von einem Bildhauer erschaffen wurde.

Staffelei Ein aufrecht stehender Rahmen mit Beinen, der ein Gemälde oder anderes Kunstwerk hält, das ausgestellt oder an dem gearbeitet wird.

Statue Eine freistehende Skulptur einer Person oder eines Tieres.

Steinbruch Eine große Grube oder ein abgetragener Berghang, aus dem Stein oder andere Materialien entnommen werden.

Stillleben Ein Bild von Objekten, wie Früchten, Blumen oder Haushaltsgegenständen. Ein Stillleben konzentriert sich üblicherweise auf einen begrenzten Bereich, etwa einen Tisch.

Surrealismus Eine künstlerische Bewegung, die Anfang des 20. Jahrhunderts in Europa begann. Das Wort *Surrealismus* bedeutet »über den Realismus hinaus«. Surrealisten bezogen ihre Ideen aus Träumen, der Fantasie und Einbildungskraft.

Terrakotta Töpferwaren, die beim Brennen rötlich werden. Terrakotta ist nicht annähernd so hart und wasserdicht wie Porzellan, ist aber deutlich vielseitiger: von Statuen über Kochtöpfe bis hin zu Abflussrohren. Sie kann glasiert werden (mit Chemikalien bedeckt, die beim Brennen einen dünnen, glasartigen Überzug bilden), um sie wasserdicht zu machen.

Text Schrift, wie etwa die Worte in einem Buch oder auf einer Schriftrolle.

Theotokos Ein griechisches Wort, das Mutter Gottes bedeutet. Im Christentum eine Bezeichnung für Maria, die Mutter von Jesus.

Ton Feinkörnige, klebrige Erde, die geformt und gebrannt werden kann, um Töpferwaren herzustellen.

Töpfer Jemand, der Töpferwaren herstellen kann.

Töpferscheibe Ein flaches, rundes Brett, das vom Töpfer wie ein Rad gedreht werden kann. Der Töpfer packt einen Tonklumpen in die Mitte der Scheibe und formt diesen mit seinen Händen, während sich die Scheibe dreht.

Töpferwaren Töpfe, Teller, Figurinen oder andere Objekte aus Ton, die in einem Brennofen gebrannt werden.

Vasenmalerei Malerei auf einem getöpferten Gefäß. Antike griechische Vasen zeigen oft menschliche Figuren und mythologische Szenen.

Verschluss Der Teil einer Kamera, der sich schnell öffnet und schließt, um ein Bild zu machen.

versenktes Relief Eine Art von Relief, bei der die geschnitzten Formen nicht über die flache Oberfläche des Steines oder Holzes hinausragen. Bildhauer im alten Ägypten waren in dieser Kunst sehr bewandert.

Wandbild Ein großes Bild, das direkt auf eine Wand gemalt wird.

Wandmalerei Ein Gemälde, das direkt auf eine Wand aufgebracht wird.

Zinnoberrot Eine tief orangerote Farbe, die ursprünglich aus dem Mineral Cinnabarit hergestellt wurde.

Zivilisation Eine hochorganisierte Gesellschaft mit Städten, einem Gesetzeskodex und kulturellen Errungenschaften wie Kunstwerken, Literatur, Musik und großartigen Gebäuden.

Zobel Eine Marderart, deren dunkles Fell für feine Pinsel benutzt werden kann.

Zoopraxiskop Eine frühe Maschine zum Projizieren von Bildern, die sich zu bewegen scheinen, erfunden von dem Fotografen Eadweard Muybridge.

Liste der Kunstwerke

1 *Löwenmensch*,
etwa 40.000–35.000 v. Chr.
aus der Stadel-Höhle, Deutschland
Mammutelfenbein
Höhe 29,6 cm
Museum der Stadt, Ulm,
Deutschland

2 *Pferde, Wisent und Wollnashörner*,
etwa 32.000–30.000 v. Chr.
Höhlenmalerei
Chauvet-Höhle, Vallon-Pont-d'Arc, Tal der Ardèche, Frankreich

3 *Landwirtschaftliche Szenen*,
etwa 1390 v. Chr.
Wandmalerei
Grab von Menna, Theben,
Ägypten

4 *Echnaton und seine Familie*,
etwa 1353–1336 v. Chr.
aus Achet-Aton (heute Tell el-Amarna), Ägypten
Reliefschnitzerei; Stein
31,1 x 38,7 cm
Staatliche Museen zu Berlin,
Preußischer Kulturbesitz, Ägyptisches Museum, Berlin

5 *Grabkammer, Grab von Tutanchamun*, etwa 1320 v. Chr.
Tal der Könige, Theben, Ägypten

6 *Weinkrater mit Szenen aus der griechischen Mythologie (Francois-Vase)*, etwa 575–560 v. Chr.
Geschaffen von Ergotimos
(Grieche, aktiv 575–560 v. Chr.),
bemalt von Kleitias
(Grieche, aktiv 575–560 v. Chr.)
Keramik
Höhe 66 cm
Museo Archeologico, Florenz

7 *Pferdekopf*, 438–432 v. Chr.
vom Parthenon,
Athen, Griechenland
Marmor
Länge 83,3 cm, Höhe 62,6 cm,
Breite 33,3 cm
British Museum, London

8 *Terrakotta-Armee*, 228–210 v. Chr.
Terrakotta
Lebensgroß; verschiedene Höhen
Mausoleum von Qin Shihuangdi,
Xi'an, Provinz Shaanxi, China

9 *Kaiser Augustus (Augustus an der Prima Porta)*, etwa 20 v. Chr.
aus Rom, Italien
Marmor
Höhe 2 m
Vatikanische Museen, Vatikanstadt

10 *Gemalter Garten*,
etwa 20 v. Chr.
Fresko
Villa von Livia, Prima Porta,
Italien

11 *Die Jungfrau Maria und Jesus Christus*, 867
Mosaik; Glas, Marmor, Farbe
Hagia Sophia, Konstantinopel
(heute Istanbul), Türkei

12 *Koran*, 1001
Kalligrafie von Ibn al-Bawwab
(Perser, starb etwa 1022)
Manuskript; Tinte und Gold auf
gelbbraunem Papier
Jede Seite 17,1 x 13,3 cm
Chester Beatty Library, Dublin

13 *Fan Kuan*
(Chinese, etwa 960–1030)
Reisende unter Bergen und Strömen,
etwa 990–1020
Rollbild; Tinte und helle Farben
auf Seide
206,3 x 103,3 cm
National Palace Museum, Taipei

14 *Der König reitet auf einem Elefanten in die Schlacht*, etwa
1120–50
Steinfries
Angkor Wat, Cambodia

15 *Bleiglasfenster*, 1194–1250
Glas und Blei
Tierkreiszeichen Februar,
Feld 5, Südlicher Chorumgang
Kathedrale von Chartres, Frankreich

16 Giotto
(Italiener, etwa 1266–1337)
Jesus vertreibt die Händler aus dem Tempel, etwa 1305
Fresko
Scrovegni- (Arena) Kapelle,
Padua, Italien

17 *Der Luttrell-Psalter*,
etwa 1325–35
aus Lincolnshire, England
Manuskriptseite; bemaltes Pergament mit Gold- und Silberverzierungen und Ledereinband
35 x 24,5 cm
British Library, London

18 *Kopf eines Königs*, 1300–1400
aus Ife, Afrika
Bronze
Höhe 29 cm
National Museum, Lagos,
Nigeria

19 Andrej Rubljow
(Russe, etwa 1370–1430)
Dreifaltigkeitsikone, etwa 1425–27
Tempera auf Holz
141 x 131 cm
Tretjakow-Galerie, Moskau

20 Donatello
(Italiener, 1386–1466)
Das Gastmahl des Herodes,
1423–25
Relief; vergoldete Bronze
60 x 60 cm
Baptisterium, Kathedrale von
Siena, Italien

21 Jan van Eyck
(Belgier, etwa 1390–1441)
*Porträt von Giovanni Arnolfini und
seiner Frau*, 1434
Öl auf Eiche
82,2 x 60 cm
The National Gallery, London

22 *Adlerkrieger*, etwa 1480
Stuck und Terrakotta
Höhe 170 cm
Aus dem Großen Tempel,
Tenochtitlán, Mexiko,
Aztekische Zivilisation
Museo del Templo Mayor,
Mexiko-Stadt

23 Leonardo da Vinci
(Italiener, 1452–1519)
*Die Dame mit dem Hermelin
(Cecilia Gallerani)*, etwa 1490
Öl auf Walnussholz
53,4 x 39,3 cm
Czartoryski-Museum, Krakau,
Polen

24 Albrecht Dürer
(Deutscher, 1471–1528)
Das große Rasenstück, 1503
Gouache, gehöht mit Deckweiß
auf Pergament
40,8 x 31,5 cm
Graphische Sammlung
Albertina, Wien, Österreich

25 Michelangelo
(Italiener, 1475–1564)
David, 1501–4
Marmor
Höhe 5,2 m
Galleria dell' Accademia,
Florenz

26 Raffael
(Italiener, 1483–1520)
Die Schule von Athen, 1510–12
Fresko
5 x 7,7 m
Stanza della Segnatura,
Apostolischer Palast, Vatikanstadt
Vatikanische Museen, Vatikan-
stadt, Italien

27 Tizian
(Italiener, etwa 1488–1576)
Bacchus und Ariadne, 1520–23
Öl auf Leinwand (vor der Restau-
rierung)
176,5 x 191 cm
The National Gallery, London

28 Pieter Bruegel der Ältere (Nie-
derländer, etwa 1525–1569)
Die Jäger im Schnee, 1565
Öl auf Holztafel
117 x 162 cm
Kunsthistorisches Museum, Wien,
Österreich

29 *Akbar jagt in der Gegend von
Agra*, 1590–95
Seite aus dem Akbarnama
Arrangement von Basawan
(Inder, 1550–1610),
Gemälde von Dharm Das

(Inder, etwa 1500–1600)
Deckfarben und Gold auf Papier
Gemälde 33,5 x 19,6 cm
Seite 37,6 x 23 cm
Victoria and Albert Museum,
London

30 Caravaggio
(Italiener, 1571–1610)
Das Abendmahl in Emmaus, 1601
Öl und Tempera auf Leinwand
141 x 196,2 cm
The National Gallery, London

31 Rembrandt
(Niederländer, 1606–1669)
Flora, 1635
Öl auf Leinwand
123,5 x 97,5 cm
The National Gallery, London

32 Artemisia Gentileschi
(Italienerin, 1597–etwa 1651)
*Selbstbildnis als Allegorie der Male-
rei*, 1638–39
Öl auf Leinwand
96,5 x 73,7 cm
The Royal Collection Trust, Wind-
sor Castle, England

33 Diego Velázquez
(Spanier, 1599–1660)
Die Hoffräulein, 1656
Öl auf Leinwand
3,2 x 2,8 m
Museo Nacional del Prado,
Madrid, Spanien

34 Claude Lorrain
(Franzose, 1600–1682)
*Landschaft mit Psyche vor dem
Palast des Amor (Das verwunschene
Schloss)*, 1664
Öl auf Leinwand
87,1 x 151,3 cm
The National Gallery, London

35 Jan Vermeer
(Niederländer, 1632–75)
Der Liebesbrief, etwa 1669–70
Öl auf Leinwand
44 x 38,5 cm
Rijksmuseum, Amsterdam,
Niederlande

36 Jean-Siméon Chardin
(Franzose, 1699–1779)
Das Kartenhaus,
etwa 1736–37
Öl auf Leinwand
60,3 x 71,8 cm
The National Gallery, London

37 Jacques-Louis David
(Franzose, 1748–1825)
Der Tod des Marat, 1793
Öl auf Leinwand
165 x 128 cm
Musées Royaux des Beaux-Arts de
Belgique, Brüssel, Belgien

38 Francisco Goya
(Spanier, 1746–1828)
*Die Erschießung der Aufständischen
vom 3. Mai 1808*, 1814
Öl auf Leinwand
2,7 x 4,1 m
Museo Nacional del Prado,
Madrid, Spanien

39 Caspar David Friedrich
(Deutscher, 1774–1840)
Der Wanderer über dem Nebelmeer,
etwa 1818
Öl auf Leinwand
98,4 x 74,8 cm (38¾ x 29½ in.)
Hamburger Kunsthalle,
Hamburg, Deutschland

40 Katsushika Hokusai
(Japaner, 1760–1849)
Die große Welle vor Kanagawa, aus
der Serie *36 Ansichten des Berges
Fuji*, 1831
Handkolorierter Holzschnitt
25,7 x 37,9 cm
The Metropolitan Museum of Art,
New York

41 William Henry Fox Talbot
(Engländer, 1800–1877)
Die offene Tür, vierte Version, April
1844
Fotografie
14,3 x 19,4 cm
The Metropolitan Museum of Art,
New York

42 Joseph Mallord William Tur-
ner (Engländer, 1775–1851)
*Schneesturm – Dampfschiff vor der
Hafeneinfahrt*, 1842
Öl auf Leinwand
91,5 x 122 cm
Tate Britain, London

43 Gustave Courbet
(Franzose, 1819–1877)
Die Begegnung, 1854
Öl auf Leinwand
129 x 149 cm
Musée Fabre, Montpellier, Frank-
reich

44 Frederic Edwin Church
(Amerikaner, 1826–1900)
Niagara, 1857
Öl auf Leinwand
101,6 x 229,9 cm
Corcoran Gallery of Art,
Washington, D.C.

45 Berthe Morisot
(Französin, 1841–1895)
Die Wiege, 1872
Öl auf Leinwand
56 x 46,5 cm
Musée d'Orsay, Paris

46 Claude Monet
(Franzose, 1840–1926)
Bahnhof Saint-Lazare in Paris, 1877
Öl auf Leinwand
75 x 105 cm
Musée d'Orsay, Paris

47 Eadweard Muybridge
(Engländer, 1830–1904)
Das Pferd in Bewegung, aus
Horses. Running, 1878–79
Fotografie von 24 aufeinander-

folgenden Bildern eines reitenden
Mannes
16 x 22,4 cm
Library of Congress

48 Georges Seurat
(Franzose, 1859–1891)
*Ein Sonntagnachmittag auf der Insel
La Grande Jatte*, 1884–86
Öl auf Leinwand
2,1 x 3,1 m
The Art Institute of Chicago

49 Vincent van Gogh
(Niederländer, 1853–1890)
Sternennacht, 1889
Öl auf Leinwand
73,7 x 92,1 cm
Museum of Modern Art,
New York

50 Camille Claudel (Französin,
1864–1943)
Die Welle, 1897–1903
Onyx-Marmor und Bronze
62 x 56 cm
Musée Rodin, Paris

51 Paul Cézanne
(Franzose, 1839–1906)
*Montagne Sainte-Victoire mit großer
Pinie*, etwa 1887
Öl auf Leinwand
64,8 x 92,3 cm
The Courtauld Gallery, London

52 Georges Braque
(Franzose, 1882–1963)
Violine, Anfang 1914
Ausgeschnittene und aufgekleb-
te Papiere mit Holzkohle und
Graphit
71,8 x 51,8 cm
Cleveland Museum of Art, Ohio

53 Marc Chagall (Franzose, gebo-
ren in Weißrussland, 1887–1985)
Der Geburtstag, 1915
Öl auf Karton
80,6 x 99,7 cm
Museum of Modern Art, New York

54 Marcel Duchamp (Amerikaner, geboren in Frankreich, 1887–1968)
Fahrrad-Rad, 1951 (Kopie des verlorengegangenen Originals von 1913)
Metallrad, bemalter Holzstuhl
Gesamthöhe 128,3 cm,
Breite 63,8 cm,
Tiefe 42 cm
Museum of Modern Art, New York

55 Warwara Stepanowa (Russin, 1894–1958)
Entwürfe für Sportkleidung, 1923
Gezeigt im Magazin *Lef*,
Nr. 2, 1923

56 Wassily Kandinsky
(Russe, 1866–1944)
Einige Kreise, 1926
Öl auf Leinwand
140,3 x 140,7 cm
Solomon R. Guggenheim Museum, New York

57 Frida Kahlo
(Mexikanerin, 1907–1954)
Selbstbildnis auf der Grenze zwischen Mexiko und den USA, 1932
Öl auf Metall
31,8 x 34,9 cm
Sammlung von María Rodríguez de Reyero, New York

58 Joan Miró
(Spanier, 1893–1983)
Hlrondelle/Amour, 1933–34
Öl auf Leinwand
199,3 x 247,6 cm
Museum of Modern Art, New York

59 Pablo Picasso
(Spanier, 1881–1973)
Guernica, 1937
Öl auf Leinwand
3,5 x 7,8 m
Museo Nacional Centro de Arte Reina Sofía, Madrid

60 Henry Moore
(Brite, 1898–1986)
Drei Figuren schlafend, Studie für *Shelter Drawings*, 1940–41
Feder, Tusche, Buntstift, Wasserfarbe und Tünche auf Papier
34,2 x 48,2 cm
Privatsammlung

61 Kurt Schwitters
(Deutscher, 1887–1948)
Merzbau, etwa 1923–33
(zerstört 1943)
Installation; Papier, Pappe, Gips, Glas, Spiegel, Metall, Holz, Stein, Farbe, elektrisches Licht und verschiedene andere Materialien
Höhe etwa 3,9 m,
Breite etwa 5,8 m,
Tiefe etwa 4,6 m
Sprengel-Museum, Hannover, Deutschland

62 Jackson Pollock
(Amerikaner, 1912–1956)
Full Fathom Five, 1947
Öl auf Leinwand mit Nägeln, Reißzwecken, Knöpfen, Schlüssel, Münzen, Zigaretten, Streichhölzern usw.
129,2 x 76,5 cm
Museum of Modern Art, New York

63 Henri Matisse
(Franzose, 1869–1954)
Lebensbaum, 1948–51
Bleiglas
Chapelle du Rosaire de Vence, Frankreich

64 Anselm Kiefer
(Deutscher, geboren 1945)
Landschaft mit Flügel, 1981
Öl, Stroh und Blei auf Leinwand
3,3 x 5,5 m
Virginia Museum of Fine Arts

65 Emily Kame Kngwarreye
(Australierin, etwa 1910–1996)
Ntange Dreaming, 1989
Acrylfarbe auf Leinwand
135 x 122 cm
National Gallery of Australia, Canberra

66 Louise Bourgeois
(Französin, 1911–2010)
Cell (Choisy), 1993
Rosa Marmor, Metall und Glas
Höhe 3,6 m,
Breite 1,7 m ,
Tiefe 2,4 m
Installation bei der Ydessa Hendeles Art Foundation, Toronto, Surrogate, 13. Mai 1995–April 1996

67 El Anatsui
(Ghanaer, geboren 1944)
Sacred Moon, 2007
Aluminium und Kupferdraht
2,6 x 3,6 m
Mott-Warsh Collection, Flint, Michigan

68 Ai Weiwei
(Chinese, geboren 1957)
Sunflower Seeds, 2010
Farbe auf Porzellan
100 Millionen Samen
Installation an der Tate Modern, London, 12. Oktober 2010–2. Mai 2011

Index